# 义务教育均衡发展与
# 教育资源共享模式构建

## ——以西北县域为例

赵 丹 著

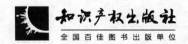

知识产权出版社
全国百佳图书出版单位

**图书在版编目（CIP）数据**

义务教育均衡发展与教育资源共享模式构建：以西北县域为例/赵丹著. —北京：知识产权出版社，2017. 8

ISBN 978 – 7 – 5130 – 5030 – 2

Ⅰ.①义… Ⅱ.①赵… Ⅲ.①地方教育—义务教育—教育资源—资源共享—研究—西北地区 Ⅳ.①G522. 3

中国版本图书馆 CIP 数据核字（2017）第 173099 号

**内容提要**

21 世纪我国进入了基本普及义务教育的"后普九"时代，"均衡发展"成为义务教育发展的重要任务和目标。针对西北地区优质教育资源"相对短缺"和"不均衡"的突出问题，以教育公平和提高效率为目标，探究"教育资源共享模式"在县域义务教育均衡发展中的作用机制及其构建问题具有重要的理论和实践意义。本书以教育均衡和教育资源配置理论为基础，提出教育资源共享模式的内容体系及作用机制；采用德尔菲法构建县域义务教育资源共享的评测指标体系，并采用变异系数、极值倍率、方差、T 检验等方法实证评测县域内义务教育资源共享水平，深入分析当前义务教育资源共享缺失的问题及原因。在此基础上，采用 GIS 学校选址分析和 GIS Spacial – join 等方法建模教育人力、物力和财力资源共享模式的实现路径，并论证其政策保障机制和实施策略。

| | |
|---|---|
| 责任编辑：韩婷婷 | 责任校对：谷 洋 |
| 封面设计：陈永超 | 责任出版：卢运霞 |

**义务教育均衡发展与教育资源共享模式构建**

——以西北县域为例

赵 丹 著

| | | | |
|---|---|---|---|
| 出版发行：知识产权出版社有限责任公司 | 网 址：http：//www. ipph. cn |
| 社 址：北京市海淀区气象路 50 号院 | 邮 编：100081 |
| 责编电话：010 – 82000860 转 8359 | 责编邮箱：hantingting@ cnipr. com |
| 发行电话：010 – 82000860 转 8101/8102 | 发行传真：010 – 82000893/82005070/82000270 |
| 印 刷：北京中献拓方科技发展有限公司 | 经 销：各大网上书店、新华书店及相关专业书店 |
| 开 本：787mm×1092mm 1/16 | 印 张：16. 5 |
| 版 次：2017 年 8 月第 1 版 | 印 次：2017 年 8 月第 1 次印刷 |
| 字 数：278 千字 | 定 价：49. 00 元 |

ISBN 978 -7 -5130 -5030 -2

# 目　　录

# 第一章 导 论

## 一、研究背景与意义

21世纪我国进入了基本普及义务教育的"后普九"时代,"均衡发展"成为义务教育发展的重要任务和目标。《国家中长期教育改革和发展规划纲要(2010—2020)》将推进义务教育均衡发展提升到战略性任务的高度,要求"均衡配置教师、设备、图书、校舍等各项资源,切实缩小义务教育发展的校际、城乡和区域差距"❶。由于我国各地区义务教育发展水平差异较大,《国务院关于深入推进义务教育均衡发展的意见》提出"率先在县域内实现义务教育基本均衡发展,县域内学校之间差距明显缩小。到2015年,全国义务教育巩固率达到93%,实现基本均衡的县(市、区)比例达到65%;到2020年,全国义务教育巩固率达到95%,实现基本均衡的县(市、区)比例达到95%"❷。可见,当前我国义务教育均衡发展的首要任务是县域内均衡发展,其核心是确保教育人力、物力和财力资源在县域内各学校/学区达到均衡的水平。以此政策为导向,我国各省区采取各项政策,如县域内教师交流、结对帮扶、优质高中招生名额合理分配等,多措并举促均衡。例如:北京每年选派1000名城镇优秀教师到农村中小学全职支教一年,选派2000名骨干教师到农村中小学兼职支教;福建在全国率先提出将县镇、农村义务教育学校教职工编制标准提高到城市学校水平,核增的6500个编制用于补充农村小学紧缺学科;

---

❶ 中华人民共和国教育部. 国家中长期教育改革和发展规划纲要(2010—2020年)[N]. 2010年7月29日,http://www.moe.edu.cn/publicfiles/business/htmlfiles/moe/moe_838/201008/93704.html.

❷ 国务院. 国务院关于深入推进义务教育均衡发展的意见[N]. 2012年9月5日,http://www.moe.edu.cn/publicfiles/business/htmlfiles/moe/moe_1778/201209/141773.html.

1

广东开展"千校扶千校"活动；湖北制定了《湖北省义务教育学校办学基本标准（试行）》；宁夏出台了《义务教育均衡发展县（市、区）评估验收方案》和《义务教育均衡发展评估指标体系（试行）》；天津采取了优质高中初中部80%的招生指标分配到本区内所有小学，优质高中招生计划30%的指标分配到本区内所有初中；江苏将热点普通高中不少于2/3的招生指标均衡分配到初中。❶

与此同时，在西北省区推进县域义务教育均衡的进程中，也取得了一定成效。如陕西省从义务教育学校标准化建设、薄弱学校改造、公用经费补助、教师资源均衡配置、保障特殊群体学生受教育权利等方面有效提升了义务教育均衡发展水平。具体来说，陕西省主要采取了如下措施：第一，实施义务教育学校标准化建设工程。落实中央专项资金5亿元，省级安排专项资金10亿元，市、县分担10亿元，推进中小学校舍安全工程，加快校舍抗震加固改造，2012年底前校舍全部达到了安全标准。第二，实施义务教育薄弱学校改造计划。2011年，项目总投资20亿元，其中中央财政补助资金10亿元，省级财政统筹资金10亿元，对农村寄宿制学校建设、城镇学校扩容改造、教学实验仪器设备等项目进行改造等，提升了薄弱学校的办学条件。第三，实行城乡一体的公用经费补助政策。到2012年，生均公用经费补助标准达到小学800元、初中1000元。第四，均衡配置义务教育教师资源。具体包括实行中小学教师"省考县选"制度，严格控制教师准入标准；以农村教师为重点，实施五年一个周期的教师全员培训；促进县域内中小学校长和教师定期合理流动，完善优质学校和薄弱学校对口支援制度等。第五，保障特殊群体学生平等接受义务教育的权利。2012年，全省41.5万名农民工子女有84.37%在公办学校就读，63万余名留守儿童的教育管护受到重视；优质高中30%以上的招生指标分配到县域内薄弱初中，促进义务教育群体均衡。❷ 此外，甘肃省也制定了《甘肃省推进县域义务教育均衡发展规划（2012—2020年）》，到2013年，嘉峪关市及9个县市区县域内义务教育基本实现均衡发展。如该省的临夏州从2013年

❶ 人民网. 全国各地义务教育均衡发展进入新阶段［N］. 2011年7月21日，http：//edu. people. com. cn/GB/15211864. html.
❷ 中华人民共和国教育部. 陕西省推进义务教育均衡发展的基本做法［N］. 2011年8月15日，http：//www. moe. edu. cn/publicfiles/business/htmlfiles/moe/s5203/201108/123254. html.

开始，对边远山区教师增加 200～300 元交通补贴，对中小学班主任增加 100～200 元班主任津贴。各级教育部门坚持免试就近入学原则，建立县域内小学和初中对口招生制度，禁止以考试、测评、设置报名条件等任何方式选拔新生。坚决治理义务教育阶段教辅材料泛滥问题，严厉查处各种形式的择校乱收费行为，严禁在义务教育阶段设立重点校和重点班。教育部门也不得下达升学指标，不得单纯以升学率对地区和学校排名。❶

但是，目前我国尤其是西北县域义务教育发展的"不均衡"问题十分突出，集中体现在优质教育资源"相对短缺"和"不均衡"等方面。第一，财政资源方面，经费投入的整体水平仍然较低且不平衡。从经费总量上来看，西北地区大多数县是贫困县，教育发展体现出"穷县办穷教育"的特点，很多县难以落实"经费三个增长"的目标。另外，县域内中心大规模学校与乡镇、偏远农村学校之间的办学经费存在严重不均衡问题，如陕西省 N 县毛坝河镇大竹坝小学是一所农村小规模学校，全校仅有 101 个学生，平均班规模 16 人，每年仅有办学经费 10 万元，而每年需要支出炊事员工资 24000 元、代课教师工资 24000 元、教学支出 5 万多元、教师节日慰问礼品 5000 元，除此之外，再不敢有其他支出，办学经费十分紧张。而与之相对比，县城中心小学规模达2000 人，每年公用经费有 160 万元，办学经费比较充足。第二，办学条件方面，县域内学校间也呈现出较大差距，越是偏远落后的学校，办学条件越差。比如陕西省 N 县八庙河小学，全校仅有 3 台电脑，其中 2 台是老师自己的，另外 1 台是学校的，但已经损坏；学校没有电子白板，音体美设施尚未达标。而县城中心学校的各项教学设施齐全，有专门的微机室，每个教室配有电子白板，音体美设施全部达标。第三，县域内农村学校教师资源不均衡问题依然突出。如小学"专业技术职务教师比例"不达标的学校比例，陕西省丹凤县为76%、太白县为 33%、旬阳县为 11.2%。又如，陕西省 N 县 D 教学点近 7 年来没有任何教师调动，全校 14 名教师，其中 10 名教师属于民办转公办教师，50 岁以上的教师占到 60%，这些教师观念滞后、知识结构单一、难以适应新

❶ 甘肃省教育厅. 甘肃省人民政府办公厅关于转发省教育厅《甘肃省推进县域义务教育均衡发展规划（2012—2020 年）》的通知［N］. 2013 年 2 月 21 日，http：//www.gsedu.gov.cn/Article/Article_15474.aspx.

课改要求，很难保证教学质量；而且学科结构失衡，体、音、美等科目的教师严重缺乏。再如，甘肃省 L 县城区学校中英语、地理、音、体、美等学科教师占教师总数的 35.6%，而到最基层的偏远学校中这几门课程教师占偏远学校教师总数的 11.7%，教师资源配置极不均衡。

在资源相对短缺的背景下，西北县域内学校间的教育资源共享机制仍未建立，县城优质学校和偏远薄弱学校之间并没有形成长效稳定的合作机制。县镇中心学校与农村学校特别是偏远教学点之间的办学差距越拉越大，教育不公平问题凸显。首先，从财政资源共享方面来看，很多地方政府集中资源在县城创建大规模"示范学校""窗口学校"，而未下拨经费帮助农村的不合格学校达到基本标准。这种发展以牺牲薄弱学校的发展为代价，不仅没有让薄弱学校获得办学经费方面的倾斜政策，也没有相应的政策促使薄弱学校能够与优质学校共同使用办学经费，这直接加剧了中心学校与农村薄弱学校发展的不均衡程度。其次，从物力资源共享方面来看，县城学校与农村学校之间几乎没有任何物力资源的共享制度。物力资源共享主要说的是由学生、教师共享。再次，从教师资源共享方面来看，县域内学校间没有形成长效教师资源共享机制。虽然近年来西北各县开始尝试实施教师支教、教师帮扶、同课异构等各种教师交流制度，但是这些措施都属于短期政策，对于偏远薄弱学校来说，并没有显著效果。如陕西省 Z 县 B 教学点仅有 5 名教师，其中 4 名为民办转公办教师，由于师资力量薄弱，该县从中心学校调配一名支教教师到 B 教学点支教，任教时间为 1 年，而这名支教教师在中心学校教授数学科目，到教学点后要同时教数学、语文、地理等多个科目，由于任教科目不匹配，支教教师很难适应教学点的教学工作，教学效果也就难以保证。另外，很多偏远地区的薄弱学校并没有机会到县城或市里参加教师培训。据陕西省 N 县 D 小学教师反映，目前到县城参加教师培训虽然免费，但是交通成本和时间成本是他们无法承受的，从教学点到县城坐公交车需要 3~4 个小时，往返车费 40 多元，如果要去县城学习或开会，必须提前一天出发，这样就不得不住在县城宾馆，开销很大。❶

由此，基于西北地区县域内优质教育资源的短缺和不均衡状态，县域内各学校间合作和资源共享机制是十分必要的，这既可以缓解资源短缺的压力，也

---

❶ 本书中有关个案或数据如未做出特殊说明，均为本课题组在西北四县实地调查所得一手数据。

能够提升教育质量。从教育经济学理论来看，"教育资源利用效率"的两大关键问题在于一方面节省教育成本，提高教育效率；另一方面，努力提高教育质量，确保教育资源利用的有效性。而由于教育资源的供给并不是无限的，提高教育质量的重要策略之一，便是促进学校之间的教育资源共享与均衡。由此可见，提高教育资源利用效率是一种兼顾"成本节约"与"质量提升"的政策取向，教育资源共享与均衡则是践行这一政策取向的突破口。依照这一理论，如何从西北县域义务教育发展的关键问题出发，以促进义务教育公平和均衡发展为目标，探究"教育资源共享模式"的构建，成为本书的重要缘起。

## 二、文献综述

本项目采用 GIS 技术，针对西北县域义务教育资源共享模式构建研究的意义在于：一是立足西北县域义务教育均衡发展的关键问题，以教育资源配置理论为基础，从"教育资源共享"的视角提出促进县域义务教育均衡发展的有效途径，设计教育资源共享模式的空间计量模型，这对于补充西北乃至全国县域义务教育资源共享研究领域的理论基础和实践经验有着重要意义。二是选择典型地区作为建模单元，针对西北县域义务教育资源共享的现状评估、模型构建问题的分析，将更加标准化和精确化，为相关政策提供可操作性的建议及可靠的基础数据。三是将西北县域义务教育均衡发展中的空间信息引入 GIS 模型，强调空间信息与非空间信息同时是教育资源共享的必要因素，这在一定程度上弥补了当前教育资源共享模式研究方法方面的空白。

### （一）国外研究现状

GIS 理论模型最早出现于 1965 年，主要被应用于地理信息科学研究领域。之后，由于其对空间信息和非空间信息的兼容性，GIS 被研究者于 20 世纪 70 年代引入社会科学研究领域，包括教育规划、经济发展、政府管理等。而最早应用 GIS 针对教育规划（包括教育资源共享）问题的研究来自联合国教科文组织专家，并被教育研究者公认为是十分有前景的研究领域。总体来说，GIS 与教育资源共享模式的研究主要有以下三大类。

第一，GIS 与义务教育均衡发展和教育资源共享模式研究。这一类研究主要采用 GIS 空间链接、表面建模、空间回归等方法对学区内教育资源分布进行规划，从课程资源、教师资源、财政资源以及上学距离等方面构建各类共享模型，从而提供教育均衡发展的策略和建议。Mark Bray（1987）采用 GIS 空间平滑等方法对斯里兰卡、泰国、印度、秘鲁、哥斯达黎加等国的教育资源分布进行了评估，以此提出了有助于教育效率和质量提升的学校集合体概念，即应在一定区域内构建学校集群，并促进这些学校在教师资源、教育设备和财政资源共享[1]。Julie M. Hite.（2006）对非洲撒哈拉以南地区的薄弱学校教育资源短缺的情况给予关注，通过 GIS、网络分析方法构建了薄弱学校与校外其他优质学校的校长合作交流、资源获得和共享模型，并以此提出教育资源的外部获得和共享式提升薄弱学校教育质量的重要途径[2]。Hite, S. J.（2008）等人采用 GIS 空间链接、表面建模方法构建了阿甘达穆科诺地区学校之间教育资源共享以及中学教育管理人员经验交流的基本模型，并微观分析了几何距离和物理距离在教育资源共享模式中的影响机制，以此提出距离因素是构建教育资源共享模式的关键变量[3]。Julie M. Hite（2010）对美国西部地区学区间和学区内学校间教育管理人员的教育资源共享模式、内容、类型等进行了实证分析，研究结果表明，相对于学区间的教育资源共享，学区内各学校的教育管理人员的交流合作更加有效，更能促进薄弱学校教育质量的提高[4]。Nienke M. Moolenaar（2011）对荷兰 53 所初中的教师资源共享模式进行了微观分析，结果表明，校际教师合作的形式包括正式的工作经验交流和非正式的社交关系，这两者是相互依赖和相互促进的，而且教师之间的相互学习和共同进步是教师资源共享中的新特征[5]。

第二，运用 GIS 促进学校布局优化，构建学校教育资源共享网络研究。这

---

❶ Mark Bray Shool Clusters in the Third World: Making them Work, Esco – unicef Cooperative Programme, Paris. Community Involvement ［J］. 1987,（100）: 150.

❷ Julie M. Hite, Bart Reynolds, Steven J. Hite. Who Ya Gonna Call? Networks of Rural School Administrators, Rural Educator［J］. 2010, 32（2）: 176 – 179.

❸ Steven J. Hite, School Mapping and GIS in Education Micro – planning, Directions in Educational Planning: A Symposium to Honour the Work of Fran? oise Caillods Thursday 3 – Friday 4 July 2008 Paris, France, www. iiep. unesco. org/fileadmin/user. . . and. . ./StevenHite. pdf?.

❹ Hite, J. M., Hite, S. J., Jacob, W. J., Rew, W. J., Mugimu, C. B., & Nsubuga, Y. K. Building bridges for resource acquisition: Network relationships among headteachers in Ugandan private secondary schools. International Journal of Education Development, 2006, 26（5）: 495 – 512.

❺ Nienke M. Moolenaar, The SocialFabric of Elementary School Teams: A Typology of Social Networks among Teachers, 2001, http: //swmcdn. com/site_ 0439/NREAVolume32Number1Fall2010. pdf.

类研究侧重从教育资源的载体（学校）布局的角度，采用 GIS 空间平滑、引力模型等对教育资源分布、学校合理布局等问题进行实证分析，并提出教育资源共享模式构建应基于资源的均衡分布以及教育资源承载主体之间距离的合理估测。如 James McCabe 和 N. R. Padhye（1975）采用 GIS 空间平滑对尼泊尔卡斯基地区的学校布局网络提出了新的规划建议，其核心理念是应促进社会群体公平接受教育、提供标准化课程、节省管理成本、控制学校服务范围和上学距离❶。Jacques Hallak（1977）分别对苏维埃共和国、斯里兰卡等国家的学校布局进行了 GIS 分析和规划，结果显示，合理的学校布局网络必须考虑学龄人口分布、地理地形、原有学校布局、家校距离、学校班级规模、教育成本等多项因素❷。John M . Mendelsohn（1996）采用 GIS 蒂森多边形、缓冲区模型等方法对南非地区的学校布局进行了优化分析，提出教育设备、教师资源的合理分布是教育资源共享的必要条件，其中，学校之间的合理距离确定是确保教育资源共享的重要条件❸。B. Parolin（2001，2010）采用 GIS 空间平滑和引力模型对巴基斯坦和迪拜两个国家的学校布局规划进行了 GIS 分析及微观建模，提出合理的学校布局网络要集中体现四个原则：学校的空间可达性、教育质量均等、公平以及学校的承载能力应满足教育需求，以此原则为基础，构建学校间教育资源共享模式才成为可能❹。Ian Attfield，Mathewos Tamiru（2001）对埃塞俄比亚学校布局现状及未来规划模型进行了分析，提出教育资源的合理分布应在教育资源的可获得性、教育公平与效率之间找到平衡，从而为教育资源共享提供基础❺。此外，Isabel da Costa（2008）❻，Idowu Inno-

---

❶ James McCabe. , & N. R. Padhye Planning the location of schools：The District of Kaski, Nepal, Published in 1975 by the Unesco Press, I, place de Fontenoy, 75700 Paris.

❷ Jacques Hallak Planning the location of schools An instrument of educational policy, ris1977 Unesco：International Institute of Educational Planning, Publishedi n1977by the United Nations Educational, Scientific and Cultural Organization, 7, placedeFontenoy, 75700Paris.

❸ John M . Mendelsohn (1996) Education planning and management, and the use of geographical information systems, UNESCO Publishing International Institute for Educational Planning, Printed in France by Imprimerie Gauthier – Villars, 75018 Paris.

❹ Ian Attfield, Mathewos Tamiru, Bruno Parolin, Anton De Grauwe (2001). Improving micro – planning in education through a Geographical Information System Studies on Ethiopia and Palestine.

❺ Ian Attfield, Mathewos Tamiru, Bruno Parolin, Anton De Grauwe (2001). Improving micro – planning in education through a Geographical Information System Studies on Ethiopia and Palestine.

❻ Isabel da Costa (2008). Macro0Micro planning：New chanllenges to education? iiep. unesco. org.

7

cent Abbas（2012）[1] 以及 O. O. Olubadewo, I. A. Abdulkarim, M. Ahmed（2013）[2] 等也分别针对美国特拉华州、阿拉伯贝尼地区、尼日利亚的学校布局优化进行了 GIS 建模，为学校教育资源共享构建了基础。

第三，运用 GIS 分析资源共享主体（学生）的教育机会均等问题研究。这类研究主要采用邻近区、空间可达模型等针对学校布局与其服务人口所在社区的位置关系进行微观分析，结果表明，教育资源的分布必须考虑其服务范围内学生的上学距离、安全、保持率、学习计划等因素，从而保证区域内教育资源的均衡和共享。James E. Bruno（1996）采用 GIS 邻近区模型对美国加利福尼亚地区特许学校的空间分布和教育选择机会均等问题进行了实证分析，结果表明，上学距离是影响学生家庭选择特许学校的重要变量，上学距离越远，学生的教育选择机会不均等问题越突出，这一定程度上反映出既有教育资源的不均衡配置问题以及教育资源共享的必要性[3]。Douglas Lehman（2003）运用 GIS 技术，针对非洲国家乍得西萨赫勒地区 179 个村庄的农村学校撤并、学生上学距离以及教育机会均等之间的关系进行了研究，结果表明，学校撤并过程中，学生上学距离的变化除受物理距离影响外，还涉及时间距离和文化距离（学习效果、心理适应性等），另外，上学距离对学生的受教育机会和学习效果具有显著影响[4]。如 Killeen 等采用美国 1929—1996 年间学校撤并的相关数据，运用 GIS 系统和描述统计方法分析了学校撤并后农村学生与城市学生在上学距离、交通费用和教育成本等方面的差异和变化，结果表明，农村学校关闭导致了偏远学生上学距离增大、交通成本提升。这些负面效应对传统学校撤并的动因——降低财政支出和提高教育质量的观点提出了质

[1] Idowu Innocent Abbas Database Management and Mapping of Secondary Education Infrastructure in Sabon - Gari and Zaria Local Governments, Kaduna State, NigERIA, Science and Technology, 2012, 2 (2): 1 - 7.

[2] O. O. Olubadewo, I. A. Abdulkarim, M. Ahmed. The use of GIS as educational decision support system for primary schools in Fagge local government area of Kano State, Nigeria, Academic Research International Vol. 4 No. 6 November.

[3] James E. Bruno (1996), Use of geographical information systems mapping procedures to support educational policy analysis and school site management, International Journal of Educational Management 10/624 - 31.

[4] D. Lehman (2003). Bringing the School to the Children: Shortening the Path to EFA, http://siteresources. worldbank. org/EDUCATION/Resources/Education - Notes/EdNotesRuralAccessInitiative. pdf.

疑和挑战❶。Yoko Makino，Seisuke Watanabe（2002）对曼谷农闭塞地区偏远儿童的入学机会均等问题做了 GIS 实证分析，研究发现该地区的三所小学仅能容纳服务范围内的 3000 名学生，而具有教育需求的学生数量却有 4500 人，无法就近入学的 1500 名偏远儿童只能乘坐 1 个多小时的公共汽车到曼谷市区上学，每天的交通成本大约 14 泰铢，这一定程度上加重了贫困家庭的经济负担，造成了教育不公平❷。Khalid Al - Rasheed，Hamdy I. El - Gamily（2013）对科威特学校教育资源的布局情况作了 GIS 分析，研究发现，区域内没有设立小学、女子学校、男子学校、女子初中和男子初中的地区数量比例分别为 71%、48%、43%、54% 和 55%。也就是说，这类地区没有提供相应的教育服务满足当地儿童的教育需求，从而导致当地儿童要长途跋涉去外学区上学，使教育公平受到损伤。因此，该研究提出建议，教育决策部门应立即采取措施设置满足人口需求的学校，以保证入学机会的均等❸。Shaun E. Williams（2012）采用 GIS 点估计、空间平滑、2SFCA（两步移动搜索法）对路易斯安那巴吞鲁日地区中等学校的空间可达性、全日制工作教师的配备比例、学校服务的空间交互性，以及不同居住地、家庭背景、种族等的学生入学的机会均等问题作了实证分析，结果发现，布局在中心地区、黑人儿童比例较多、学校责任得分较低的学校可达性较低，即这类学校的儿童面临更严重的机会不均等问题❶。

总体来说，国外相关研究主要从 GIS 与义务教育均衡发展和教育资源共享模式、GIS 与学校布局优化和教育资源共享网络构建，以及 GIS 与教育资源共享主体学生的教育机会均等问题三大方面进行实证微观的研究。第一，GIS 与教育资源共享模式的相关研究主要提出了教育财政资源、物力资源和人力资源共享的基本模式，并尝试构建了三类资源共享的实证模型，这为本书提供了理

❶ Kieran Killeen and John Sipple. School consolidation and transportation policy：An empirical and institutional analysis［M］. A working paper for the rural school and community trust policy program. New York：Cornell University Press，2000：46.

❷ Yoko Makino，Seisuke Watanabe（2002），The application of GIS to the school mapping in Bangkok，https：//www. researchgate. net/publication/237363269.

❸ Khalid Al - Rasheed，Hamdy I. El - Gamily，（2013）GIS as an Efficient Tool to Manage Educational Services and Infrastructure in Kuwait.

❶ Shaun E. Williams（2012），Disparities in Accessibility and Performance of Public High Schools in Metropolitan Baton Rouge，Louisiana 1990—2010.

论和方法上的借鉴。但是，已有的研究是国外学者针对各自研究区域（主要是国外农村地区）的客观实际情况做出的研究结论，由于每个国家和地区的教育发展具有各自的背景和特征，所以其研究结论并不一定适用于我国农村教育的实际情况。由此，基于国外教育资源共享的理论模型及 GIS 实证模型，我国农村义务教育均衡发展中教育资源共享模型的构建应符合我国国情，研究结论也是基于我国的实际情况，这也是本书的必要性所在。第二，国际学者的大量研究集中在 GIS 与学校布局优化和教育资源共享网络构建方面。早在 1977 年联合国教科文组织专家 Colliad 就开始采用 GIS 技术对学校布局的合理规划进行建模研究，为接下来的相关研究奠定了很好的基础。之后很多学者开始针对发达国家和发展中国家不同地区的学校布局问题进行深入研究，进一步完善了学校布局规划的相关标准，包括地理地形、人口分布和年龄结构、学校承载力、学校班级规模、上学距离、学生家庭经济背景、交通方式等各方面因素都应该系统考虑，才能使学校布局优化，均衡教育资源配置，从而为教育资源共享提供条件和基础。第三，GIS 与教育资源共享主体的教育机会均等问题是近年来国际学者日益关注的重点领域，其主要研究发现在于通过 GIS 建模评估不同背景的学生在接受教育过程中的可达性。一般来说，居住地偏远、贫困家庭的学生面临更大的机会不均等问题。另外，从学校的教育资源配置情况来看，教育经费越短缺、师资越匮乏，办学条件越落后，其可达性越差。这一问题的研究为教育资源共享模式的构建提供了契机，即针对教育资源分布不均衡、空间可达性较差的学校及学生群体，如何构建教育资源共享模式是促进教育均衡发展的关键策略。总之，国外的相关研究具有前瞻性、科学性和可操作性，值得借鉴；与此同时我们也需要立足于本土实际的针对性研究。

**（二）国内研究现状**

国内学者针对教育资源共享与教育均衡发展的相关研究主要集中在以下三个方面：

第一，基于 GIS 的区域义务教育均衡发展与教育资源共享模式研究。典型研究来自罗明东（2007）的《区域教育发展及其差距实证研究》，他综合采用灰色系统、基尼系数、GIS 聚类分析法，从教育机会、教育投入和教育质量三个维度对云南省的教育均衡水平进行测评，并以此提出应建立校长和教师轮换制度、加强教育信息资源建设等共享模式来促进区域内教育均衡发展❶；顾佳峰（2010）运用空间关联性、空间误差模型和空间滞后相依模型考察了"教育经费"资源的空间分布和集聚效应，并提出"要建立教育发展优先区"的建议❷。尹杰（2006）将 GIS 技术和真彩色遥感影像应用于教育资源布局领域，试图以此评估教育资源布局的合理性，促进教育资源的科学管理和有效利用，并进一步指出，我国教育资源的布局规划还基本处于一种经验型、随意性较大的决策，对于教育资源布局不合理、优质教育资源分布不均衡问题，GIS技术应成为促进义务教育均衡发展的支持技术❸。李伟等（2013）通过采用GIS 方法，综合分析了新疆生产建设兵团现有的教育网络体系（6 所高校、291所中等学校、245 所小学）以及教育资源分布状况，认为高校在兵团教育资源区域共建中应当发挥更大作用，进而提出一种基于 P2P 的教育资源共享与交互操作平台，此模式下高校提供基础教育资源服务与技术保障，其他地方学校提供个性化教育资源，互为促进协调发展❹。其他学者如郭全（2010）❺、侯明辉（2008）❻、陈莹（2008）❼ 等也采用GIS 方法对县域教育资源的均衡程度做了实证测评，并提出了相应的教育资源共享对策建议。总体来说，国内学者对于 GIS 与教育资源共享的研究较少，现有的相关文献也主要聚焦于 GIS 对义务教育资源均衡配置水平的评估，在此基础上提出教育资源共享的对策和建议。

第二，GIS 与教育资源可达性研究。这类研究多从教育机会均等的视角，实证分析如何构建合理的学校布局，才能促使受教育群体顺利并均等地享受教育机会和教育资源。孔云峰、李小健、张雪峰（2008）以河南省巩义市初级中学为例，使用地理信息系统（GIS）比例模型、最近距离模型、机会积累模型、重力模型和改进重力模型，建立人口分布、学校分布和交通条件等数据

❶ 罗明东，潘玉君，华红莲，陈瑶等．区域教育发展及其差距实证研究［M］．北京：北京大学出版社，2007.
❷ 顾佳峰．中国教育资源非均衡配置研究——空间计量分析［M］．北京：光明日报出版社，2010.
❸ 尹杰．GIS 在教育资源布局规划中的应用［J］．测绘通报，2006，02：56-58.
❹ 李伟，赵庆展，曹传东．基于 GIS 与 P2P 的区域教育资源共建模式［J］．实验室研究与探索，2013，05：201-204.
❺ 郭全．基于 GIS 的城市基础教育资源布局均衡性研究［D］．兰州大学，2011.
❻ 侯明辉．基于 GIS 的基础教育均衡性评估方法研究［D］．首都师范大学，2008.
❼ 陈莹．基于 GIS 的基础教育资源空间布局研究［D］．首都师范大学，2008.

库，计算空间可达性指标，定量分析每一个居住区位学生上学的便捷程度，评估教育资源的空间分布差异，为学校布局规划提供了参考依据❶。吉云松（2006）采用 ArcView 环境下的 NetWork Analyses 路径分析模块，以最短路径代替空间直线距离，计算每一个学生住址沿着街道到学校的最优路径，进而估算学校的服务范围，以保证学生就近入学的机会均等❷。张霄兵（2008）以沈阳市和平区中小学布局规划为例，通过综合考虑人口空间分布、可达性、学校容量与周围人口平衡关系、学校情况以及用地性质影响等多方面因素，构建了选址最优区位和评价指标体系，为提升区域内教育资源可达性提供了基础❸。卢晓旭（2011）采用 GIS 方法，以江苏省常熟市为例，引入生源分布数据和可达性概念，一方面以生源与学校的分布适应状态为指标，测度了区域内学校与生源之间的区位空间均衡状态；另一方面运用可达性指标对学校生源空间布局的均衡度进行测评，构建了区域教育资源空间均衡的测度指标，为学校空间布局规划提供了依据❹。余双燕（2011）以南昌市为例，开发了基于最短时间路径选择算法的学校可达性计算与分析信息系统，并基于南昌市区的道路网结构，从不同住域、不同出行方式和不同性质学校等方面对南昌市区学校可达性做了实证研究，结果显示：南昌市城区学校的可达性较好，平均时间成本 7 分48 秒，但其内部差异比较明显，旧城区可达性好，外围新城区可达性差，最差的地方达到 42 分 12 秒；可达性最好的区域在东湖区，较差的是经济开发区，平均时间成本分别为 5 分和 10 分；47% 和 51% 的学生可以分别选择步行和自行车方式出行，只有 2% 左右的学生有必要选择汽车出行方式前往学校❺。孔云峰（2012）采用设施指派规划方法，建立了学校最优学区整型规划模型，即以就近入学为原则在学校数量位置和学额确定的前提下将全部学生分配到邻近的学校并使总体入学距离或通勤时间最小化，从而促进学生入学机

---

❶ 孔云峰，李小建，张雪峰. 农村中小学布局调整之空间可达性分析——以河南省巩义市初级中学为例 [J]. 遥感学报，2008，05：800－809.

❷ 吉云松. 地理信息系统技术在中小学布局调整中的作用 [J]. 地理空间信息，2006，06：62－64.

❸ 张霄兵. 基于 GIS 的中小学布局选址规划研究 [D]. 同济大学，2008.

❹ 卢晓旭. 基于空间视角的区域义务教育发展均衡性测评研究 [D]. 南京师范大学，2011.

❺ 余双燕. 基于可达性角度的基础教育资源空间优化研究——以南昌市为例 [D]. 江西师范大学，2011.

会的起点均等❶。彭永明和王铮（2013）提出，学校对学生上学安全和便捷程度有很大影响，因此，应在 P–重心模型的基础上对模型进行改进，增加学生上学最大距离不超过某一阈值的约束，既保证农村偏远地区的学生上学相对方便，又保证加权距离和相对最小，在此基础上，该研究开发了农村中小学最优选址的决策支持系统，并以山东省某镇为例，验证了决策系统的有效性❷。其他学者如钟业喜等（2011）❸、彭展（2011）❹ 等也采用 GIS 方法实证分析了县域教育资源布局的合理性及可达性，对教育资源布局的优化改革及教育机会均等问题提出了可操作性的建议。

第三，教育资源共享模式的实现策略研究。如范先佐（2011）❺、吕国光（2008）❻ 等学者针对农村小规模学校的困境及发展策略进行研究，提出县域义务教育均衡发展的关键策略是促进小规模学校的学生与中心学校共享优质教育资源。王丽华（2007）以 H 中学作为个案，运用质的研究方法对薄弱学校改进进行了深入研究，结果发现，学校改进是外驱力和内驱力共同作用的结果，影响学校改进的主要因素包括学校制度的改进、关爱共同体的形成、校长的领导力、教师专业成长、环境建设和教育资源的共享❼。中央教科所（2010）、潘军昌（2010）❽、万华（2007）❾ 的相关研究指出，"教育集团化办学、学区化管理、城乡教育一体化、学校协作互动"等是教育资源共享的创新模式。曾满超（2010）❿、杨银付等（2008）⓫、尹睿（2007）⓬、胡小

------

❶ 孔云峰. 利用 GIS 与线性规划学校最优学区划分 [J]. 武汉大学学报（信息科学版），2012，05：513 – 515.

❷ 彭永明，王铮. 农村中小学选址的空间运筹 [J]. 地理学报，2013，10：1411 – 1417.

❸ 钟业喜，余双燕. 南昌市基础教育资源空间可达性研究 [J]. 江西师范大学学报（自然科学版），2011，06：657 – 661.

❹ 彭展. 农村中小学可达性与空间布局优化研究 [D]. 华中师范大学，2012.

❺ 范先佐. 城镇化背景下县域义务教育发展问题与策略——基于 4 个省（自治区）部分县市的调研 [J]. 华中师范大学学报（人文社会科学版），2014，04：139 – 146.

❻ 吕国光. 中西部农村小学布局调整及教学点师资调查 [J]. 教育与经济，2008，03：19 – 22.

❼ 王丽华. 薄弱学校改进的个案研究 [J]. 教育发展研究，2007，20：33 – 37.

❽ 潘军昌，陈东平. 义务教育均衡发展模式研究 [J]. 广西教育学院学报，2010，05：229 – 232.

❾ 万华. 教育组团：促进区域义务教育均衡发展的新思路 [J]. 教育研究与实验，2007，05：19 – 24.

❿ 曾满超. 效率、公平与充足 [M]. 北京大学出版社，2010.

⓫ 杨银付，韩民，王蕊，等. 以教师资源的均衡配置促进义务教育均衡发展——城乡义务教育教师资源均衡配置的政策与制度创新 [J]. 中小学管理，2008（02）：4 – 7.

⓬ 尹睿，谢幼如. 网络课程建设与实施问题的调查研究 [J]. 中国远程教育，2004（17）：40 – 43.

勇（2010）❶等分别从财政资源、教师资源、远程教育信息资源的共享模式构建方面提出促进区域教育均衡发展的策略。杨玲丽等（2008）针对传统基础教育资源共享存在着信息孤岛，缺乏有效组织管理的问题，提出了一个基于网格的基础教育资源共享模型，该模型根据我国中小学校实际分布情况，利用虚拟组织构建了一个层次化的信息集成系统，设计并分析了其面向广域教育资源共享和协作的模块化系统体系结构❷。徐晓丽（2010）提出基础教育资源的共享关系到基础教育的公平，在此基础上探讨了基础教育资源共享的相关措施，主要包括人力资源共享和物质基础建设❸。杨俊志（2011）提出了实现太原市优质基础教育资源共享的对策及建议：贯彻优质基础教育资源共享的理念，加强监管力度，全面落实优质基础教育资源共享，采用现代信息技术建立远程基础教育系统，确立优势辐射运作的新模式，实现"人""物"资源的共享，进一步提高教师素质，统筹城乡基础教育发展❹。宋乃庆等（2013）在阐述城乡教育一体化对教育信息化需求的基础上，结合国内外经验和调查研究，提出以教育信息化保障城乡教育一体化的策略：政府主导和多方参与、优先发展农村基础设施、综合推进农村特色的信息资源建设、进一步加强农村师生信息素养的培养，以及推动城市优质教育资源的共享❺。

### （三）动态评述

国内文献为本书提供了有益的借鉴，但仍存在不足之处，促使本课题找到继续研究的空间。第一，现有研究缺乏在特定背景下，针对教育资源共享模式的系统研究。国内基于 GIS 的教育资源共享模式构建研究仍然很少，且多数研究依附于"义务教育均衡发展"的相关文献中，而并没有将教育资源共享作为其中的关键问题和突破口进行系统研究；此外，鲜有针对西北地区的专门研究。西北县域义务教育不均衡问题具有典型性，教育资源共享问

---

❶ 胡小勇. 教育信息化进程中区域性优质资源共建共享：理论框架与个案研究 [J]. 电化教育研究, 2010 (03)：48-53.

❷ 杨玲丽，周莲英. 网格环境中基础教育资源共享模型研究 [J]. 网络新媒体技术, 2008, 29 (08)：29-34.

❸ 徐晓丽. 探析基础教育资源共享 [J]. 新课程学习：学术教育, 2010 (07)：136-137.

❹ 杨俊志. 太原市优质基础教育资源共享探讨 [D]. 山西财经大学, 2011.

❺ 宋乃庆，杨欣，李玲. 以教育信息化保障城乡教育一体化 [J]. 电化教育研究, 2013 (02).

题亟待关注，这将是本书研究的焦点。第二，已有研究缺乏相关理论支撑。国内研究侧重对教育资源共享模式的现象描述，如学区化管理、教师走教、联校协作等，并没有深入探讨教育资源共享的本质是教育资源配置的一种方式，其内在逻辑源于教育资源配置理论，从而导致对教育资源共享的价值判断不清、对教育资源共享缺失的原因认识不足，以及对教育资源共享的路径分析不够深入具体。第三，已有研究缺乏创新性的技术路线。国内文献多侧重基础研究和规范研究，论述教育资源共享的意义及内容。其研究方法难以对义务教育均衡发展进行有针对性的指导，缺乏科学的依据。本书将新的方法 GIS 应用于教育资源共享模式的构建，是基于科学化的方法和技术路线，能够从实证角度提供可操作性的策略。因此，此类研究在我国学界仍存在很大空间，同时具有深入性和延展性。

## 三、概念与理论基础

本书的主体是西北县域义务教育均衡发展与教育资源共享模式的构建研究，与研究主体相适应，相关理论基础涉及教育均衡发展理论、教育资源均衡配置理论与教育资源共享理论。

### （一）概念

#### 1. 西北地区

西北地区的概念，历来存在不同的划分标准。在不同的划分方案中，表述略有差别，大致有以下两种划分标准：

#### （1）自然区划概念

自然区划是以自然区域为标准来划分的。我们目前常见的自然区域划分多采用三分法，即将我国整个区域划分为东部季风区、西北干旱区和青藏高原区三个大的区域。西北地区即属于西北干旱区。从区位上来看，西北地区大体位于大兴安岭以西，昆仑山—阿尔金山、祁连山以北。大致包括内蒙古中西部、新疆大部、宁夏北部、甘肃中西部以及和这些地方接壤的一部分山西、陕西、河北、辽宁、吉林等地的边缘地带。从自然特征上来看，干旱是本区的主要自然特征（多为半干旱、干旱气候）。年降水量从东部的400毫米左右，往西减少到200毫米，甚至50毫米以下。从地形地貌和植被来看，以高原、盆地为主，地面植被由东向西为草原、荒漠草原、荒漠。农村以灌溉为主，是全国畜牧业基地。从资源上来看，矿产资源丰富。煤、石油、稀土、铁、镍、黄金、盐、宝石等储量大。同时，西北地区还具有重要的交通地位，丝绸之路、兰新铁路与欧亚大陆桥成为我国向西开放的重要通道。

（2）行政区划概念

行政区划是国家按照行政归属所划分的区域。其源自 1949—1953 年国家设立的六大行政区之一的西北行政区，常被称为"西北五省（区）"或"西北三省二区"，包括陕西省（陕、秦）、甘肃省（甘、陇）、青海省（青）、宁夏回族自治区（宁）和新疆维吾尔自治区（新）。本书所指的西北地区概念就采用这种划分，即西北地区包括西北五省区，这也是我们传统上所说的西北地区。其面积共计 304.3 万平方公里，占西部总面积的 57.7%，占全国陆地面积的 31.7%；人口约 96644038 人，占全国总人口的 7.21%。

2. 县域

"郡县治，天下安"，这句话表明了县级行政区划在我国具有悠久的历史。在我国 2000 多年的行政区划变动中，县级政府是最稳定的行政单位。正如马克·布莱切所言："从历史上看，县在中国一直是最稳定、变动最小的次省级行政单位。进一步说，它是没有被改变过的最低层次的国家组织，是中国政府的基础。"❶ 对于县域我们可以从多学科的角度来解读。从社会学角度看，县域内具有相对稳定的人口、土地、资源，社会各项事业发展相对均衡，差距较小，具有一定的相对稳定性；从行政学角度看，县域是我国行政体系中以县级政权为主体的行政建制中的基本单位，行政决策权和执行权相对独立；从经济学角度看，县域是我国国民经济最基本的子系统，是宏观经济与微观经济的结合部，是城市发展与农村振兴的连接点；从生态学角度看，县域是一种特殊的区域性人工生态系统；从地理学角度看，县域是一个以县级行政区划为基础的区域界线明确的地理空间；从发展学角度看，县域从某种程度上来说是统筹发展的主体和客体的统一体，是最直接、最有效的操作平台。综上所述，县域在我国经济社会发展中具有十分重要的地位，承担着极为重大的责任。本书所指

❶ Marc Blecher, Vivienne, Tethered Deer: Government and Economy in a Chinese County. Stanford University Press, 1996: 204.

的县域是以农村为主的县级行政区划单位。

目前，西北五省区共有县级行政建制 344 个。其社会经济发展的主要特点如下：第一，地域宽广，居住分散，人口稀少。从西北五省区的面积来看，占到了全国陆地面积的近三分之一，而人口仅占 7.21%，是我国人口密度较小的区域。第二，生态环境脆弱。从自然环境方面来说，西北五省区由于干旱少雨，尤其是大量沙漠和高原、山区的存在，使得这些地区的生态环境异常脆弱。第三，经济发展滞后，人民群众生活水平低下。由于以上种种因素，西北五省区就成了我国扶贫开发的重点区域，成了我国西部大开发的重点和难点所在。

县域，是以县级行政区划为地理空间，以县级政权为调控主体，采用计划的方式、市场的方式或计划与市场相结合的方式优化配置资源，具有地域特色和功能完备的行政县域。县域作为一个行政区划的地理概念，具有以下特征：①以县级行政区划为特定的地理空间，县域界线明确。②有一个县级政权作为调控主体，具有一定的相对独立性和能动性。温家宝总理指出，"农村的发展，县委、政府是关键"。③具有与地理区位、历史人文、特定资源相关的地域特色。④是国家行政管理的基本单元，是连接中央和地方的关键纽带，起着上传下达的作用。县域作为国家行政管理的基本单元，监管县域内的政治、经济、教育、卫生等涉及社会发展和民生工程，教育管理——如推动教育，尤其是义务教育发展便是其中的功能之一。《国家中长期教育改革和发展纲要（2010—2020 年）》明确指出，建立城乡一体化义务教育发展机制，在财政拨款、学校建设、教师配置等方面向农村倾斜。率先在县（区）域内实现城乡均衡发展，逐步在更大范围内推进。因为县级政府是与义务教育接触最为紧密的基层政府，不仅直接参与管理义务教育，而且直接配置义务教育资源。在一定程度上说，县域内义务教育资源配置不合理、配置效率低下、未实行均衡发展，作为义务教育的配置主体——县级政府理所当然地负有不可推卸的管理或领导责任。因此，从县域内的视角研究义务教育资源配置问题是十分必要的。

3. 义务教育及县域义务教育

对于义务教育的概念，《现代教育学基础》指出：义务教育是指依据成文法规定实施的强制进行的教育，是传统的学校制度的核心。义务教育制度的核心因素是家长送子女上学的义务（就学义务）的制度，包括规定义务年限、就学监督制度、对不履行义务者的罚规、就学的延缓与免除制度等。此外，义务教育的其他因素还包括：政府负有保障学龄儿童就学的足够的学校设施与教员的义务；国家和地方公共团体负有保障儿童就学的义务，以避免家庭因儿童上学承担过重的经济负担；第三者（如企业雇用童工）不得妨碍学龄儿童就学的避止权利。❶ 可见，义务教育具有强制性，这种强制性是针对学生及其家长、国家各级政府、企业等主体，其中，适龄学生具有接受教育的权利，而其他群体具有保障学生接受教育的义务。

我国学者叶澜先生对于义务教育的看法为：义务教育是国家通过法律规定每个人必须接受一定程度的教育。"义务"包括三个方面的内涵：一是每个人都有接受教育的权利；二是家长、厂主、师傅等有承担子女、工人、徒弟受教育的义务；三是国家有为每个人接受教育提供机构、师资等方面可能的义务。由于义务教育是由法律规定的，因此带有强制性。如果不执行，就要承担法律责任。❷ 同样，叶澜也是从义务教育的强制性以及学生、家长、国家等各主体界定了"义务"的内容。

从义务教育的本质属性来看，义务教育属于公共产品，其原因在于，义务教育对社会来说是具有"正临近影响"的教育。正如美国著名经济学家米尔顿·弗里德曼所说："儿童受到的教育不仅有利于儿童自己或家长，而且社会上其他成员也会从中得到好处，我孩子受到的教育由于能促进一个稳定和民主的社会而有助于你的福利，由于无法识别受到利益的具体的个人或家庭，所以不能向他们索取劳务的报酬"❸。但另一方面，对于受教育者来说，义务教育却具有外部不经济的特征，即义务教育的个别效益小于社会效益，因而义务教育属于纯公益性事业，属于公共产品的范畴❹。具体来说，私人不愿意或不能充分提供义务教育，供给不易排除；同时，一个人接受义务教育并不以另一个人少接受或不接受义务教育为代价，即具有非竞争性。非排他性和非竞争性是公共产品的基本属性，义务教育具有这两种性质，因此，它属于公共产品。基

---

❶ 筑波大学教育学研究会. 现代教育学基础［M］. 钟启泉译. 上海：上海教育出版社，1986：161-162.

❷ 叶澜. 教育概论［M］. 人民教育出版社，1991：66.

❸ ［美］米尔顿·弗里德曼. 资本主义与自由［M］. 商务印书馆，1988：84.

❹ 范先佐. 教育经济学［M］. 中国人民大学出版社，2014：212.

于这种产品属性，义务教育的教育投资应由政府来负担。

在我国，义务教育的概念也体现在相应的法律文件中。1986 年 4 月，第六届全国人民代表大会第四次会议通过了《中华人民共和国义务教育法》（以下简称《义务教育法》），规定"国家实行九年义务教育"，正式提出"国家、社会、学校和家庭依法保障适龄儿童、少年接受义务教育的权利"❶。同时，义务教育具有强制性，《义务教育法》第十五条规定："地方各级人民政府必须创造条件，使适龄儿童、少年入学接受义务教育。除因疾病或者特殊情况，经当地人民政府批准的以外，适龄儿童、少年不入学接受义务教育的，由当地人民政府对他的父母或者其他监护人批评教育，并采取有效措施责令送子女或者被监护人入学。""对招用适龄儿童、少年就业的组织或者个人，由当地人民政府给予批评教育，责令停止招用。"此外，对于义务教育的投资责任，规定"实施义务教育所需事业费和基本建设投资，由国务院和地方各级人民政府负责筹措，予以保证"。❷

另外，义务教育的含义又随着新义务教育法的修订得到进一步的阐释。2006 年，中央政府再次修订《义务教育法》，更加全面具体地论证了义务教育实施的要求："义务教育是国家统一实施的所有适龄儿童、少年必须接受的教育，是国家必须予以保障的公益性事业。凡具有中华人民共和国国籍的适龄儿童、少年，不分性别、民族、种族、家庭财产状况、宗教信仰等，依法享有平等接受义务教育的权利，并履行接受义务教育的义务；适龄儿童、少年的父母或者其他法定监护人应当依法保证其按时入学接受并完成义务教育；社会组织和个人应当为适龄儿童、少年接受义务教育创造良好的环境；国务院和县级以上地方人民政府应当合理配置教育资源，促进义务教育均衡发展，改善薄弱学校的办学条件，并采取措施，保障农村地区、民族地区实施义务教育，保障家庭经济困难的和残疾的适龄儿童、少年接受义务教育。"❸

县域义务教育是指在以县为基本单位的行政区域内的义务教育发展。它是依照我国义务教育管理体制的客观情况而提出的。2001 年，为适应农村经济

---

❶ 王道俊，王汉澜. 教育学（新编本）（高等学校文科教材）［M］. 人民教育出版社，2008：148.
❷ 中华人民共和国义务教育法［J］. 1986.
❸ 中华人民共和国义务教育法［J］. 中华人民共和国全国人民代表大会常务委员会公报，2006，06：435－440.

体制改革的不断深化,特别是农村税费改革的全面推进,国务院颁布了《关于基础教育改革与发展的决定》,明确提出农村义务教育管理"实行国务院领导,由地方政府负责、分级管理、以县为主的体制"❶。2006年,新的《义务教育法》作了更为准确的规定,"义务教育实行国务院领导,省、自治区、直辖市人民政府统筹规划实施,县级人民政府为主管理的体制"❷。可见,新机制确定了省级政府对义务教育经费投入和教育资源配置的统筹作用,同时,也强调了县级政府对本地区义务教育发展负有主要责任。因此,基于县级政府在义务教育发展中的责任和地位,我国义务教育发展的进程在很大程度上取决于县级政府的管理模式和效果。如县级政府在均衡县域内义务教育学校的办学资源方面具有主导作用;在实施学校布局调整、教育资源整合工作中负主要责任;在提高教育质量、配置本行政县域内学校师资力量,组织校长、教师的培训和流动,加强对薄弱学校的建设等方面均承担主要责任。因此,县域义务教育的概念本质上反映了县级政府在义务教育发展中的重要责任,基于此,县域义务教育发展中面临的现实问题也成为学界关注的焦点之一。

4. 均衡

《辞海》对均衡一词的解释为:"矛盾的暂时的相对的统一或协调。事物发展稳定性和有序性的标志之一。平衡是相对的。它与不平衡是相反相成,互相转化的。一般可分为动态平衡和静态平衡。"❸

自然科学中的"均衡"常为物理学和化学所用。物理学意义上的"均衡"是指当一物体同时受到方向相反的两个外力的作用,这两种力量恰好相等时,该物体由于受力相等而处于静止的状态。用最直观的表示就是"衡器两端所承受的重量相等"❹。化学中的均衡或平衡一般是指在进行化学实验或物质在进行化学反应时的一种常态环境或状态,并将各个反应物的浓度或压力(互相反应)的乘积和各个生成物的浓度或压力的乘积间的内在特定关系确定为

---

❶ 国务院关于基础教育改革与发展的决定 [J]. 人民教育出版社, 2001, 07: 4 - 9.

❷ 中华人民共和国义务教育法 [J]. 中华人民共和国全国人民代表大会常务委员会公报, 2006, 06: 435 - 440.

❸ 夏征农, 陈至立. 辞海 [M]. 上海辞书出版社, 2009, 09.

❹ 翟博. 教育均衡论——中国基础教育均衡发展实证分析 [M]. 人民教育出版社, 2008: 45.

一个常数，称之为"平衡常数"。❶

在哲学社会科学领域中，"均衡发展"是一种发展状态，即事物总是以一种稳定、协调、有序的状态在发展。如哲学语境中的均衡或平衡通常是指矛盾暂时的相对统一，平衡是和物质运动分不开的，在绝对的、永恒的物质运动中存在着相对的、暂时的静止和平衡。社会学和政治学语境中的均衡，一般是指人与人、群体与群体、阶级与阶级之间在政治和经济上处于同等的社会地位，享有相同的或平等的社会权利。

均衡在经济学的语境中使用最多。经济学中的均衡是指在市场运作中，供给和需求的力量相互作用，当不同力量处于平衡时，而产生均衡的价格和均衡的数量的状态，即经济学中的市场均衡。市场均衡发生在供给和需求力量达到平衡的价格和数量的点上。在该点，买者所愿意购买的数量正好等于卖者所愿意出售的数量。之所以称这一点为均衡，是因为当供求力量平衡时，只要其他条件保持不变，价格就没有理由继续波动。❷ 从本质上说，经济学中的均衡是指包括供给与需求在内的经济中存在的诸多力量的驱使下，经济体系达到了由一系列配置和价格构成的理想均衡状态。古典经济学家对此做了更形象的阐释，均衡是经济运行的一种特殊状态，随着时间的推移，经济以此为中心波动不已，受到干扰后，经济将偏离这一状态，同时，在某种力量的驱使之下，经济又朝此中心作回复运动。

从经济学理论的发展来看，不同学派的经济学家对于均衡的界说和理解存在差异，因此，也就形成了不同的均衡理论观点：

第一，古典经济学的均衡观。这一学派的代表人物包括一大批 19 世纪的古典经济学家，如亚当·斯密、李嘉图、穆勒、马克思、杰文斯等。他们认为：市场机制犹如一只看不见的手，在支配着每一个行为人（消费者与企业）去追求各自最大的利益，在市场价格灵活而迅速地调整下，各个市场的供给和需求总能正好相等，从而使该资源得到充分利用与合理配置，人们各得其所，整个经济沿着均衡的轨道稳步向前发展。正如亚当·斯密在《国富论》中提出的："每人都在力图应用他的资本，来使其生产品得到最大的价值。一般地

❶ 杨令平. 西北地区县域义务教育均衡发展进程中的政府行为研究 [D]. 陕西师范大学, 2012.
❷ [美] 萨缪尔森, [美] 诺德豪斯. 经济学 [M]. 商务印书馆, 2013, 01：46.

说，他并不企图增进公共福利，也不知道他所增进的福利为多少。他所追求的仅仅是他个人的安乐，仅仅是他个人的利益。在这样做时，有一只看不见的手引导他去促进一种目标，而这种目标绝不是他所追求的东西。由于追逐他自己的利益，他经常促进了社会利益，其效果要比他真正想促进社会利益时所得到的效果为大。"❶ 事实上，亚当·斯密首先提出了一般均衡的基本思想，但并没有严格地把均衡概念用数学语言表达出来。

第二，新古典经济学的均衡观。源于亚当·斯密的"看不见的手"，1874—1877 年，瓦尔拉斯在《纯粹经济学要义》中讨论了多种商品的市场供需均衡问题，提出了一般经济均衡理论。他把亚当·斯密的"社会福利"具体化为供需平衡，把"看不见的手"具体为价格体系，从而把亚当·斯密的思想转化为"如果"的问题：如果在经济活动中，每个消费者都追求其效用最大化，每个生产者都追求其利润最大化，那么，是否存在一个所谓的均衡价格体系，使得由该价格体系决定的市场（有效）供给与（有效）需求正好相等。如果存在，则称这样的市场状态为均衡状态，相应的价格体系称为均衡价格❷。

19 世纪末，马歇尔把供求论、边际效用论、生产费用论融合在一起，建立了均衡价格理论，奠定了新古典主义理论体系。他的局部均衡分析方法提供了一种更加简明和严谨的模型，这就是大家所熟知的供给曲线与需求曲线交点确定的均衡价格，从而形成新古典主义经济学的基础。马歇尔认为："正像鸟类和兽类虽然形状上大不相同，但在它们的躯体中都有一个基本观念一样，供求平衡的一般理论也是贯通分配和交换的中心问题之各部分结构的一个基本观念。"可见，新古典主义的核心正是一般均衡理论。

一般均衡理论的哲学基础是相信自由竞争的市场机制，是一个精巧的装置，经济主体的利润最大化行为和效用最大化行为使得市场自动产生供求的均衡，分散决策的市场行为下面存在着一般均衡结构，均衡价格把市场秩序强加于可能发生的市场紊乱之上。这种以理想主义的完善的市场结构和灵敏的价格体系为基本假设前提的均衡理论是长期以来西方经济学研究的基本起点。

第三，"凯恩斯革命"对均衡的突破。1929—1933 年的大萧条后，凯恩斯

---

❶ ［英］亚当·斯密. 国富论［M］. 陕西人民出版社，2006.
❷ 沈华嵩. 一般均衡理论及其历史地位的衰落［J］. 财经科学，1988（11）：41-45.

批判了新古典主义，通过有效需求理论和收入决定理论，对经济均衡作出了新的解释，打破了充分就业的均衡学说，提出了非充分就业的均衡概念。

凯恩斯认为传统理论"企图通过对未来知之极少这一事实的抽象方法，来研究现在"，实际情况是"灵活偏好"的变化和货币数量决定的货币利率，以及对资产收益的预期这二者都极不确定。由于它们共同决定资本资产价格，从而导致投资量有时会大幅度波动。投资在预期影响下自由波动，而不受储蓄的支配，这样，投资等于储蓄的均衡观也就失去了意义。另外，价格水平取决于货币工资率水平，既然货币工资率水平决定价格水平，而任何国家的货币投资水平在任何时候多少都是一个历史的偶然，它依赖于过去长时期劳动市场的种种条件，并受到资本家和工会之间力量对比现状的影响，那么，货币的均衡价值观念也不具有意义。

由此，凯恩斯提出，经济在非充分就业的水平下达到均衡，是因为边际消费倾向递减使得消费需求不足；资本边际效率降低，使得利率调节部分失效，储蓄不能及时全部转为投资导致投资需求不足；流动使得利率在一定水平上调节投资失效，直接影响投资需求不足。因此，经济不能达到充分就业的均衡的根本原因是储蓄不能及时转化为投资，而产生这种问题的关键不是利率的变化，而是收入水平的变化；收入水平的变化又决定于支出变化，即有效需求的变化。因此，源于前期支出的收入形成新的支出的比例下降，导致新的需求增长减速，使得当期生产出现相对过剩，如果这一过程进一步推移下去，就会导致全面的生产过剩，造成经济萧条。也就是说，事实上，均衡可以在资源非充分利用的状态下发生，这是一种低水平的货物均衡，这种均衡只能导致经济萎缩。此时，由于有大量的闲置生产能力存在，如果增加政府投资形成新的需求，就会具有较强的乘数作用，从而增加就业、增加收入，使经济达到充分就业下的均衡。因此，在凯恩斯理论中，资源充分利用的均衡要借助于政府的干预才能实现。

总之，凯恩斯通过引进时间因素以及不确定性的分析，把过去和未来区分开，同时他还否认资本主义经济内部存在自发的调节机制以保证充分就业，否认资本主义经济长期稳定的观点，他认为通过财政政策可以达到充分就业下的均衡。

第四，主流经济学——新古典综合学派的均衡观。主流经济的微观基础是新古典主义型的，其核心仍然是一般均衡理论，当然不像静态分析那样局限于均衡位置，而是明确经济系统稳定性的条件，即在一次干扰以后，它倾向于靠自己回到均衡。萨缪尔森在建立动态理论和稳定性分析以及"全部均衡论"以后宣布：关于每种产品或投入的生产要素，我们确实具有供给和需求这两个条件。因此，我们希望，经济制度在市场上最终会达到竞争均衡。而且，这种竞争均衡是一个'有效率的'均衡，即帕累托最优状态。虽然，垄断因素引起的竞争不完全性、外部经济负效果等会造成竞争均衡的偏离，但是，"政府在经济生活中的创造性作用"——国家干预可以矫正这种偏离。因此，如果放弃自由放任而采用一种在道德上恰当的财富和机会的分配方式，那么，完全竞争的均衡可以作为一个实现最优效率和公平合理的社会组织工具。

5. 教育均衡发展

关于教育均衡发展❶的概念，学界并没有形成统一的定义。研究者多是根据自己研究的具体主题，对教育均衡发展进行界定。目前，教育均衡发展的具体内涵界定主要包括以下几个维度：

首先，从研究的学科取向来看，有的学者从教育经济学的理论角度定义教育均衡发展，有的学者从教育哲学或公共政策研究取向方面对教育均衡发展进行界定。

（1）教育经济学取向

这一取向的典型研究来自于翟博，他认为：从概念上来讲，教育均衡实际上是经济均衡的发展和移植。同经济资源相对短缺类似，人类发展过程中的教育资源也存在稀缺性和不均衡性，即一方面有限的教育资源无法满足现实中各群体的教育需求；另一方面，有限的教育资源在不同地区、不同群体间的配置存在不均衡性，导致教育机会的不均等。因此，从一定意义上来说，教育均衡是人们相对于目前现实存在的教育需求与供给不均衡而提出的教育发展的美好愿望。在教育均衡发展中，教育资源配置的均衡是首要条件，其次是学校教育中人的培养和发展的问题。❷

---

❶ 目前国内学者对于教育均衡的概念讨论主要包括"教育均衡""教育均衡发展""基础教育均衡""义务教育均衡"等，虽然主题略有差异，但其讨论的实质内容都聚焦于"教育均衡"，因此本书将这几类的概念讨论集中在一起进行论述。

❷ 翟博. 教育均衡论——中国基础教育均衡发展实证分析 [M]. 人民教育出版社，2008：50.

基于教育经济学的理论基础，教育均衡的含义被界定为："在教育机构和教育群体之间平等地分配教育资源，达到教育需求与教育供给的相对均衡，并最终落实在人们对教育资源的分配和使用上。从个体来看，教育均衡是指受教育的权利和机会的均等，即学生能否在德智体美劳等方面均衡发展、全面发展；从学校来看，教育均衡是指县（区）域间、城乡间、学校间以及各类教育间教育资源配置的均衡；从社会来看，教育均衡是指教育所培养的劳动力在总量和结构上，与经济社会的发展需求达到相对的均衡。无论从教育为受教育者所提供机会的起点、过程和结果是否均衡三个维度考察，还是从教育资源配置是否均衡、学生能否在德智体美劳等方面均衡发展、教育所培养的劳动力在总量和结构上是否与经济社会的发展需求达到相对的均衡三个维度考察，教育均衡发展的目标都是教育需求与教育供给的相对均衡，教育资源配置的均衡是教育均衡的基础和前提。❶

此外，丁金泉也从这一视角提出教育均衡发展的概念：教育均衡发展是指一定区域和受教育群体在教育资源获得和教育效果输出上的平衡状态。这里，把衡量教育均衡发展的指标界定为教育投入和教育产出两大方面，即教育资源获得和教育效果输出。一般来说，在教育投入方面，教育经费、师资、教学设备设施等又是主要方面；在教育产出方面，学业成绩、入学率、辍学率等又是主要方面。均衡发展的主体是一定的教育区域和受教育群体，二者是一而二、二而一的关系，二者的区别在于从不同的角度看待问题的产生。一定教育区域的教育效果的承担者总是受教育群体，而受教育群体又总是一定区域的受教育者。❷

鲍传友肯定了基于教育经济学理论的教育均衡发展内涵，但与此同时，他又拓展了教育均衡发展的含义：教育均衡发展不仅包含了经济意义上资源配置的均衡，也包含了教育机会和教育权利分配的均衡。教育均衡发展的实质是在平等原则的支配下，教育机构、受教育者在教育活动中平等待遇的实现；其最基本的要求就是在正常的教育群体之间平等地分配公共教育资源，达到教育需求与教育供给的相对均衡，并最终落实在人们对教育资源的支配和使用上。但

❶ 翟博. 树立科学的教育均衡发展观［J］. 教育研究, 2008（1）: 3-9.
❷ 丁金泉. 我国义务教育均衡发展问题研究［D］. 华东师范大学, 2004: 10-11.

是，由于受地区经济条件、自然环境和文化历史传统的制约，教育的均衡发展是包含着有"差距"的均衡。推进教育均衡发展并不是要遏制部分经济发达地区义务教育的发展速度，而是合理控制教育差距，使其不至于危及教育平等的基本理念。也就是说，当社会的政治、经济和文化发展到一定水平后，义务教育就要为更多的人提供充分的、尽可能好的基础教育。当然，义务教育的均衡发展主要针对的是政府配置的公共资源和教育机会，而不是个别地区和学校通过各种途径而获得的民间资源和增加的受教育机会❶。

（2）教育哲学取向

柳海民、周霖认为，义务教育均衡发展就是指教育内涵均衡发展。义务教育均衡发展是一种科学发展，它以实现人的全面发展为核心，以科学化的方式方法为教育手段，以先进的、科学的、丰富的知识为教育内容，以合理的教育评价方式为监督，促进人的全面的发展、完整的发展、自由的发展。❷

阮成武认为：以发展平衡保障和促进机会均等，是均衡发展义务教育政策的价值取向。"均衡"是"机会均等"与"发展平衡"的统一体。机会均等是指所有适龄儿童和少年均等享受由政府主导提供的方便可及、质量确保的基本公共教育服务，反映一种教育公平。发展平衡是实现城乡、区域、校际及不同群体之间在教育资源、管理和质量及其制度保障水平上的基本平衡，反映一种社会公平。机会均等与发展平衡相互依存，机会均等是核心、落脚点，发展平衡是保障、着力点；同时，二者又有各自的内涵，前者是就适龄儿童和少年个体之间而言，后者则是就不同区域、城乡、学校及其家庭而言。❸

师玉生从教育公平的价值诉求角度讨论了教育均衡发展的内涵：教育均衡发展的理想是追求教育的公平，使不同地区、学校、家庭的受教育者最大限度地享有基本的教育权利，从而保证有限的教育资源相对公平地予以配置，保证教育事业发展在最大限度上实现均衡。进一步讲，不论是作为一种教育的理想，还是作为一种阶段性的奋斗目标，教育均衡发展都是要坚持教育公平，坚持以人为本，以学生为本，从根本上实现所有受教育者公平全面地发展，这也

---

❶ 鲍传友. 义务教育均衡发展：内涵和原则 [J]. 国家教育行政学院学报, 2007（1）：62–65.

❷ 柳海民，周霖. 义务教育均衡发展的理论与对策研究 [M]. 长春：东北师范大学出版社, 2007：20.

❸ 阮成武. 我国义务教育均衡发展政策的演进逻辑与未来走向 [J]. 教育研究, 2013（7）：37–45.

正是义务教育均衡发展的价值所在。让每一个县（区）域的教育都有质量保证的完成，让每一所学校都变成受教育者的乐园，让每一个学生都能够在为其提供最基本教育条件的学校取得最好的成绩，这应是现阶段我国义务教育均衡发展的首要目标。❶

李宜江和朱家存从教育均衡的稳定性和动态平衡角度提出："教育均衡发展可能只是一个永恒的理想和追求，我们只能在一定的县域范围内、在动态的过程中使基础教育呈现一种相对均衡的发展状态。"义务教育发展的均衡是相对的、静止的，不均衡是绝对的、动态的，政策投入解决了阶段性的均衡，一个阶段后又会出现新的不均衡。另外，关于义务教育均衡发展内涵认知的时代性和经济社会发展的可能性，使得义务教育均衡发展始终具有动态性。比较而言，实现一时、一地的义务教育均衡发展易，维护长期、全国范围内义务教育均衡发展难；实现义务教育均衡发展易，维护经济社会发展均衡难。如何根据义务教育均衡发展的自身规律和义务教育的均衡性与经济社会发展的均衡性之间的关系特征，维护和调节义务教育发展的"均衡态"，从而为均衡发展义务教育提供切实可行、可持续的政策路径和实践模式，既是难点，也是焦点。❷

（3）教育政策研究取向

于建福从教育决策者和教育政策制定者的角度出发，认为教育均衡发展是指教育决策者秉持客观公正的态度，通过制定相关的政策、法律法规等方式，采取多种科学有效的手段，保障公民或者未来公民享有平等的受教育的权利和义务，以确保公民教育成功机会以及教育效果的相对均衡。他提出，教育均衡发展主要包括三层含义：第一，在教育入学机会方面，确保人人都平等地享有受教育的权利和义务；第二，在受教育过程中，确保受教育者享有相对平等的受教育的条件；第三，在教育效果方面，要保证教育质量和教育效果的相对均等。❸

袁振国认为：义务教育均衡发展的实质是在教育资源相对固定的条件下，政府通过制度安排和政策取向努力促进教育资源合理配置，为义务教育阶段的每所学校提供平等的发展平台，保障每个公民在受教育机会以及享受教育资源

---

❶ 师玉生. 县域义务教育均衡发展的现状与对策研究 [D]. 西北师范大学, 2011.
❷ 李宜江, 朱家存. 均衡发展义务教育的理论内涵及实践意蕴 [J]. 教育研究与评论：中学教育教学, 2013（06）：59 - 64.
❸ 于建福. 教育均衡发展：一种有待普遍确立的教育理念 [J]. 教育研究, 2002（2）：10 - 13.

上的平等权利，进而促进义务教育的发展与进步。对同一区域内学校发展来说，义务教育校际均衡发展是指政府为保障法律所赋予每个儿童和青少年平等受教育的权利，在义务教育办学条件的硬件投入（如学校用地、校舍建设、设施配置等）和软件投入（如新教师分配、在职教师进修、职称晋升、福利待遇等）方面，对城市与农村学校、重点与一般学校、城市中心地区与边远地区的学校，都一视同仁；在教育政策的取向上要坚持公平、公正原则，不得以民族、种族、性别、家庭背景等原因优待或歧视公民的受教育权利。在实现了校际间均衡发展的基础上，促进义务教育健康有序地发展，提高整个教育系统的效益。❶

翟博在教育均衡的经济学含义的基础上，进一步阐释了教育均衡的政策内涵：教育均衡实质上是指在教育公平思想和教育平等原则的支配下，教育机构和受教育者在教育活动中有平等待遇的理想和确保其实际操作的教育政策及法律制度。教育均衡是指政府提供给每个孩子的学习条件、权利、机会是平等的，它符合社会主义国家的公平原则。让所有的孩子——不管他是生活在城市还是农村，不管他有怎样的家庭背景，都能受到良好的教育。保证受教育者接受教育特别是义务教育所必需的校舍、设备、师资等基本条件，均衡配置教育资源，是让全体适龄儿童和少年享受平等教育的基本体现，也是教育事业发展义不容辞的责任。❷

李生滨、傅维利等主要从教育均衡发展的政策执行角度探讨了其含义："均衡发展义务教育"是指统筹协调县（区）域之间、城乡之间、学校之间、群体之间教育发展差距，以教育资源均衡配置与合理使用为前提，以学校优质特色化、学生全面个性化发展为取向，全面提升义务教育办学水平和教育质量。❸

其次，从研究问题的层次和范围来看，相关学者把教育均衡发展分为宏观层次、中观层次和微观层次三个部分，以此为基准，探讨不同层次的教育均衡含义。

---

❶ 袁振国. 缩小教育差距促进教育和谐发展 [J]. 教育研究，2005（7）：3-11.
❷ 翟博. 基础教育均衡发展理论与实践 [M]. 教育科学出版社，2013：8.
❸ 李生滨，傅维利，刘伟. 从"追求均衡"到"鼓励差异"对后均衡化时代义务教育发展的思考 [J]. 教育科学，2012（1）：1-5.

韩清林认为，义务教育均衡发展的含义应包括县域教育均衡发展、学校之间均衡发展和学生个体之间均衡发展三个层面。具体来说，义务教育均衡发展，是指国家采用政治的、经济的、行政的等多种方式或手段，逐渐缩小和弱化县域之间、学校之间以及受教育者个体之间的差距，着重促进薄弱地区、薄弱学校以及弱势群体的义务教育发展水平，不断推动义务教育实现县域、校际和群体之间发展的相对均衡。❶

褚宏启等认为："在义务教育城乡均衡发展、县域均衡发展、校际均衡发展三个层面上设计指标体系和标准，既体现三个层面的共性，又明确三个层面均衡发展的个性与侧重点。"同时"城乡均衡发展、县域均衡发展、校际均衡发展三者中，前两个相对处于宏观层面，在指标设计时可以重点关注资源配置方面的指标；校际均衡发展相对处于微观层面，在指标设计时可以重点关注教育过程和教育结果方面的指标❷"。

最后，从教育均衡发展的阶段性来看，多数学者提出"教育发展的高位均衡"概念。

刘志军和王振存提出：教育均衡发展具有明显的阶段性，大体可分为两个阶段：一是基础条件均衡，指主要依靠外力，以有形物质投入、标准化建设及外在条件弥补的方式，推进城乡、县域及校际教学场所的硬件设施、师资水平等有形教育资源配置的基本均衡，追求有形方面的均等化、规模化和标准化。二是高位均衡，指根据各自基础、优势和特色，主要通过深化内部改革、加强文化建设、创新体制机制及推动特色发展等方式，将外在条件弥补与内生引领相结合，促进城乡、县域、校际教育互动交流、优势互补、资源共享，实现自主创新、多元特色、峥嵘并进、可持续协调发展。基础条件均衡是实现高位均衡的前提和基础，高位均衡是基础条件均衡的价值追求和奋斗目标。教育高位均衡发展不仅追求有形的物质层面的均衡，还追求文化、精神等无形层面的均衡与特色；不仅追求起点、过程公平，更追求结果公平，是有形与无形、起点和过程与结果、数量与质量、局部与整体、静态与动态的统一，旨在追求并实

❶ 韩清林. 基础教育均衡发展方略的政策分析［J］. 国家教育行政学院学报，2003（4）：21－25.
❷ 褚宏启，高莉. 义务教育均衡发展评估指标与标准的制订［J］. 教育发展研究，2010（06）：25－29.

践教育公平理念。❶

姚永强和范先佐提出：随着经济社会的发展、人民生活水平和受教育水平的提高以及价值取向的多元化，人们对义务教育发展提出了更高的要求。过去那种更多依靠政策引导和资源投入，而不注重每一微观办学主体的自身实际情况，不注重培育他们自我发展能力的发展方式，对于 2020 年实现县域内义务教育发展基本均衡乃至最终实现教育公平、满足不同受教育者选择适宜自身发展的优质教育需求的理想与愿景几乎是不可能的。因此，要更好更快地推进义务教育均衡发展，就必须尽快转变义务教育均衡发展方式。基于"优质均衡""高位均衡""内涵均衡"等概念的提出，要根本改变义务教育发展不均衡状况，解决优质和多元教育供给不足问题，就必须从以资源配置为中心、依赖政府力量驱动、强调同质发展的均衡发展方式，向以质量提升为中心、依赖学校自我发展驱动、注重多元发展的均衡发展方式转变。❷

冯建军认为：要求所有学校达到国家质量标准，是质量均衡的第一步。质量均衡的第二步，则要谋求学校的特色建设，为学生提供"适切教育"和"有效教育"，促使学生充分发展。学校特色正是在适应学生发展的基础上形成的，并且是为学生多样化个性发展服务的。因此，义务教育质量均衡既强调统一性（基本标准），又强调差异性（多样性、个性化），是一种底线基础上的差异均衡、统一性基础上的特色均衡，它鼓励学校在质量合格基础上，追求更有特色、更高质量的教育。❸

冯建军进一步提出：优质均衡是教育均衡发展的高级阶段，也称为"高位教育均衡"。在优质均衡中，"优质"不是指向教育资源，而是指向教育质量。在这个意义上，优质教育均衡是指作为结果的教育质量的均衡。教育结果公平是最高层次的公平，是更为高级、更为根本的公平。因为平等的教育权利、均等的教育机会、均衡的教育资源都是结果公平的条件，结果的公平才是

---

"教育公平的最终目标"，它指向教育质量，追求教育质量的公平与均衡。❶

综上所述，国内学者对教育均衡的概念界定的视角比较广泛，既包括教育经济学理论视角、教育哲学视角、教育政策视角，也包括从教育均衡的层次和阶段等角度界定。究其原因，在于不同学者对教育均衡概念的关注点以及他们本身的学术背景和研究领域有所差异。其中，第一，教育经济学视域中的教育均衡重点侧重教育资源在配置过程中应达到供给和需求的相对均衡。第二，教育哲学视角的教育均衡主要侧重对其价值取向和目标的探讨，目前相关研究已达成一个共识，即教育均衡应以教育公平为基本出发点，通过教育资源的均衡配置以及教育机会均等化，促进受教育者个体的公平、全面的发展。也就是说，教育均衡的终极目的应该是人的全面、个性化发展，教育均衡应该具有更高层次的意义和价值。第三，教育政策视角的教育均衡主要探讨教育决策部门应从哪些方面采取合理的措施促进教育均衡，确保教育公平和机会均等，学者的主要观点在于"教育均衡实质上是指在教育公平思想和教育平等原则的支配下，教育机构和受教育者在教育活动中有平等待遇的理想和确保其实际操作的教育政策及法律制度"。第四，按照不同层次对教育均衡的定义侧重从县域、学校和个人三个层面，从宏观、中观到微观的角度，认为教育均衡应在省域、市域、县域、校际间、群体间等层面达到教育机会、教育资源配置和教育质量的均衡。第五，对教育均衡的阶段性定义是近年来学者关注的焦点，其核心在于论证教育均衡在满足了教育资源的均衡供给的基础上，应朝"高位均衡""优质均衡"发展，即从"以教育资源配置为中心"，向以"质量提升为中心、学校多元发展、学生个性全面发展"转变，促进"教育结果的公平"。

### 6. 西北县域义务教育均衡发展

上述诸多学者从不同角度对教育均衡的定义为本书提供了重要基础，由于本书的主题为"县域义务教育均衡发展与教育资源共享模式构建"，其中涉及的关键问题之一为"教育资源共享"，其本质上是教育资源的合理配置问题，属于教育经济与政策领域的研究课题。因此，本书对于教育均衡的概念重点从教育经济学与教育政策视角提出，同时，以教育哲学的价值观作为导向，在具体分析中引入教育均衡的层次说和阶段说。由此，本书对教育均衡的概念界定

---

❶ 冯建军. 义务教育优质均衡发展的理论研究 [J]. 全球教育展望, 2013, 42 (1)：84 - 94.

为：教育均衡是在教育公平思想和教育机会均等原则的指导下，在县域范围内，通过国家政治的、经济的、法制的等多种调控手段，对教育财力资源、物力资源和人力资源等进行科学合理的配置，县域范围内的城乡之间，疑似从而达到教育资源在县域范围内的城乡之间、校际之间相对均衡，保障所有儿童享有均等的受教育机会和条件，获得平等的教育效果和教育成功机会，促进义务教育全面、均衡、优质发展。

具体来讲，县域义务教育均衡发展的基本内容包括：第一，教育经费投入的基本均衡，包括大致均衡的生均预算内教育经费、生均公用经费、基本建设与改造资金支出等。第二，办学条件的基本均衡，包括学校规模、仪器设备、图书资料、文体器材和信息化水平等诸方面的均衡。第三，人力资源的基本均衡，主要是指教师的学历、素质、年龄结构等的大致均衡。第四，"教育结果"的均衡。结果均衡是义务教育均衡发展的高级阶段，它可以通过学生的辍学率、完成率、初中毕业生升入高中的比率、学生素质发展与学业成就的状况来加以衡量。

7. 教育资源共享模式

教育资源是人类社会的资源之一，它包括人类自由教育活动和教育历史以来，在长期的文明进化和教育实践中所创造积累的教育知识、教育经验、教育技能、教育资产、教育费用、教育制度、教育品牌、教育人格、教育理念、教育史籍、教育设施、教育市场、师资、生源以及教育领域内外人际关系的总和。❶

教育资源共享是追求上述目的的重要策略，即通过构建学区一体化、联合办学、学校间共同购买教育设施、教师交流、走教等多种创新性的对策，推进教育资源在学校间的共享，从而既能节省教育资源，又能最大限度地促进薄弱学校与优质学校间共同进步、提高教育质量、推进义务教育均衡发展。

（二）理论基础

1. 教育公平理论

教育公平是指国民在教育活动中的地位平等和公平地占有教育资源，是社会公平价值在教育领域的延伸和体现。它包括三层含义：确保人人都有接受教

---

❶ 中央教育科学研究所. 义务教育均衡发展报告［M］. 教育科学出版社，2010.

育的权利和义务；提供相对平等地接受教育的机会和条件；教育成功机会和教育效果的相对均等。在我国，公民的受教育权受到《宪法》和《教育法》的保护。但由于种种复杂原因，教育公平尚未得到很好的实现，如我国城乡义务教育质量的巨大差距，大中城市出现的中小学择校热，偏远农村学生上学远、上学难，流动儿童、留守儿童无法享受同等水平的义务教育等，都是教育不公平在义务教育领域的深刻反映。因此，针对义务教育不公平问题，我们推进义务教育均衡发展进程中，可以相对均等地分配教育资源及其份额，达到学校间教育资源的相对均衡，切实保障所有学生公平地接受义务教育。由此可以看出，义务教育均衡发展是推进教育公平的重要手段，其本质目的与教育公平相一致。

从教育公平的具体含义来说，它在某种意义上与社会领域的公平具有同样的含义，即指教育机会的起点公平、过程公平和结果公平。其中，教育机会起点公平是指尊重和保护每一个人基本的人权和自由发展，即教育权利和入学机会均等；过程公平是指通过相应的制度、政策体现和维护教育公平，让所有儿童享受同等质量的教育资源、办学条件等，包括在教育过程和师生关系的互动中微观层面的教育公平；结果公平指的是最终体现在学生的学业成就上的实质性的公平，即教育质量平等、目标层面上的平等。对于教育结果的公平，至今仍然是一个比较遥远的理想，因为它不仅反映了受教育者的个体差异及适应这一现实的差别性教育的不足，也反映了贫富分化、社会阶层分化的现实中，具有传递性的文化资本在教育中的深刻作用。基于教育公平的具体含义可以看出，教育均衡发展就是政府以教育公平为基本准则，向每个孩子提供平等的学习机会、学习条件，并促使每个孩子获得公平的教育结果。具体来说，即要求为每一个孩子提供同等条件的校舍、设备和师资等教育资源，让所有学生享受公平的教育质量。因此，从微观角度讲，义务教育均衡发展的本质仍然与教育公平一致，其具体措施亦是为促进教育公平而服务的。我国学者曾天山指出："义务教育在整个教育体系中具有基础性地位，它的公益性特征决定了其必须选择均衡发展战略。在这个意义上，义务教育均衡发展是实现教育公平的基石，是实现教育公平的基本途径。"❶

❶ 曾天山，邓友超，杨润勇，等. 义务教育均衡发展是实现教育公平的基石［J］. 当代教育论坛：学科教育研究，2007（1）：5－16.

33

从教育公平和教育均衡发展的关系可以看出，教育公平可以说是教育均衡发展的最终目标和价值取向，教育均衡发展是实现教育公平的基本途径。因此，在这一基本途径的实践过程中，义务教育均衡发展的目标包括教育人力、物力和财力资源在各学校间均衡配置，推进义务教育质量的提升。而教育经济学理论指出，教育资源在任何时候都是具有有限性的，所以义务教育均衡发展在追求教育质量的同时，还面临一个隐含的目的，即要克服教育资源的有限性，也就是既要节省教育资源，又要提高教育质量。特别是在我国西北地区，义务教育资源短缺程度还比较高，学校间教育发展不均衡程度也较高，因此，通过校际间教育人力物力和财力资源的共享节省教育资源，又能最大限度地促进薄弱学校与优质学校间共同进步、推进教育均衡，最终实现教育公平。

2. 教育需求与供给

教育是一种培养人的活动，在市场经济条件下，教育服务所"生产"的产品作为一种准公共产品，本质上具有商品属性，因此，教育领域亦存在供给和需求的问题。教育供给是指一定社会为了培养各种熟练劳动力和专门人才，促进经济、社会和个体的发展，而由各级各类教育机构在一定时期内提供给学生受教育的机会。狭义的教育供给是指正规教育机构提供的教育机会。社会劳动总量——教育投资和现有教育机构共同构成教育供给，教育供给形成教育机会，因此，教育机会提供者即教育投资者，他们是政府、社会生产部门、团体组织及私人机构，而教育供给量的形成受制于社会的政治、经济、文化等多种因素，主要包括资源分配的多寡、劳动力需求结构、教育的单位成本、师资状况、适龄学生总量、教育目标确定等❶。

与教育供给相对应，教育需求指的是国家、社会、企业和个人对教育有支付能力的需要。人们对教育的需要是无限的，但是，满足需要的教育供给却是有限的。教育需求代表着个人、用人单位、国家的支付能力，还表现为受教育者为接受教育多牺牲的其他收入——教育机会成本。根据教育需求的含义，从需求来源或主体来看，教育需求主要来源于个人、用人单位和国家。对于本书而言，我们讨论义务教育均衡和公平的主体在于学生本身，他们对于义务教育的需求从属于个人教育需求。教育经济学理论又指出："个人对于教育的需

---

❶ 范先佐．教育经济学［M］．中国人民大学出版社，2014：141.

求，主要受到个人智慧的程度、职业的需要、家庭及个人的经济条件、家长对子女的影响、教育的预期报酬率等。"

由此我们可以看出，对于广大中西部农村地区而言，特别是西北农村地区的义务教育阶段适龄儿童家庭经济条件较差，父母职业多以务农、外出务工为主，这种先天的弱势地位促使这类儿童更需要通过教育改变命运，获得社会经济地位的提升。因此，西北地区农村儿童对高质量义务教育需求是十分迫切的。但现实中，由于县域义务教育发展不均衡问题突出，县城和乡镇的大规模中心学校的教育质量明显优于农村小规模学校和教学点，致使越是处于经济社会边缘地位的儿童越是享受不到高质量的教育，反而成为义务教育系统内的边缘群体。这说明，目前义务教育供给与农村儿童教育需求是极不匹配的，这种供需不平衡将直接导致更大的社会不公平。因此，为满足西北农村儿童对义务教育的需求，在现行义务教育财政体制及县域义务教育财政能力极为有限的情况下，各级政府如何创新义务教育的供给形式，最大限度上满足农村儿童的教育需求，推进义务教育均衡发展的进程，是摆在当下的棘手问题。那么，从教育供给形式上来说，微观层面的改革是必然的选择，即通过教育资源的配置方式创新——教育资源共享的形式提升县域内学校的整体教育质量，以强扶弱、以大带小，让教育均衡切实落实到实实在在的工作中，让弱势儿童真切感受到优质的教育服务，这种教育供给模式才可以说是满足了受教育主体的需求，实现了供需匹配。总之，教育供给和需求理论为县域内义务教育资源共享提供了理论基础，它让研究者从农村儿童教育需求的角度出发，反思当前县域义务教育供给形式存在的瓶颈问题，并推动我们不断反思、从供给角度探索如何改革、创新供给形式，以满足受教育主体的需求。

3. 教育资源均衡配置

"教育资源配置"是指投入教育领域的人力、物力、财力资源的各种比例关系。影响教育投资经济效率的重要因素包括教育人力资源结构、物力资源结构、财力资源结构及人力、物力资源之间以及它们与在校学生的构成关系。教育财力资源是人力、物力的货币表现，其结构表现为财力分配（或使用）中各单项费用及它们与在校生的构成关系。教育资源结构取决于某教育领域教育资源总量和该领域的目标、规模与管理水平，并以教育投资使用效率的高低作为评价其合理与否的标准。

教育资源分配最优化（optimization of education resource allocation）用于发展教育的人力、物力、财力资源在实现最大程度教育目标下的最佳配置。实践中通常运用生产量曲线的投入配合法进行资源的最优配置。在满足一定教育产出的情况下，各种教育资源投入可有不同的配合，哪种配合为最优，需考虑教育资源投入的价格因素。各种资源投入的价格之比形成一条与某教育产出量曲线相切的价格线，价格线与某教育产出量曲线相切之点便是最佳的教育资源投入配合量。假设283单位的教育产出等量线可由不同的劳力和资本配合而得，劳力单位价格为1元，资本单位价格为1.5元，它们的配合为A、B、C三种方式。A：资本和劳力投入量分别为4单位、2单位，投入总价格为8元；B：资本和劳力投入量分别为2单位、4单位，投入总价格为7元；C：资本和劳力投入量分别为1单位、8单位，投入总价格为9.5元。由此可见，产出量283单位的最佳经济配合方式是由2个单位资本配合4个单位劳力组成的。这最佳的资源配合量便是由价格线与某产出量曲线相切之点B来决定的。

教育资源的配置目标包括：（1）配置合理。即按一定比例将教育资源分到各级各类教育中，以促使教育结构合理化，适应经济与社会发展对教育的需求。（2）配置有效。教育资源的稀缺决定教育资源的分配必须体现效率，以最少的教育资源投入获得最大的教育产出。教育资源配置包括学校资源的配置和各级各类教育资源的配置。前者为教育微观层次的个量资源配置，以效率为主要目标；后者为教育宏观层次的总量配置，以合理为主要目标。宏观配置是微观配置的条件，微观配置是宏观配置的基础。教育资源配置方式有计划（或行政）和市场两种，二者应在一定范围和一定程度上有机结合起来。其选择，一是受经济领域资源配置方式的影响，教育最终由经济决定；二是要考虑教育的性质、特点和规律，其中义务教育的资源配置是在法律约束下，采用计划行政配置方式，对非义务教育尤其是职业技术和高等教育，市场配置方式具有较大的作用。

公共教育资源的合理配置，是义务教育均衡发展的首要条件，其中办学条件的均衡是基础，教师资源的均衡是关键，教育投入的均衡是保障。2005年国家教育督导报告《关注义务教育均衡发展》中把公共教育资源配置状况作为主题，从教育投入、办学条件和师资队伍三个方面，对县域义务教育公共资源配置做了分析❶。这表明义务教育均衡发展的具体过程即是对教育人力、物力和财力资源的均衡配置过程，而在这一过程中，教育资源共享是教育资源配置的一种创新性模式，它超越了机械式的教育资源的物理分割，而是动态地促使教育资源重新组合的一种方式，也是教育资源配置的重要方式。因此，从这个角度来说，教育资源共享是教育资源配置的一种形式，教育资源配置理论是教育资源共享问题的重要理论基础。

### 4. 共享式增长理论

共享式增长是发展学中的新概念，它是针对当今世界各国国民收入差距扩大和社会不平等的问题而提出的。特别是中国从计划经济向市场经济转轨的特殊历史时期，各种原因导致收入差距越拉越大。如经济开放首先促使部分基础设施和市场条件较好的地区和人群先富起来；计划体制遗留的各种限制使生产要素不能自由流动，导致地区、城乡、行业之间的差距不断扩大；市场机制逐渐取代计划体制来决定生产要素的报酬，导致低技能与高技能劳动者收入扩大；市场机制不完善而出现的失灵现象，给一部分处在垄断行业和特殊关系的人群提供寻租机会，从而获得远高于其他人群的收入；经济改革与体制转轨促使产业结构调整和资源再分配，使得部分劳动者失去就业机会，并由于社会风险保障体制不完善而成为弱势群体❷。从政策制定的角度来看，上述原因可以分为两大类：一类是个人背景和所处环境（家庭财富与权势、社会关系、宗教信仰、肤色、性别、行业等）的不同，这一类因素造成的不公平反映的社会机会的不均等，通常是由制度、市场与政策的不完善造成的，必须通过公共政策加以调节；另一类是个人努力与勤奋程度的不同，这一类因素反映的是市场机制的酬勤惩懒，是良好的激励机制起作用的表现，在社会发展中不可或缺❸。

基于上述背景和原因，"共享性增长"概念被界定为机会均等的增长（Ali & Zhuang, 2007）。也就是说，共享性增长重点关注社会机会不均等造成的收入差距扩大，它既强调通过经济增长创造就业与其他发展机会，又强调发展机会的

---

❶ 国家教育督导团. 国家教育督导报告 2005——义务教育均衡发展：公共教育资源配置状况 [J]. 教育发展研究, 2006 (09)：1-8.

❷ 林毅夫. 以共享式增长促进社会和谐 [M]. 中国计划出版社, 2008：33.

❸ 汤敏. 共享式增长与中国新阶段扶贫 [C]. 中国发展研究基金会, 2008.

均等化❶。就政策层面来说，一方面，共享性增长需要保持经济高速与持续的增长；另一方面，共享性增长要求通过减少与消除机会不均等来促进社会的公平与共享性。这两个方面是相辅相成的：没有经济增长就没有机会，如果没有机会，机会均等也就成为空中楼阁；而如果机会不均等，社会缺乏共享性，经济就不可能保持高速而持续的增长。由此，共享式增长理论提出政府需要做出的三方面努力：其一，增加对基础教育、基本医疗卫生以及其他基本社会服务的投入，来提高民众特别是弱势群体的基本素质和能力；其二，加强政策与制度的公平性，消除社会不公，完善市场机制，创造平等竞争的条件；其三，建立社会风险保障机制，以防止与消除极端贫困。这一点对转型时期的发展中国家尤为重要，因为不健全的社会风险保障机制可能使转型过程中的临时性贫困转化为永久性贫困，从而丧失发展的机会。

共享式增长理论实质上是针对"收入差距扩大、社会不平等"这种"结果不平等"问题而提出的，从而克服造成结果不平等问题的"机会不平等"问题。而基于造成社会不平等的原因，机会不平等与个人勤奋和努力是造成结果不平等的两类原因，其中，机会（如就业机会、受教育机会、接受基本医疗服务的机会等）的不平等通常是由个人背景和所处环境而造成的，反映社会的不公，会造成结果的不公平；而结果的不平等，除了反映一部分机会的不平等之外，还有一部分反映个人勤奋和努力程度的不同。假设公共政策能够完全消除机会的不平等，那么结果不平等反映的全部是个人勤奋的差异，这在所有国家是不可避免的，这类差距可以通过税收等措施加以调节；而如果人们的勤奋和努力程度相同，那么结果不平等反映的大多是机会的不平等，就是社会不公的表现，是不能被接受的，必须通过"共享式增长"加以消除。

虽然共享式增长理论是发展学中针对社会不平等问题而提出的，但该理论所提出的"减少与消除机会不均等来促进社会的公平与共享性"观点，可以说是教育均衡发展领域特别是教育资源共享领域的一个理论基础。教育机会的不平等是社会机会不平等的重要方面，也是造成社会不公平的重要原因。而现实中，西北县域教育资源的不均衡供给以及弱势群体无法共享到优质教育资源又是当前教育机会不均等方面最急迫的问题之一。从教育政策的角度来看，这

---

❶ 林毅夫. 以共享式增长促进社会和谐 [M]. 中国计划出版社，2008：34.

一问题也反映了公共教育政策部门在教育机会的供给方面没有发挥出充分的积极作用，即不同背景和社会环境的学生群体在接受义务教育过程中没有享受均等的教育机会，区域之间、城乡之间、县域内校际之间、群体之间在教育资源配置和获得方面依然存在很大的差距和不均衡问题。这一方面的教育机会不均等必然会对群体间的公平问题带来负面影响，从而加剧社会的不平等。因此，在县域义务教育均衡发展的背景下，如何均衡校际办学差距，让所有儿童（不论家庭经济条件、社会关系、父母学历、居住环境等因素如何）都能享受到同等质量的教育，共享到优质教育资源，获得均等的教育机会，从而促进社会机会的平等以及社会结果的平等，是"共享式增长"理论在教育领域的必然要求。

## 四、研究设计

本书是从教育经济学、社会学和人类学的视角出发，以实证主义和人文主义相结合的方法论为指导，以调查研究和实地观察的有机结合为研究方式，以大量的问卷调查、结构性访谈、案例分析、实地观察等经典的社会学调研方法以及参与式学校评估等发展研究方法为资料收集手段，通过定性和定量的资料分析方法，来对我国西北地区的县域义务教育资源共享背景、现状及问题进行评价，对未来学校布局、学校合作网络进行 GIS 构建，进而建立县域义务教育资源共享模式。

通过上述对国内外研究进展分析，不难看出，国内学者对于教育资源共享的研究大多渗透在义务教育均衡发展中，而国外学者都是立足于本国实际情况做出的实证研究，缺少对中国问题的关注。因此，在进行研究方案的设计时，为了尽量避免以往研究所出现的一些问题，课题组事先查阅了大量已有的有关我国义务教育均衡发展及教育资源共享的媒体报道和研究著述。在深入分析和认真总结前人研究的基础上，课题组根据研究的实际需要，认真做了包括研究假设、研究内容、抽样、研究过程等在内的研究方案设计。

### （一）研究课题的性质及其组织实施

本课题是经国家自然基金委审批通过的国家级青年项目研究课题。该课题由西北农林科技大学《西北县域义务教育均衡发展与教育资源共享模式的构建研究》课题组组织实施。课题组由该校人文社会发展学院、资环学院和理学院10余位教师和博士、硕士研究生组成，研究得到了国家自然基金委、西北农林科技大学及人文社会发展学院、西北三省（自治区）、4个县教育局、13个乡（镇）教育行政人员、49所中小学（教学点）以及调查地校长、教师、乡村干部、家长和学生的大力支持。

### （二）研究的主要内容

依据"西北县域义务教育均衡发展与教育资源配置优化—教育资源共享模式的作用机制—教育资源共享模式的缺失—教育资源共享模式的构建—制度保障和国际经验借鉴"的内在逻辑，借助本项目承担单位与地方政府、基层组织之间的合作网络，以实验方式和实地调研方法相结合，设计西北县域义务教育资源共享模式的调研方案。考察陕西、甘肃典型调研地的教育均衡发展现状、教育资源共享模式的现状、特征和问题，以及地域空间特征、人群特征等对GIS教育资源共享模式的影响，结合实证调研数据进行GIS空间计量分析，构建西北县域义务教育资源共享模式的空间模型，并探究其政策保障机制和国际经验的启示。

总的来说，此次研究主要包括以下几个方面的内容：

（1）以教育资源配置理论为基础，提出教育资源共享的内涵、价值取向、内容体系及作用机制。教育资源配置是指教育财力、物力、人力等资源在各种不同的使用方向之间的分配，其配置标准为充足、公平、平等和效率。教育资源共享本质上是教育资源配置的一种方式。基于教育资源本身的稀缺性，教育资源共享必然成为促进教育资源均衡配置的有效路径。由此，本项目提出教育资源共享的价值取向："促进义务教育公平和均衡发展"；及其内容体系：合理的学校布局/合作网络，教育财力、物力、人力资源的校际共享。同时，本项目将考察西北县域义务教育资源共享的历史背景及作用。

（2）采用GIS评估教育资源共享模式的缺失程度及原因分析。在实证调研基础上，构建评估指标体系，系统评估当前西北县域义务教育资源共享模式的缺失，主要体现在学校布局/合作网络断裂、教育财政资源短缺与不均衡并存、学校间办学条件等级分层、教师校际间交流机制不畅四个方面。同时，分析教育资源共享缺失的原因：义务教育财政体制不尽合理；管理目标依然以效率优先，忽视公平和均衡；学校布局调整政策的实施不当加剧了教育资源配置不均衡和教育机会不均等。

（3）基于 GIS 的教育资源共享模式构建。无论是教育财力资源还是物力、人力资源的共享，都需要在一定的距离范围内构建校际合作机制。因此，合理的学校布局/合作网络是核心，它能确保学区内学生就近入学，提高教育资源的可达性。在此基础上，促进教育财力资源的配置均衡，学生在可承受的距离范围内与优质学校定期交流并享受其教育设施，教师在一定距离范围内形成交换/交流机制。由此可见，教育资源的可达性和优质教育资源的共享是两大关键点。因此，在现有学校布局的基础上，本项目将分别以西北地区三个典型县为建模单元，构建基于 GIS 的学校布局/合作网络。以此为基准，建模县域学校财力、物力、人力资源共享的 GIS 模型。

（4）教育资源共享模式构建的制度保障及国际经验借鉴。除技术支持外，教育资源共享模式的构建必须以规范长效的制度作为保障，即合理的义务教育财政体制、充足的教育经费支持、公平与效率兼顾的教育财政管理体制、基于"机会均等"的学校布局调整政策的有效实施。同时，列举部分发达国家和发展中国家县域义务教育资源共享模式的经验，提供借鉴。

**（三）调查地点的选取**

本书是要从整体上了解中国西北地区义务教育均衡发展及教育资源共享的现状，根据西北地区义务教育均衡发展以及教育资源共享的现状，依照省（自治区）、县、乡（镇）学校的顺序选择。具体方法如下：先确定省（自治区），再根据省（自治区）的情况选择县，然后根据县的实际情况确定乡（镇），最后根据乡镇的情况确定学校。

在进行省一级调查地点的选取时，由于研究县域集中在西北地区，课题组根据合作专家的意见，并考虑到西北地区经济、社会、地理环境及教育方面的差异，选择了西北地区的陕西省、甘肃省和宁夏回族自治区。

1. 省级样本的选取

本书是基于西北地区的教育资源共享问题研究，因此省级样本要在西北地区范围内选择，西北地区共包括 5 个省份——陕西、甘肃、青海、宁夏回族自治区和新疆。为了充分体现样本的代表性，我们选择经济发展水平较高、居中和较低的省份，西北区域以体现西北县域的整体性。从经济发展水平上看，课题组根据 2014 年西北各省的人均 GDP 指标进行排序，所选择的三个省份——陕西省、宁夏回族自治区和甘肃省分别处在西北地区的第一位、第二位和第五位，在全国分别排在第 13 位、第 14 位和第 31 位。此外，我们也着重考虑了城镇化水平、地理环境以及人口分布等因素的影响。因此，我们选择的三个省份在西北地区分布比较均匀，能代表西北地区的情况（见表 1.1）。

表 1.1　调研省份经济、社会特征

| 地区 | 人均 GDP（元）[全省（亿元）] | 人口密度（人/平方公里） | 城镇化率（%） |
|------|------------------------------|--------------------------|----------------|
| 陕西 | 46608（17541.70） | 185 | 52.57 |
| 宁夏 | 42506（2780.70） | 97.44 | 53.61 |
| 甘肃 | 25509（6586.90） | 56.82 | 41.40 |

### 2. 县级和镇级样本的选取

选择遵循代表性原则，主要是考虑到西北地区义务教育均衡发展相对滞后、义务教育资源共享方面也面临较多困难的县，这些县具有较强的代表性。因此，本书选取了陕西省的宁强县、太白县，甘肃省的康县，宁夏的隆德县 4 个县。对于镇级样本的选择，我们根据县级教育行政部门的意见，先在每个县（市）选取 3~4 个乡镇，其中 1 个经济发达，1 个中等发达，1 个不发达（相对于县内其他镇而言）（见表 1.2）。

表 1.2　样本县市的分布及经济状况

| 序号 | 省（自治区） | 县/市 | 调研乡镇 | | 义务教育均衡发展指数 |
|------|--------------|--------|----------|----------|------------------------|
| | | | 乡镇 | 发展水平 | |
| 1 | 陕西 | 宁强县 | 城关镇 | 发达 | 中等发达 |
| | | | 燕子砭镇 | 中等发达 | |
| | | | 毛坝河镇 | 欠发达 | |
| | | | 高寨子镇 | 欠发达 | |
| | | 太白县 | 嘴头镇 | 发达 | 发达 |
| | | | 靖口镇 | 中等发达 | |
| | | | 鹦鸽镇 | 欠发达 | |

| 序号 | 省（自治区） | 县/市 | 调研乡镇 | | 义务教育均衡发展指数 |
| --- | --- | --- | --- | --- | --- |
| | | | 乡镇 | 发展水平 | |
| 2 | 甘肃 | 康县 | 城关镇 | 发达 | 欠发达 |
| | | | 岸门口镇 | 中等发达 | |
| | | | 长坝镇 | 欠发达 | |
| 3 | 宁夏回族自治区 | 隆德县 | 城关镇 | 发达 | 欠发达 |
| | | | 杨河乡 | 中等发达 | |
| | | | 观庄乡 | 欠发达 | |
| 合 计 | 3 | 4 | 13 | | |

### （四）分析单位及抽样方案

由于本书的主要目的是为了探寻西北地区义务教育均衡发展与教育资源共享模式问题，所以，研究以调研地区教育行政部门负责人（县教育局计财科、基教科等）、学校校长和教师、家长及监护人、学生为分析单位。

本书在调查地点、教育行政部门负责人、学校校长，规模小的学校及教学点的教师、家长及监护人样本的选取上主要采取非随机的抽样方式，而在中心小学及初中教师、学生样本的选取上采取整群抽样方法。

抽样方案：针对调研所在地规模较大学校的教师和学生样本，以调研学校所有教师和学生名单为抽样框，采用随机抽样的方式进行样本的选取。对教师要考虑不同年龄层次，当遇到多名教师同属一年龄层次时，原则上只选取其中一名教师进行调查；对学生则以高年级为主。

### （五）问卷的发放及回收

问卷调查的具体内容包括：其一，问卷调查对象为农村义务教育学校的学生及其家长、教师及教育行政人员（县教育局计财科、基教科等，乡镇中心学校校长、主任等）；其二，抽样方法包括分层抽样、随机抽样和整群抽样相结合。其中家长卷由学生转交填写，与学生卷一起以班为单位采用随机整群抽样方法抽样；教师卷采用随机抽样法调查。具体来说，每个县选择2个乡镇；每个乡镇选取1所初中，1~2所小学和1~2个教学点，每个学校选取2个班级的学生和学生家长进行调查。其三，调查工具为课题组设计的三套调查问卷：学生问卷、教师（包括校长）问卷和家长问卷，同时设计针对学生、教师、家长和教育行政工作者的访谈提纲各一份。

在对西北地区四省区、4 个县、14 个乡镇 49 所农村中小学的实地调查中，课题组总共发放学生问卷 9019 份，家长卷 6454 份，教师（校长）卷 1157 份，县（市）、乡（镇）教育行政负责人卷 48 份；回收问卷中，学生卷回收 8437 份，家长卷回收 5836 份，教师（校长）卷回收 1026 份，数据回收较好地完成了任务。这些问卷经分析后得到的数据，在研究分析部分得到大量地采用，为研究提供了有力的数据支撑（见表 1.3）。

表 1.3　问卷发放和回收情况

|  | 学生卷 | | | 家长卷 | | | 教师（校长）卷 | | |
|---|---|---|---|---|---|---|---|---|---|
|  | 发放 | 回收 | 回收率 | 发放 | 回收 | 回收率 | 发放 | 回收 | 回收率 |
| 宁强 | 1853 | 1731 | 93.42% | 1540 | 1211 | 78.64% | 218 | 197 | 90.37% |
| 太白 | 2934 | 2616 | 89.16% | 2034 | 1897 | 93.26% | 284 | 254 | 89.44% |
| 隆德 | 2647 | 2507 | 94.71% | 1490 | 1433 | 96.17% | 287 | 249 | 86.76% |
| 康县 | 1585 | 1583 | 99.87% | 1390 | 1295 | 93.13% | 368 | 326 | 88.59% |
| 合计 | 9019 | 8437 | 93.55% | 6454 | 5836 | 90.42% | 1157 | 1026 | 88.68% |

除了问卷调查外，我们还深入到农户、学校和社区中，对 8 名教育行政部门负责人、40 名校长，80 名教师，52 名家长或监护人，107 名学生进行了结构性访谈，获得了大量的定性资料。这些资料为我们全面了解所调查地区的整体状况（如地理环境、经济、文化、教育、人口、中小学布局调整等）奠定了良好的基础，并为案例的分析和总结埋下了基石。

此外，在整个调查过程中，我们不仅收获了大量问卷，进行了广泛的结构性访谈，还获得了大量的文献资料和珍贵照片等一手资料。这些文献资料能够增强研究的说服力。

### （六）资料的收集及分析

本书主要采用了文献查阅、问卷调查、结构性访谈、案例调查等经典的社会学调查工具，以及小组访谈、主要知情人访谈（key informant interview）、研讨会（workshop）等发展领域的研究工具来收集资料。

1. 文献查阅

文献查阅大多是在课题研究开始之前进行，主要是围绕研究主题进行文献搜集、查阅和整理；研究过程中有时也需文献查阅。

2. 问卷调查

问卷调查主要在实地调查过程中进行，用以收集和了解三省区义务教育资源共享的具体做法、经验及其存在的问题。问卷设计之前对3省3县市进行过实地考察和访谈，整个设计在正式调查开始之前完成，正式调查之前有一次试调查和修改完善设计的过程。问卷的核心内容在于考察教育资源共享的现状、特征及影响因素，具体问题设计详见表1.4。

表1.4 调查问卷拟设计问题

| 调查对象 | 教师/校长 | 学生 | |
|---|---|---|---|
| 基本情况 | 年龄、教龄、学历、职称 | 年龄、年级、家庭所在地 | 辅助个案研究、田野调查、访谈（针对教育行政人员、教师、学生及其家长进行结构式/半结构式访谈）等 |
| 学校布局网络/教育机会均等 | 入学率、保持率、辍学率 | 入学可达性、上学物理距离、时间距离、学习成绩 | |
| 教育财力资源共享 | 学校教育经费来源、生均公用经费、学校年均预算内教育经费 | — | |
| 教育物力资源共享 | 教学设施配备数量、生均专用设备、远程教育设备使用频率和效果 | 到中心学校图书馆阅读、听课、做实验的频率，远程学习的满意度 | |
| 教育人力资源共享 | 与其他学校教师交流频率，到其他学校交流所需的成本、时间、路程 | — | |

3. 访谈

本书通过在访谈中设计开放性的问题，力图挖掘出更深层次的问题，与问卷调查的数据互相补充、互相印证。访谈的类别从两个维度进行划分：其一，根据被调查者的数量，分为个体访谈和群组访谈。在对行政人员、教师、学生和家长的访谈中，一类是与单个人进行访谈，每个受访者谈话的时间较长、个人观点陈述也较为深入；另一类是以5~8人组成的小组访谈，其优点在于受访者各抒己见，可以互相补充对问题的看法，信息量较大。其二，根据调查问题的深度，本书将结构式访谈和半结构式访谈、非正式谈话和一般谈话法等综合运用，以获取更多的信息。

## 4. 参与式观察

参与式观察是本书获得信息的重要方法。首先，本书在调查过程中将大量运用参与式观察方法，如亲自走访若干所学校，到达偏远山区学生居住地以及当地教学点进行参与式观察，亲身感受偏远农村学校特别是教学点教育资源共享现状、办学的落后面貌以及学生的学习状态。

## 5. 案例调查

案例调查是针对单独的个人、群体或社会所进行的案例式考察。本书将对布局调整过程中的中心学校、教学点、偏远村庄各选取1~2个有代表性的个案，结合统计分析法，对这些学校教育资源共享现状和问题进行深入研究；并选取若干薄弱学校典型学生（家长）个案，对其学习状况和家长的态度进行深入考察。同时，选取个别由于学校撤并、学习成绩差或家庭贫困而辍学的学生，对其进行深度访谈，深入分析义务教育发展中的教育资源共享缺失问题及群体不均衡问题。

## 6. 小组访谈

小组访谈一般在调查过程中进行，主要用以组织校长、教师、家长及监护人、学生对农村中小学布局调整所带来的一系列问题进行讨论（见表1.5）。

表1.5 每个县需要完成的调研活动及提交的研究成果

| 编号 | 提交成果 | 调查对象 | 抽样方法 | 调查方法 | 样本数量 |
|---|---|---|---|---|---|
| 1 | 县概况材料 | 县级单位如教育局等 | 与省教育厅协商确定 | 结构性访谈或提供表格，最后取回 | 1~2人 |
| 2 | 乡镇概况材料 | 乡镇主管教育的副书记、副乡（镇）长或教育组负责人 | 指定 | 结构性访谈或提供表格，最后取回 | 1~2人 |
| 3 | 学校概况材料 | 校长或副校长 | 指定 | 结构性访谈 | 1~2人 |
| 4 | 问卷 | 县乡教育行政部门负责人、校长、教师、家长及监护人、学生等 | 指定 | 问卷 | 根据具体情况确定 |
| 5 | 教育行政负责人访谈记录 | 县乡教育行政部门负责人 | 视情况自己挑选 | 结构性访谈 | 1~2人 |

| 编号 | 提交成果 | 调查对象 | 抽样方法 | 调查方法 | 样本数量 |
|------|----------|----------|----------|----------|----------|
| 6 | 校长访谈记录 | 校长 | 每校一位校长 | 结构性访谈 | 1 人 |
| 7 | 教师访谈记录 | 教师 | 所调查学校教师 | 结构性访谈 | 3~4 人 |
| 8 | 家长村干部访谈记录 | 家长、监护人、村干部 | 视情况自己挑选 | 半结构性访谈 | 5~10 人 |
| 9 | 学生访谈记录 | 以小学高年级和初中生为主 | 随机与非随机相结合 | 半结构性访谈 | 5~10 人 |
| 10 | 典型案例调查记录 | 案例调查 | 了解情况后能判断出来 | 非结构性访谈 | 根据情况确定 |
| 11 | 现有文献资料 | 县乡学校负责人 | 直接索取 | 非结构性访谈 | 根据情况确定 |
| 12 | 小组讨论记录 | 课题组成员讨论记录 | 每完成一个乡镇调研后进行，包括想法、感受、分析、体会、结论和建议等 | | |
| 13 | 拍照 | 照片 | 调研时拍摄的各种照片 | | |

**7. 主要知情人访谈**

主要知情人访谈一般在调查过程中进行，主要用以收集县市概况、乡镇概况和学校基本情况等资料。调查内容主要包括各县义务教育均衡发展的相关政策文本、教育发展概况、学校布局规划文本等。其中，学校布局规划文本最为关键，主要包括学校布局规划文本地图/电子矢量图、学校数量变化、每所学生和教师数量变化、学生最远上学距离、学校服务范围、学校资产值、学校布局调整投入资金等各类信息。这类数据是确保 GIS 空间分析的重要数据来源，也是构建学校布局网络的基础。

**8. 研讨会**

调研小组在调查的整个过程中经常组织研讨，主要用以发现调查过程中存在的问题，经过讨论之后，能够及时对这些问题进行修改或补充。

在实地调研结束之后，课题组运用 SPSS 等数据统计和分析软件及常规的定性资料分析方法，对现有的所有文献资料、实地调查资料和观察记录等进行系统的整理和分析，最终得出研究结论。

整个研究过程共分为以下 9 个阶段：

（1）课题准备阶段（2013年1—3月）

成立课题小组，确立研究方案，邀请国内专家和国际合作专家对课题方案进行指导，组织开题和课题组人员培训。

（2）理论研究和指标设计阶段（2013年4—10月）

课题组相关成员全面检索了国家有关义务教育均衡发展、教育资源共享、农村地区中小学布局调整的教育法规、政策文本等，收集了国内外有关学校布局的大量资料和信息。这些资料和信息不仅包括以往研究者所著的相关书籍与发表的文章，还包括报纸、电视、网络等各种媒体曾做过的报道，了解并熟悉了西北地区农村经济、社会及其教育发展的特点，分析了义务教育均衡发展和教育资源共享的背景和作用机制。同时，采用德尔菲法进行县域义务教育资源共享评估指标的设计。

（3）实地考察和访谈阶段（2013年11—12月）

课题组成员分3个小组分别对陕西省杨陵区、河南省陕县、甘肃省靖远县等地进行实地考察和访谈，考察不同类型学校，包括教育局负责人、基础教育科和财务科科长、乡镇教育组负责人、中小学校长和教师，寄宿学校保育人员、学生和家长，获得了较为珍贵的一手资料，了解了上述各类人员对农村中小学布局调整的真实想法，以及各地农村中小学布局调整的做法、好的经验及存在的问题，并对访谈资料进行了整理。

（4）问卷设计阶段（2014年1—2月）

针对课题研究目标和要求，在实地考察和访谈的基础上，课题组成员召开了多次研讨会，就西北地区义务教育均衡发展和教育资源共享内容进行了讨论和设计，设计出4套《义务教育均衡发展和教育资源共享》问卷，其中包括《县（市）教育行政部门负责人卷》（以下简称《行政卷》）、《学校卷》《家长卷》《学生卷》。同时，也制定出了专门针对县（市）、乡（镇）教育行政部门负责人，学校校长和教师、乡村干部、家长（包括监护人）和学生的访谈提纲。

（5）试调查阶段（2014年3月）

课题组成员分3个小组对陕西省杨凌区、河南省陕县、甘肃省靖远县等县进行试调查。白天进行调查和各种访谈，晚上各小组成员集聚在一起，集思广益，共同讨论白天调查过程中所遇到的或新发现的问题，并对问卷和访谈提纲进行不断地修改和补充。最后，在各组成员充分探讨、交流和讨论的基础上，确定了在接下来的正式调查过程中最终使用的调查问卷及访谈提纲。

（6）正式调查阶段（2014 年 4—12 月）

选择西北地区 3 个具有代表性的县进行问卷调查和实地访谈，收集一手数据和信息。为确保研究计划的顺利实施和研究结果的全面性、科学性，本书在实际调研中将原来计划的 3 个县扩展到 4 个县，分别为陕西省的宁强县、太白县，宁夏回族自治区的隆德县和甘肃省的康县。同时，我们通过与武汉理工大学贾勇宏副教授进行合作研究，获得了广西壮族自治区博白县县域学校调研数据及布局调整规划地图，为本课题的 GIS 分析部分提供了更丰富的材料。在实地调研中，我们采用的具体方法包括问卷调查法、访谈法、参与式观察法等。

（7）数据录入、分析和处理阶段（2015 年 1—3 月）

对收集到的问卷调查数据进行后期处理。本课题组成员将调研回收的各类问卷进行录入和初步描述性分析。研究发现，西北地区县域教育资源共享问题仍然比较突出，虽然陕西宁强、太白等县已经实施了教师、校长交流计划，但是实际交流效果并不明显，也缺少规范性和长效机制。另外，宁夏隆德县和甘肃省康县的教育资源共享更为缺乏，中心学校与薄弱学校之间没有建立合作机制，教师之间亦缺乏交流，这导致当地义务教育发展水平难以提升，教育均衡发展水平仍然较低。在此基础上，我们对宁强县、太白县学校布局网络及教育资源共享模式进行 GIS 分析。同时，在数据整理和分析过程中，我们多次聘请国际国内专家进行合作，评估数据分析结果，围绕阶段性研究成果进行讨论和论证，促进课题顺利开展。

（8）义务教育资源共享水平指标构建、指标评价、GIS 数据整理和模型构建（2015 年 4—7 月）

首先，课题组对陕西省宁强县、太白县、甘肃省康县和宁夏隆德县的各类问卷数据进行深入分析，采用德尔菲法、主成分分析法、差异系数评测指标等方法确定义务教育资源共享水平的评价指标。在此基础上，采用差异系数法、最大最小值倍率法对西北地区样本县县域义务教育的财力、物力和人力资源共享水平进行评价，为进一步验证研究结论，本书同时采用方差分析、T 检验等参数检验方法对县域内的中心学校、完全小学和教学点三类学校的教育资源共享水平的组内和组间差异进行分析。其次，课题组成员将收集到的各县地图、学校布局规划地图以及网络矢量图进行整理，将其导入 GIS 系统，对地图进行矢量化处理，标识各县的村庄、道路、学校位置、河流等信息，并将乡镇人口、学校服务范围等基本信息录入，为模型分析奠定基础。再次，构建县域学校合作网络模型，并对教育资源共享模型进行预测。

（9）总报告撰写（2015 年 8—12 月）

这一阶段将对前期工作做全面的整理，按照"导论—西北县域义务教育资源共享的背景—作用机制—义务教育资源共享指标构建—义务教育资源共享水平评价及问题透视—原因分析—义务教育学校合作网络模型及教育资源共享模型构建—保障措施和对策建议—国外义务教育资源共享经验借鉴"的框架进行报告撰写，争取在已有发表成果的基础上，再从报告中提取相关论文投往国际国内高水平杂志发表。

# 第二章　义务教育均衡发展与
# 教育资源共享的背景

## 一、义务教育均衡发展的演进历程

改革开放以来，我国普及九年义务教育的相关政策，按其发展目标、内涵和方式不同，可以分为非均衡发展、非均衡向均衡发展过渡和均衡发展三个政策阶段。义务教育均衡发展政策套嵌在这一政策变迁的历程之中，并表现出自身的阶段性特征。

第一，非均衡发展政策阶段。1985 年我国在《中共中央关于教育体制改革的决定》中提出普及九年义务教育，1986 年我国颁布《义务教育法》，到2000 年底全国 85% 的人口地区基本实现了普及九年义务教育。这一政策目标的实现主要是通过非均衡政策，由中央政府将发展基础教育的责任交给地方，各地根据不同经济社会发展情况分期分批实现的。早在 1980 年，《中共中央、国务院关于普及小学教育若干问题的决定》就提出要"根据各地区经济、文化基础和其他条件的不同，由各省、市、自治区进行分区规划，提出不同要求，分期分批予以实现"，"必须正确处理普及与提高的关系，各地应当首先集中力量办好一批重点学校，创造经验，典型示范"。1985 年《中共中央关于教育体制改革的决定》将非均衡发展作为教育发展的基本战略和方式："必须鼓励一部分地区先发展起来，同时鼓励先发展起来的地区帮助后进地区，达到共同的提高。"相应地，全国分为三类地区分期分批普及九年义务教育，政策目标、进度要求和具体措施都体现出非均衡性。于是，"按照财政分级管理、分灶吃饭的要求，把义务教育的投资支出全部下划到地方财政——城市是市财政，农村是县、乡财政，由地方政府全部负责和安排对义务教育的投资，这就等于把实施义务教育的责任和义务全部交给了地方政府，从而使义务教育的普及与发展只能取决于各地区的经济发展，取决于地方政府的财政收支状况"。1993 年《中国教育改革和发展纲要》延续了这一政策，要求教育发展从各地经济、文化发展不平衡的实际出发，因地制宜，分类指导，鼓励经济文化发达地区教育率先发展。

第二，非均衡向均衡发展过渡政策阶段。"普九"目标基本实现以后，分级管理、分灶吃饭的财政和管理体制，使地区、城乡之间的义务教育发展差距越来越突出。2001 年《国务院关于基础教育改革与发展的决定》制定的"新三片"政策，也体现出非均衡发展的路径依赖和政策惯性。随着农村税费改革试点的开展，以及减轻农民负担的政策推动，原来以县乡为主的义务教育投入机制和管理体制严重失灵，甚至连国家确立的"保运转、保工资、保安全"的底线都难以保住。加之，进城务工人员子女就学问题使义务教育均衡发展的要求更加凸显。

2002 年《教育部关于加强基础教育办学管理若干问题的通知》提出："积极推进义务教育阶段学校均衡发展"，义务教育自此逐步向均衡发展转变。2005 年《教育部关于进一步推进义务教育均衡发展的若干意见》和 2006 年新颁布的《义务教育法》规定，"国务院和县级以上地方人民政府应当合理配置教育资源，促进义务教育均衡发展"。2010 年《教育部关于贯彻落实科学发展观进一步推进义务教育均衡发展的意见》出台，国家及教育主管和相关部门出台了一系列促进义务教育均衡发展的政策，核心是把推进均衡发展作为义务教育的一项重要任务。比较而言，这一阶段政策具有过渡性，只是教育系统的部门政策，重点是遏制城乡、县域、学校之间的差距，加快薄弱学校改造，尚未触及城乡二元体制和县域发展不平衡等深层次矛盾，没有上升为中央和各级政府及职能部门的整体推动的基本政策。

第三，均衡发展政策阶段。2010 年《教育部关于贯彻落实科学发展观进一步推进义务教育均衡发展的意见》提出"把均衡发展作为义务教育的重中之重"。《国家中长期教育改革和发展规划纲要（2010—2020 年）》（以下简称《教育规划纲要》）提出"均衡发展是义务教育的战略性任务"。2012 年《国务院关于深入推进义务教育均衡发展的意见》及相关部委的系列文件，确立深入推进义务教育均衡发展的指导思想、基本目标、政策措施和体制保障。党的十八大报告围绕办好人民满意的教育，提出"均衡发展义务教育"的新论断，实现了义务教育均衡发展政策的新的跃升。首先，从根本上改变了地方负责、分级管理的体制机制，将义务教育作为政府主导提供的旨在保障全体公民生存和发展基本需求的公共服务，由国务院和地方政府根据职责共同负担，全面纳入财政保障范围。其次，实现了从"鼓励一部分地区先发展起来"到"达到共同的提高"根本转变，打破城乡二元、县域分化的体制障碍，彰显义务教育的均等性与普惠性。再次，从以资源均衡配置为核心的政府行为，深入到学校布局、建设、管理以及具体教育过程中，涵盖各类特殊群体，力求为每位学生提供平等和适合的教育，落实到公众对义务教育的满意度上。由此可以看出，我国义务教育先是实行分地区、有步骤推进的非均衡发展政策，以实现基本普及和全面普及，从根本上解决适龄儿童和少年"有学上"的问题，为均衡发展奠定基础。假如没有这一基础，均衡发展也就无从谈起。然而，非均衡发展面临的城乡、县域、校际及群体之间的差距与失衡，又是这种发展方式无法解决的。在新的社会背景和政策环境下，义务教育成为由政府主导提供的基本公共服务，成为人的一种不可剥夺和不可放弃的基本权利，并成为人的平等发展的基石。也就是说，它为每一个现代社会的人的生存和发展提供了一条公平的起跑线。在这种情况下，实现发展方式根本转变，均衡发展义务教育成为一种历史的和逻辑的必然。

## 二、义务教育资源共享模式的背景

从背景来看，我国义务教育资源共享模式逐渐从尝试探索阶段过渡到广泛应用阶段。

第一，尝试探索阶段。20世纪90年代，随着基础教育的普及，我国很多地区开始探索优质教育资源共享的策略，包括名校集团化、教师送教下乡等方式。如浙江省杭州市政府于2002年6月颁发《关于深化改革发展率先实现基础教育现代化的决定》，明确指出"可以优质学校为龙头，组建跨学区、跨类别学校的教育集团，通过资产和人员重组，改造薄弱学校，提高教育质量和办学效益"；2004年又颁发《加快基础教育改革和发展的若干意见》，第一次提出"实施名校集团化战略"。到2005年，全市共140所学校实施名校集团化办学，其中50所中小学为龙头学校，90所学校为成员学校，成立中小学教育集

团 28 个，很大程度上促进了优质教育资源共享。❶

又如山东寿光市在 1996 年通过"邻近聚合""中心辐射""规模扩张"等形式进行中小学撤并，将 1996 年的 604 所撤并为 222 所，并借助学校撤并顺势推进优质教育资源的集中和共享。1997 年，寿光市教育局实行领导干部轮岗制，该市所有的乡镇教委主任、乡镇中学校长已经全部轮岗一遍，轮岗原则是由发达地区与落后地区互调。1998 年，寿光市教育局成立由教研员、学科带头人、教学能手组成的导师团，导师团负责送教下乡、送功下乡，主要是将城里的优质课搬到农村课堂、城里的优质教师执教、农村的老师和学生一起听课，然后开座谈会、评课会，共同研究切磋。2002 年，寿光市又会同人事局推出城区优秀教师到农村边远学校支教制度，该制度规定，支教教师应是学科带头人，支教时间在一年以上。支教期间，支教教师承担一门课程的教学工作，当好一个班的班主任，协助开展一项教学小实验。同时，与农村老师结对子，带四位徒弟……同时，在有关待遇上对支教老师给予优惠政策，如发放生活补贴、符合条件晋升职称不受名额限制等。❷

第二，广泛应用阶段。2010 年，我国《教育规划纲要》的颁布，也特别指出"建立健全义务教育均衡发展保障机制，均衡配置教师、设备、图书、校舍等各项资源；切实缩小校际差距，实行县（区）域内教师和校长交流制度"❸。自此，教育资源共享开始作为我国义务教育发展的重要策略被各地采纳和应用，教育资源共享模式也因此在实践中不断完善。总体而言，新时期我国义务教育资源共享模式主要包括学区管理共享、教师资源共享等方式。

首先，突破原有的学校管理格局，以学区或片区为单位进行资源整合充足，统一教学要求、人事管理、教研活动、校园网络，共享优质教育资源。如天津市河西区的"小学教育发展联合学区"、北京市东城区的"学区化管理"、河北省承德市通过学区建设实现优质均衡、河南郑州的"学区化联合办学"等。这些学区化管理的新模式，本质上都是通过鼓励优质学校与薄弱学校协同发展，建立帮扶带动机制，发挥名校的辐射作用，通过兼并、重组、合作、托

---

❶ 翟博. 教育均衡论——中国基础教育均衡发展实证分析［M］. 人民教育出版社，2008：328－335.
❷ 翟博. 教育均衡论——中国基础教育均衡发展实证分析［M］. 人民教育出版社，2008：339.
❸ 国家中长期教育改革和发展规划纲要工作小组办公室. 国家中长期教育改革和发展规划纲要［N］. 人民日报，2010－03－01005.

管等多种形式，向薄弱学校和农村学校输送优质教育资源。在此基础上，不断扩大优质教育资源覆盖面，切实缩小学校之间的差距。

其次，通过教师交流促进义务教育均衡发展。在管理制度创新的基础上，县域内公办学校校长、教师交流是各地探索教育资源共享模式的重要环节。一些地方实行县域内公办学校校长、教师交流制度，逐步实行县级教育行政部门统一聘任校长。校长在同一学校任满一定年限后进行交流，特别是到薄弱学校任职。如浙江省教师、校长交流制度于 2013 年在全省铺开，每年有不低于15% 的骨干教师参与交流，并且，教师交流不是单纯的支教和轮岗，而是实质性的校际调动，人事关系随教师从原学校迁走。与此同时，浙江省坚持循序渐进地改革，从补助和职称评聘入手，为教师交流预留出一定的转换空间。从城镇学校交流到农村学校的教师，3 年交流期满经考核合格的，可选择回原学校任教❶。另外，江西省于2014 年下半年开始推进义务教育学校校长、教师交流轮岗工作，全省 11 个设区市各选一个县进行试点，交流轮岗的对象为在同一所学校任职、任教达 10 学年以上的校长和教师。通过加大教师周转宿舍建设力度，发放艰苦边远地区特殊津贴，并在职称评聘、评优评先方面给予倾斜等政策，鼓励校长教师参与交流轮岗❷。

综上所述，我国义务教育均衡发展进程中教育资源共享模式的探索经历了尝试探索、广泛应用等阶段。其中，尝试探索阶段是伴随着义务教育的基本普及、农村中小学校撤并而逐步形成的策略，其目的是为了在教育资源有限的情况下最大限度地提高教育质量。而广泛应用阶段是伴随着我国义务教育全免费、义务教育均衡发展政策的推进而逐步完善的策略，其目的与前一阶段具有一致性，除此之外，由于新时期我国义务教育的发展取得了相当大的进展，进入了全免费的后普九时代，义务教育资源共享的政策目的更加明晰化、具体化。也就是说，新时期教育资源共享的策略更加关注现实中县域学校间教育人力、物力、财力资源的均衡配置，通过资源共享提升教育资源配置的均衡程度，从而促进学校教育质量的均衡。这一目的超越了前一时期单纯关注教育资

❶ 浙江教育报记者周峰，武怡晗，本报记者严红枫. 办好每一所学校 教好每一个学生 [N]. 光明日报，2015－06－10.

❷ 中国教育新闻网. 江西逐步推行校长教师交流轮岗促进义务教育均衡发展 [N]. 2015 年 6 月3 日，http：//www. jyb. cn/basc/xw/201506/t20150603_ 624713. html.

源节约和教育质量提升的视角，而将视域扩大到整个教育资源配置的领域。而且，广泛应用阶段的教育资源共享策略更加多元化、制度化，不仅包括名校集团化、教师支教等早期的方式，还包括学区化管理、教师交流、轮岗、同课异构、学习共同体、远程教育等多种模式。另外，各地从学区管理制度、教师管理制度等宏观层面将教育资源共享制度化，形成既定的政策、体制，以确保教育资源共享的持续性推进。

# 第三章　义务教育资源共享模式的作用机制

县域内义务教育资源共享是通过学校间人力、物力和财力资源的共享，促使优质大规模学校带动薄弱农村学校、小规模学校共同发展，从而实现促进教育公平、提升教育效益的双重目的。从教育制度、教育供给形式的角度来看，县域教育资源共享亦是一种制度创新。

## 一、促进教育公平、扩大优质教育资源覆盖范围

在县域义务教育发展过程中，受城镇化进程及学校布局调整政策的直接影响，人口迁移的"推拉理论"在教育领域产生投射效应，大部分有条件的农户会尽量将孩子带到城区就学，甚至从小学起就在学校附近租房陪读；留在农村的儿童大多家庭经济条件较差，和祖辈一起生活。仅有老人和儿童的农村，逐渐成为社会的边缘体，而农村学校、教学点也失去了以往的生机和活力，教育质量难以保证。为适应城乡人口流动带来的适龄儿童数量结构改变，我国自2001年开始实施新一轮学校布局调整政策，然而，本应以促进教育公平与均衡为首要目的的政策却由于义务教育属地化管理、地方政府盲目追求教育效率等原因，在现实中产生诸多负面影响，甚至给中西部地区县域义务教育公平带来极大损伤。县镇大规模学校和小规模学校间教育发展的不均衡程度进一步加深。很多地方政府盲目扩大县镇学校规模，而对于农村小规模学校则采取任其"自生自灭"，甚至通过剥夺其现有资源（主要是优秀教师）而使其逐渐消亡的政策，最终导致县域内城乡、校际间师资水平差异悬殊。

因此，要克服县镇学校与农村学校间发展不均衡的困境，传统上我们需要从增加教育财政投入、人力资源供给和改善薄弱办学条件入手，以解决薄弱学校的办学质量低下等问题。但由于现实中我国义务教育财政属地化管理——以

县为主的财政管理体制，导致越是经济发展水平落后的地区，其义务教育发展越滞后。西北地区的情况也不例外，依靠县级政府增加对薄弱学校财政投入的大幅增长是很不现实的，因此，我们必然要从传统的依赖资源输入转为资源配置模式的创新，寻求推进教育公平的路径。由此可以看出，学校间义务教育资源共享便是应然之举，这种模式能够克服资源有限的现实困境，促使各学校将有限的资源共同享用，让农村薄弱学校、小规模学校可以共同使用优质学校的教育资源，享受同等质量的教育，这就在实践上实现了教育公平的促进，使优质教育资源覆盖到所有学校。

## 二、有利于提升教育资源的利用效率和教育效益

教育经济学理论指出，从宏观角度来说，教育资源利用效率是指整个社会全部教育活动的投入产出状况，或国家为教育部门所投入的资源的利用效率；从微观角度来说，即探索一定部门、一定地区或学校教育活动中的投入产出状况，特别是学校教育过程中的教育资源的利用效率。不同教育单位教育资源的投入和使用情况不同，其效率也不同。具体来说，任何教育过程，都是教育资源的消耗过程。而任何资源的利用和消耗，都存在着一个资源效能的发挥程度问题，都有一个劳动的有效性和产出效果的大小问题。因此，衡量教育资源利用效率就是用教育产出与教育投入之比或教育成果与教育资源消耗之比。由此，县域义务教育资源共享可以说是教育资源配置方式的一种创新，相对于原来每个学校独立的配置自己所需的教育人力、物力和财力资源，这种新的配置方式是将几所学校的教育资源联合起来共同使用，是将县域内原来独立的学校个体重新按照"强弱"搭配的规则分成若干学校群组，每一个群组内的学校共同使用教师、教育设施和教育经费，这种方式能够将既有的有限教育资源发挥出比原有配置方式更大的功效，能将群组内学校的教育产出——教育质量整体提升，从而提升教育资源利用效率。

基于教育资源利用效率是教育投入与产出的比值，那么，教育效益是与此紧密联系的又一重要概念，它是指教育所培养的人才对社会所产生的效果和利益，教育效益是测量教育产出的重要依据。根据《中国教育大百科全书》的界定，教育的投入和产出分别包括非货币化和货币化的项目，其中，教育产出

的测量分为四种类型：第一，内部效益，即非货币化的产出与非货币化的投入的比例，也称为技术性的效率，如课堂上教师与学生的互动过程产生的学生良好的学习效果就是典型的内部效益。第二，内部效率，指学习（教育的一种非货币化成果）与教育投入成本的比例，它致力于回答教育部门资金怎样才能获得最优配置的问题，有时候也称为"分配效率"或"价格效率"。第三，外部效益，指非货币化的投入与货币化的产出之间的关系，如学校经历在多大程度上影响了学生毕业后的薪水。第四，外部效率，指货币产出与货币投入的比例，通常用来指导国家教育投资的数量和回报率。可见，对于义务教育阶段而言，办学的评价应主要侧重其内部效益和内部效率上，关注学生学习的实际过程和效果，教育投入应以提高学生的学习效果为目标。因此，教育资源共享模式恰恰是实现了这种内部效益和内部效率的提高，即通过学校群组内的合作共享，使非货币化的项目和货币化的项目都有所降低，促使优质学校和薄弱学校的学生均能提高学习效果，因而提高教育效益（见表 3.1）。

表 3.1　教育系统中的投入与产出

| 怎样测量投入 | 怎样测量产出 | |
| --- | --- | --- |
| | 非货币化的项目（例如学习） | 货币化的项目 |
| 非货币化的项目（例如，课本的数目、课堂组织、教龄） | 内部效益（技术性的效率） | 外部效益 |
| 货币化的项目（例如，教科书的成本、教师工资） | 内部效率（效益/成本） | 外部效率（收益/成本） |

资料来源：［瑞典］T. 胡森，［德］T. N. 波斯尔斯韦特主编，张斌贤等译．国际教育百科全书［M］．重庆：西南师范大学出版社，2006：454。

## 三、义务教育资源共享是教育资源配置方式的一种创新

教育资源配置是指如何将有限的教育资源在各级各类教育之间、各地区之间和各学校之间进行分配，以期投入的教育资源能够得到充分有效的使用。我国基础教育资源配置失衡的现实，严重损害了弱势群体接受教育的基本权利。而随着我国经济社会的不断发展和城市化水平的进一步提高，现有基础教育资源配置机制使弱势地区和弱势群体的教育发展更加举步维艰。因此，改变现有

教育资源配置模式，提升政府配置层级，实行弱势教育补偿制度，是缩小教育资源配置差距，维护弱势群体利益，实现教育均衡发展的必由之路❶。从理论上来说，以促进义务教育均衡发展为目的的教育资源配置方式改革策略主要包括两个方面：其一，明确政府职责，提升教育资源配置层级；其二，实施教育补偿，如加大教育经费投入补偿、实现优质教师资源补偿等措施。但是，由此可以发现，理论上上述两种策略都是一种资源补偿、外部输入式的教育资源配置方式，都依赖于教育资源的量上的增加。

而与之相对比，不完全依赖于教育资源供给量的增加能够促进教育均衡发展的"教育资源共享"可以说是教育资源配置模式的一种创新。一方面，该种模式可以在既定的西北地区义务教育资源供给不足的情况下，通过学校间人力、物力和财力资源的共享，给县域内适龄儿童提供更均等的教育机会、更优质的教育服务，提升学生的学习成就，提升薄弱学校办学质量，缩小校际差距，这诸多方面的作用都是推进义务教育均衡发展的微观体现。因此，从本质上来说，教育资源共享是超越传统的完全依赖教育资源供给量增加的教育资源配置方式的一种创新。它既能节省教育资源，也能最大限度地利用现有的教育资源提升教育质量和促进教育公平。另一方面，这种配置方式也不仅仅拘泥于现阶段西北教育资源短缺的现实困境，从长远来看，教育资源共享仍然是在教育改革实践中应该被普遍应用的一种模式，因为世界各个国家不管是发展中国家还是发达国家，其教育资源都并非是无限供给的，教育资源也同其他自然资源、经济资源等一样具有有限性，且教育资源配置的三大原则为公平、效率与充足，其中，效率与充足即从本质上反映了教育资源的有限性和适度性。也就是说，教育资源的配置必须从数量上满足教育需求，但在满足需求的基础上确保公平和提高效率是必然的诉求。因此，在这种理论前提下，教育资源共享模式能够促进上述三重目标的实现，是未来基础教育领域可以广泛应用的一种模式。

❶ 吴玲，刘玉安．我国基础教育资源配置问题研究 [J]．中国行政管理，2012（02）：64－67．

# 第四章  县域义务教育资源
# 共享评价指标设计

县域义务教育资源共享是要求学校间人力、物力、财力资源达到共享模式，以此推进义务教育均衡发展水平，其本质要求是促进教育公平，即促进教育机会的起点公平、过程公平和结果公平。综合教育资源共享模式的内涵及其目标，县域义务教育资源共享评价指标体系分为义务教育机会均等程度、教育人力、物力和财力资源的共享程度四个方面。

## 一、指标设计原则

县域义务教育资源共享指标是用来评估西北地区县域学校间教育资源共享的现状及问题的，是对义务教育均衡发展情况的微观问题的考察，应该既能体现教育均衡发展和教育公平的本质要求，又具有操作性。因此，本书指标选取的原则❶如下。

第一，针对性。本书选取的四类指标与义务教育资源共享模式的本质目标（教育公平）及内涵（人力、物力和财力资源共享）四个方面内容是直接联系的，是直接针对该问题选择的指标。第二，导向性。指标体系应服务于县域义务教育均衡发展，能对教育决策者在教育改革实践中起到引导性作用，评估结果可以成为地方教育发展规划制定相关政策、规划、计划、实施方案和措施的重要参考。本书对于四类指标体系的确定也充分体现了这一点，即对西北地区县域教育资源共享的实际问题进行针对性的评价，为教育资源共享模式构建提供政策依据。第三，代表性。它是指所选指标为公认的、重要的指标，能反映某一方面的情况，并在一定程度上反映其他指标的信息（如落选指标），包含的信息量大。

---

❶ 指标选取原则参考了中央教育科学研究所教育督导评估研究中心. 义务教育均衡发展报告 2010［R］. 北京：教育科学出版社，2010.12：44－45。

例如，本书中学生成绩在很大程度上能代表教育质量，就不再需要将心理发展、教师水平等其他教育质量指标单列。第四，敏感性。所选指标灵敏、区分度好，能反映发展的不同水平。本书中选取的指标都是当前县域内学校间教育资源共享水平差异较大的指标，符合敏感性。第五，可靠性。所选指标真实、可靠，能准确反映实际情况。第六，可获得性。所选指标的数据易于获得，本书通过向教育行政部门搜集义务教育均衡发展的日常统计资料，以及发放问卷获得微观数据，保证了数据的可获得性，也确保了数据的真实可靠。

## 二、指标设计过程

（1）收集和梳理文献。本书是针对义务教育资源共享程度的测评，因而文献收集主要包括教育资源共享理论与实践、义务教育均衡发展评估、教育公平评价等方面的内容，并分为国内文献和国际文献两部分进行梳理。

（2）提出义务教育资源共享的一级指标，涵盖义务教育资源共享的各个要素，各个指标之间符合逻辑。本书提出的一级指标包括：教育机会均等、人力资源共享、物力资源共享和财力资源共享。

（3）选取陕西省宁强县、甘肃省靖远县和河南省陕县等县域，采用实证调查方法了解义务教育资源共享的现状和特点，并在上述三个县选取了30余所中小学进行了数据收集及分析，梳理出了县域义务教育资源共享的一些特点。

（4）提出义务教育资源共享程度的评估指标框架，并征求专家意见。2013年2月完成初步指标设计；3月完成第一轮专家意见征集；4月进行调整；5月进行第二轮专家意见征集，并进行调整；6月做第三次调整。每次征求专家意见，都请专家在"重要程度"一栏里根据不重要、比较不重要、一般、比较重要和重要五个等级分别给予1、2、3、4、5计分，然后对所有专家的打分情况予以统计，筛选出专家认为比较重要、敏感的指标。另外，在意见征集中请专家补充他们认为在衡量义务教育均衡发展程度上其他更敏感的指标。

## 三、指标体系构建

县域义务教育资源共享评测指标体系构建主要采取了德尔菲法（Delphimethod），又名专家意见法、专家函询调查法、专家规定程序调查法。该方法主要是由调查者拟定调查表，按照既定程序，以函件的方式分别向专家组成员进行征询；而专家组成员又以匿名的方式（函件）提交意见。经过几次反复征询和反馈，专家组成员的意见逐步趋于集中，最后获得具有很高准确率的集体判断结果。就本书而言，我们针对县域义务教育资源共享的指标设计进行了三次专家打分❶，具体如下。

（1）第一轮专家打分及指标调整。我们邀请华中师范大学、华南师范大学、北京师范大学等长期从事农村教育问题研究的知名学者、教授参与本次意见征集。备选的指标分别为教育机会均等、教育财力资源共享、物力资源共享和人力资源共享。由第一轮专家打分情况可以看出，学生家庭经济水平、父母职业、生均教育费支出、生均事业费支出、生均校舍面积、图书册数、运动场面积、骨干教师比例等几项指标得分较低（见表4.1），于是我们在第二轮专家意见征集中剔除上述指标。另外，有专家建议增加"教师远程观摩优质课""集体备课"两项指标，于是我们在第二轮专家意见征集时予以增加。

表4.1　第一轮专家打分情况

| 一级指标 | 二级指标 | 二级指标含义 | 重要程度（分） |
|---|---|---|---|
| 教育机会均等程度 | 1. 学生家庭经济水平 | 反映学生家庭经济背景 | 2.89 |
| | 2. 父母职业 | 反映学生家庭社会背景 | 3.01 |
| | 3. 入学空间可达指数（上学距离） | 反映学生教育机会起点机会均等 | 4.67 |
| | 4. 与其他学校学生交流、学习频率 | 反映学生教育过程机会均等 | 4.51 |
| | 5. 学习成绩 | 反映学生教育结果机会均等 | 4.72 |
| 义务教育财力资源共享 | 6. 生均公用经费 | 反映学校办学经费水平 | 4.22 |
| | 7. 学校年均教育预算内经费 | 反映学校经费中政府投入水平 | 4.09 |
| | 8. 生均教育费支出 | 反映学校财政能力 | 2.66 |
| | 9. 生均事业费支出 | 反映学校人员经费和公用经费支出水平 | 2.82 |

❶ 本书指标体系构建方法同时参考了傅禄建、汤林春等. 义务教育均衡发展程度测评［M］. 华东师范大学出版社，2013.1：60。

63

续表

| 一级指标 | 二级指标 | 二级指标含义 | 重要程度（分） |
|---|---|---|---|
| 义务教育物力资源共享 | 10. 生均仪器设备 | 反映学校办学条件水平 | 3.45 |
| | 11. 远程教育设备使用频率和效果 | 反映学校教育信息化水平及教育物力资源共享水平 | 4.55 |
| | 12. 生均校舍面积 | 反映学校办学条件水平 | 2.80 |
| | 13. 生均图书册数 | 反映学校办学条件水平 | 2.34 |
| | 14. 生均运动场面积 | 反映学校办学条件水平 | 2.90 |
| | 15. 学生到中心学校听课、做实验等的频率 | 反映学校物力资源共享水平 | 4.39 |
| 人力资源共享水平 | 16. 骨干教师比例 | 反映学校教师资源水平 | 2.89 |
| | 17. 中高级职称教师比例 | 反映学校教师资源水平 | 3.01 |
| | 18. 与其他学校教师交流/学习频率 | 反映学校人力资源共享水平 | 4.79 |
| | 19. 到其他学校讲课/听课频率 | 反映学校人力资源共享水平 | 4.58 |

（2）第二轮打分。将第一轮专家意见征集后的指标进行调整之后，我们邀请华南师范大学、武汉理工大学、东北师范大学、华中师范大学等长期从事农村教育问题研究的青年学者对指标进行打分，并通过视频、电话、座谈等方式征求意见。从第二轮打分情况来看，除"生均仪器设备"项目分值略低之外，其他项目均在4分以上，说明已选指标基本合理(见表4.2)。此外，在第二轮意见征集过程中，有专家指出应增加"教师座谈"指标，因为在农村学校，教师间的座谈、非正式交流对教师专业发展也起到关键性的作用。还有专家指出，应将学校年均教育预算内经费改成"学校生均预算内教育经费"，因此，我们在接下来的第三轮打分中将该指标加入。

表4.2 第二轮专家打分情况

| 一级指标 | 二级指标 | 二级指标含义 | 重要程度（分） |
|---|---|---|---|
| 教育机会均等 | 1. 入学空间可达指数（上学距离） | 反映学生教育机会起点机会均等 | 4.35 |
| | 2. 与其他学校学生交流、学习的频率 | 反映学生教育过程机会均等 | 4.60 |
| | 3. 学习成绩 | 反映学生教育结果机会均等 | 4.47 |

续表

| 一级指标 | 二级指标 | 二级指标含义 | 重要程度（分） |
|---|---|---|---|
| 义务教育财力资源共享 | 4. 生均公用经费 | 反映学校办学经费水平 | 4.10 |
| | 5. 学校生均教育预算内经费 | 反映学校经费中政府投入水平 | 4.09 |
| 义务教育物力资源共享 | 6. 生均仪器设备 | 反映学校办学条件水平 | 3.67 |
| | 7. 远程教育设备使用频率和效果 | 反映学校教育信息化水平及教育物力资源共享水平 | 4.78 |
| | 8. 学生到中心学校听课、做实验等的频率 | 反映学校物力资源共享水平 | 4.28 |
| 人力资源共享水平 | 9. 网络远程观摩优质课 | 反映学校人力资源共享水平 | 4.77 |
| | 10. 到其他学校讲课/听课频率 | 反映学校人力资源共享水平 | 4.32 |
| | 11. 集体备课 | 反映学校人力资源共享水平 | 4.65 |

（3）第三轮打分。在第二轮指标打分及指标调整的基础上，我们邀请陕西省太白县、宁强县，甘肃省靖远县、康县，宁夏回族自治区隆德县等地的地方教育行政人员、校长以及西北地区农村教育公益组织工作人员对指标进行打分，并采用座谈、电话、邮件等形式征求意见。从打分情况来看，除生均仪器设备分值略低之外，其他各项指标打分值均在4分以上。为此我们再次征求多位专家意见，是否保留"生均仪器设备"指标，得到的答案是肯定的，因为生均仪器设备能从整体上反映学校办学条件水平，从而能反映学校间办学条件的差异，为教育物力资源共享提供基础。此外，专家建议在财力资源共享方面增加"与其他学校共同使用经费预算"，从而更直接地体现学校间财力资源共享的模式，因此，本书将该二级指标加入（见表4.3）。

表4.3　第三轮打分情况

| 一级指标 | 二级指标 | 二级指标含义 | 重要程度（分） |
|---|---|---|---|
| 教育机会均等 | 1. 入学空间可达指数（上学距离） | 反映学生教育机会起点机会均等 | 4.41 |
| | 2. 与其他学校学生交流、学习的频率 | 反映学生教育过程机会均等 | 4.52 |
| | 3. 学习成绩 | 反映学生教育结果机会均等 | 4.61 |

续表

| 一级指标 | 二级指标 | 二级指标含义 | 重要程度（分） |
|---|---|---|---|
| 义务教育财力资源共享 | 4. 生均公用经费 | 反映学校办学经费水平 | 4.27 |
| | 5. 学校生均教育预算内经费 | 反映学校经费中政府投入水平 | 4.18 |
| 义务教育物力资源共享 | 6. 生均仪器设备 | 反映学校办学条件水平 | 3.95 |
| | 7. 远程教育设备使用频率和效果 | 反映学校教育信息化水平及教育物力资源共享水平 | 4.80 |
| | 8. 学生到中心学校听课、做实验等的频率 | 反映学校物力资源共享水平 | 4.01 |
| 人力资源共享水平 | 9. 网络远程观摩优质课 | 反映学校人力资源共享水平 | 4.68 |
| | 10. 到其他学校讲课/听课频率 | 反映学校人力资源共享水平 | 4.33 |
| | 11. 集体备课 | 反映学校人力资源共享水平 | 4.63 |
| | 12. 座谈会 | 反映学校人力资源共享水平 | 4.45 |

（4）指标体系确立。根据三轮专家打分结果及意见征集，本书按照"教育机会均等—教育财力资源共享—教育物力资源共享—教育人力资源共享"的框架确定12项二级指标。其中，教育机会均等指标包括3个二级指标；教育财力资源共享指标包括3个二级指标；教育物力资源共享包括3个二级指标；人力资源共享包括4个二级指标（见表4.4）。上述4项一级指标和12项二级指标用来评估县域内学校间教育资源共享水平，反映当前义务教育均衡发展进程中教育资源共享存在的现实问题，为构建教育资源共享模式奠定基础。

表4.4 县域义务教育资源共享评价指标确定

| 一级指标 | 二级指标 | 二级指标含义 |
|---|---|---|
| 教育机会均等 | 1. 入学空间可达指数（上学距离） | 反映学生教育机会起点机会均等 |
| | 2. 与其他学校学生交流、学习的频率 | 反映学生教育过程机会均等 |
| | 3. 学习成绩 | 反映学生教育结果机会均等 |
| 义务教育财力资源共享 | 4. 生均公用经费 | 反映学校办学经费水平 |
| | 5. 学校生均教育预算内经费 | 反映学校经费中政府投入水平 |
| | 6. 与其他学校共同使用经费预算 | |

| 一级指标 | 二级指标 | 二级指标含义 |
|---|---|---|
| 义务教育物力资源共享 | 7. 生均仪器设备 | 反映学校办学条件水平 |
| | 8. 远程教育设备使用频率和效果 | 反映学校教育信息化水平及教育物力资源共享水平 |
| | 9. 学生到中心学校听课、做实验等的频率 | 反映学校物力资源共享水平 |
| 人力资源共享水平 | 10. 网络远程观摩优质课 | 反映学校人力资源共享水平 |
| | 11. 到其他学校讲课/听课频率 | 反映学校人力资源共享水平 |
| | 12. 集体备课 | 反映学校人力资源共享水平 |
| | 13. 座谈会 | 反映学校人力资源共享水平 |

# 第五章　西北县域义务教育资源
# 共享程度评价及存在问题

义务教育资源共享的评价是反映当前西北县域义务教育资源共享存在问题的重要基础，也是构建义务教育资源共享模式的前提。这一章采用变异系数、最高组与最低组均值倍率方法对样本县校际间教育资源共享水平进行评价，以此反映实际问题，为模型构建提供基础。

## 一、县域义务教育资源共享水平评测方法

本书主要采用变异系数、极值倍率、方差、T 检验等方法来评测县域内义务教育资源共享水平。

### （一）变异系数

变异系数也称变差系数、离散系数、差异系数，用 CV 表示，是一组数据的标准差与其均值之比，是测算数据相对离散程度的指标，主要用于比较不同总体或样本数据的离散程度❶。变异系数越大说明数据的差异程度越大；相反，变异系数越小则差异程度越小。变异系数通常用标准差计算，因此，变异系数也被称为标准差系数，其计算公式为：

$$CV = (S/X) \times 100\%$$

### （二）极值倍率

极值倍率是通过最大样本和最小样本的比值来衡量样本间差异程度的大小，比值越大差异越大，比值越小则差异越小。这种方法易于计算，并能直观反映数据间的离散程度。

---

❶ 中央教育科学研究所. 义务教育均衡发展报告 ［M］. 教育科学出版社，2010：55.

**（三）T检验**

T检验，主要是对样本的两个平均值差异程度进行检验。它是用T分布理论来推断差异发生的概率，从而判定两个平均数的差异是否显著。

（1）建立虚无假设：$\mu 1 = \mu 2$，即先假定两个总体平均数之间没有显著差异。

（2）计算统计量T值，对于不同类型的问题选用不同的统计量计算方法。

①如果要评断一个总体中的小样本平均数与总体平均值之间的差异程度，其统计量T值的计算公式为：

$$T = \frac{\bar{X} - \mu_0}{\dfrac{S}{n-1}}$$

②如果要评断两组样本平均数之间的差异程度，其统计量T值的计算公式为：

$$T = \frac{\bar{X}_1 - \bar{X}_2}{\sqrt{\dfrac{\sum x_1^2 + \sum x_2^2}{n_1 + n_2 - 2} \times \dfrac{n_1 + n_2}{n_1 \times n_2}}}$$

（3）根据自由度 $df = n-1$，查T值表，找出规定的T理论值并进行比较。理论值差异的显著水平为0.01级或0.05级。不同自由度的显著水平理论值记为 $T(df)0.01$ 和 $T(df)0.05$。

（4）比较计算得到的 $t$ 值和理论T值，推断发生的概率，依据表中给出的T值与差异显著性关系表做出判断。

**（四）方差**

在实际问题分析过程中，我们经常需要进行两组以上比较，或含有多个自变量并控制各个自变量单独效应后的各组间的比较（如性别、年龄与经济条件等），此时，需要用方差分析进行数据分析，方差分析被认为是T检验的推广。在较为复杂的设计时，方差分析具有许多 $T$ 检验所不具备的优点（进行多次的 $T$ 检验进行比较设计中不同格子均值时）。

方差分析又称为变异数分析或F检验，其基本思想是把全部观察值之间的变异（总变异），按设计和需要分为二个或多个组成部分，再作分析。即把全部资料的总的离均差平方和（SS）分为二个或多个组成部分，其自由度也分为相应的部分，每部分表示一定的意义，其中至少有一个部分表示各组均数之间的变异情况，称为组间变异（MS 组间）；另一部分表示同一组内个体之间的变异，称为组内变异（MS 组内），也叫误差。SS 除以相应的自由度（$\upsilon$），可得均方（MS）。如 MS 组间 > MS 组内若干倍（此倍数即 F 值）以上，则表示各组的均数之间有显著性差异。

## 二、县域义务教育资源共享水平评价结果及存在问题

### （一）县域内学校间教育机会均等程度及存在问题

县域内学校间教育机会均等程度的测评过程中，以上学距离、学生与其他学校学生交流学习频率、数学成绩三个指标为例，四县学校数据的统计结果表明，宁强县、康县、隆德县三个县的三个指标的差异系数均高于 0.6，极值倍率均高于 2；太白县三项指标的变异系数均高于 0.4，极值倍率高于 1.5，说明四县学校间教育机会均等的差异程度仍然比较大（见表 5.1）。上述数据实际上反映出：其一，当前西北地区县域内学校间学生上学距离存在较大的差距，县镇中心学校的学生大多是原来村小、教学点的转学学生，承受更大的上学交通成本和压力；其二，县域内不同学校的学生到其他学校交流学习频率差异也较大，反映出县镇中心学校的学生有更多的机会到外校交流，而偏远农村的学生很难走出去学习交流；其三，从数学成绩来看，县域内学校间数学成绩的差异较大，实际上说明县镇学校的学生数学成绩要好于农村学校特别是教学点学生的数学成绩。这些推测将在下面的方差分析和 T 检验中得到验证。

1. 上学距离

上学距离[1]指标主要包括物理距离、时间距离、上学方便程度等方面的评价。

（1）物理距离

从物理距离来看，样本学校中教学点、完全小学、中心小学学生的上学物理距离平均值分别为 2.6043 千米、6.9844 千米、14.5906 千米，组间和组内方差检验结果均呈显著性，说明三类学校学生上学物理距离的平均值差异显著

---

[1] 本书中教育机会起点均等中上学物理距离、时间距离、学生与其他学校学生交流学习频率、学习成绩以及教育人力资源共享里的所有二级指标测评均是将县域内学校分为：小学分为教学点、完全小学和中心小学；初中分为乡镇初中和县城初中，依照此类别测算不同类别学校间各项指标的差异，这种划分更接近当前县域内学校间教育发展不均衡的现实。

（见表5.2至表5.4）。另外，乡镇初中和县城初中学生上学物理距离的平均值分别为13.7508千米和18.3245千米，T检验结果呈显著性差异（见表5.5和表5.6）。上述统计结果表明，我们把学校具体类型细化后，发现不同类别的学校间（偏远教学点、完全小学、县镇中心小学以及乡镇初中和县城初中）学生的上学物理距离是存在显著差异的。也就是说，教学点、完全小学和县镇中心小学学生上学物理距离依次增大，县城初中学生上学物理距离远超过乡镇初中。

表5.1　教育机会均等的校际差距（变异系数和极值倍率）

| | | 上学距离 | | 交流学习频率 | | 数学成绩 | |
|---|---|---|---|---|---|---|---|
| | | 变异系数 | 倍率 | 变异系数 | 倍率 | 变异系数 | 倍率 |
| 宁强县 | 小学 | 0.680 | 2.51 | 0.711 | 2.72 | 0.673 | 2.69 |
| | 初中 | 0.512 | 2.09 | 0.502 | 2.19 | 0.608 | 2.16 |
| 太白县 | 小学 | 0.483 | 1.53 | 0.563 | 1.77 | 0.451 | 1.78 |
| | 初中 | 0.452 | 1.51 | 0.522 | 1.58 | 0.420 | 1.66 |
| 康县 | 小学 | 0.712 | 2.78 | 0.737 | 2.45 | 0.701 | 2.83 |
| | 初中 | 0.671 | 2.19 | 0.706 | 2.09 | 0.672 | 2.61 |
| 隆德县 | 小学 | 0.689 | 2.55 | 0.717 | 2.97 | 0.722 | 2.74 |
| | 初中 | 0.601 | 2.20 | 0.682 | 2.06 | 0.709 | 2.45 |

注：极值倍率指的是在对数据进行升序排列后，总体数据的前20%均值与后20%均值的比率。

表5.2　小学上学物理距离均值　　　　　　　　　　单位：千米

| | 样本数 | 均值 | 标准差 | 标准误 | 95%置信区间 | | 最小值 | 最大值 |
|---|---|---|---|---|---|---|---|---|
| | | | | | 下限 | 上限 | | |
| 教学点 | 115 | 2.6043 | 1.94906 | .18175 | 2.2443 | 2.9644 | .50 | 12.00 |
| 完全小学 | 1639 | 6.9844 | 12.42733 | .30696 | 6.3823 | 7.5864 | .25 | 200.00 |
| 中心小学 | 3095 | 14.5906 | 24.34977 | .43769 | 13.7324 | 15.4488 | .50 | 200.00 |
| 总计 | 4849 | 11.7353 | 21.10639 | .30310 | 11.1411 | 12.3296 | .25 | 200.00 |

表5.3　小学上学物理距离均值方差检验

| | 方差和 | 自由度 | 均值平方 | F值 | 显著性 |
|---|---|---|---|---|---|
| 组间 | 71815.170 | 2 | 35907.585 | 83.342 | .000 |
| 组内 | 2087871.272 | 4846 | 430.844 | | |
| 总计 | 2159686.441 | 4848 | | | |

表 5.4　小学学生上学物理距离均值组内方差

| 学校类型 | 学校类型 | 均值差异 | 标准误 | 显著性 | 95% 置信区间 | |
|---|---|---|---|---|---|---|
| | | | | | 下限 | 上限 |
| 教学点 | 完全小学 | − 4.38000 * | .35674 | .000 | − 5.2331 | − 3.5269 |
| | 中心小学 | − 11.98623 * | .47392 | .000 | − 13.1186 | − 10.8538 |
| 完全小学 | 教学点 | 4.38000 * | .35674 | .000 | 3.5269 | 5.2331 |
| | 中心小学 | − 7.60623 * | .53460 | .000 | − 8.8829 | − 6.3296 |
| 中心小学 | 教学点 | 11.98623 * | .47392 | .000 | 10.8538 | 13.1186 |
| | 完全小学 | 7.60623 * | .53460 | .000 | 6.3296 | 8.8829 |

注：* 表示均值差异在 0.05 水平上显著。

表 5.5　乡镇初中和县城初中学生上学物理均值

| 学校类型 | 样本数 | 均值（千米） | 标准差 | 标准误 |
|---|---|---|---|---|
| 乡镇初中 | 1759 | 13.7508 | 18.89271 | .45047 |
| 县城初中 | 1603 | 18.3245 | 28.92294 | .72240 |

表 5.6　乡镇初中和县城初中学生上学物理距离 T 检验结果

| F 值 | 显著性 | T 值 | 自由度 | 显著性（双侧） | 均值差异 | 标准差差异 | 偏差的 95% 置信区间 | |
|---|---|---|---|---|---|---|---|---|
| | | | | | | | 下限 | 上限 |
| 160.430 | .000 | − 5.473 | 3360 | .000 | − 4.57363 | .83560 | − 6.21197 | − 2.93529 |

（2）时间距离

上学时间是指学生从家到学校单程所需要花费的时间。从统计结果来看，教学点、完全小学和中心小学学生上学时间距离平均值分别为 27.074 分钟、50.055 分钟、69.435 分钟，组间和组内方差结果均显著（见表 5.7 至表 5.9）。从初中学校来看，乡镇初中和县城初中学生上学时间距离的均值分别为 69.719 分钟和 54.369 分钟，两组均值的 T 检验结果呈显著性差异（见表 5.10 和表 5.11）。这说明，小学教学点、完全小学和中心学校学生上学时间距离也呈现递增趋势，与上学物理距离的特征一致。而乡镇初中和县城初中学生上学时间距离虽然差异显著，但县城初中学生上学时间距离却小于乡镇初中。

这一结论值得关注，因为县城初中的物理距离比乡镇初中平均值高，我们可能顺势推断其上学时间也应该大于乡镇初中。但其时间距离平均值却低于乡镇初中，其原因在于初中目前只有县城和乡镇两类，初中学生入学应按户籍所在地就近入学，乡镇初中学生大多家住山区农村；县城初中既包括县城辖区生源，也包括相当数量的家住山区农村的择校生，这部分学生上学路途更加遥远，因此从平均值来看，县城初中学生的上学物理距离大于乡镇初中。但由于县城初中学生的家庭经济条件较好，即使是择校生也是有能力承担较高的生活、交通成本的一类群体，因此，他们选择的交通方式大多为包车、自家摩托、面包车等方式。乡镇初中学生由于家庭经济条件较差，大多选择走路的方式，因此，县城初中学生上学时间平均值低于乡镇学生。

**表 5.7　小学学生上学时间距离均值**

| | 样本数 | 均值（分钟） | 标准差 | 标准误 | 95% 置信区间 | | 最小值 | 最大值 |
|---|---|---|---|---|---|---|---|---|
| | | | | | 下限 | 上限 | | |
| 教学点 | 115 | 27.074 | 20.3453 | 1.8972 | 23.316 | 30.832 | 5.0 | 110.0 |
| 完全小学 | 1639 | 50.055 | 57.8403 | 1.4287 | 47.252 | 52.857 | 6.0 | 280.0 |
| 中心小学 | 3095 | 69.435 | 80.5438 | 1.4478 | 66.596 | 72.273 | 6.0 | 290.0 |
| 总计 | 4849 | 61.879 | 73.4352 | 1.0546 | 59.812 | 63.947 | 5.0 | 290.0 |

**表 5.8　小学学生上学时间距离组间方差**

| | 平方和 | 自由度 | 均值平方 | F 值 | 显著性 |
|---|---|---|---|---|---|
| 组间 | 545150.927 | 2 | 272575.464 | 51.600 | .000 |
| 组内 | 2.560E7 | 4846 | 5282.464 | | |
| 总计 | 2.614E7 | 4848 | | | |

**表 5.9　小学学生上学时间距离组内方差**

| 学校类型 | 学校类型 | 均值差异 | 标准误 | 显著性 | 95% 置信区间 | |
|---|---|---|---|---|---|---|
| | | | | | 下限 | 上限 |
| 教学点 | 完全小学 | −22.9807 * | 2.3750 | .000 | −28.685 | −17.276 |
| | 中心小学 | −42.3606 * | 2.3865 | .000 | −48.092 | −36.629 |
| 完全小学 | 教学点 | 22.9807 * | 2.3750 | .000 | 17.276 | 28.685 |
| | 中心小学 | −19.3799 * | 2.0340 | .000 | −24.237 | −14.523 |
| 中心小学 | 教学点 | 42.3606 * | 2.3865 | .000 | 36.629 | 48.092 |
| | 完全小学 | 19.3799 * | 2.0340 | .000 | 14.523 | 24.237 |

注：* 表示均值差异在 0.05 水平上显著。

表 5.10　初中学生上学时间距离均值

| 学校类型 | 样本数 | 均值（分钟） | 标准差 | 均值标准误 |
|---|---|---|---|---|
| 乡镇初中 | 1759 | 69.719 | 59.9928 | 1.4304 |
| 县城初中 | 1603 | 54.369 | 63.0394 | 1.5745 |

表 5.11　初中学生上学时间距离 T 检验

| F 值 | 显著性 | T 值 | 自由度 | 显著性（双侧） | 均值差异 | 标准差差异 | 偏差的95%置信区间 | |
|---|---|---|---|---|---|---|---|---|
| | | | | | | | 下限 | 上限 |
| 4.334 | .037 | 7.232 | 3360 | .000 | 15.3493 | 2.1224 | 11.1880 | 19.5106 |

（3）上学方便程度

上学方便程度是从学生自身主观感受维度测评学生上学的便利程度，也是教育机会起点均等的一个重要指标。本书将方便程度分为"很方便、比较方便、一般、不太方便和很不方便"五个类别，其中，教学点学生选择很方便和比较方便的比例之和（占自身群体）为80%，完全小学为59.7%，中心小学为51.2%；而教学点学生选择不太方便和很不方便的比例之和为13%，完全小学为31.7%，中心小学为38.4%，其卡方检验的 sig 值为0.000。这说明教学点学生上学的方便程度要高于完全小学和中心小学，且三者的差异是极其显著的（见表5.12和表5.13）。另外，从初中学生上学方便程度来看，乡镇初中学生选择很方便和比较方便的比例之和为44.7%，县城初中比例为56.8%；乡镇初中选择不太方便和很不方便的比例之和为37.8%，县城初中为29%，其卡方检验的 sig 值为0.000。这说明乡镇初中学生上学方便程度要明显低于县城初中，这也验证了乡镇初中学生上学时间距离要大于县城初中的结论（见表5.14和表5.15）。也就是说，虽然乡镇初中上学物理距离小于县城初中，但如前所述，乡镇初中学生上学时间距离大于县城初中，其原因在于乡镇初中学生大多来自农村或偏远乡村，家庭经济背景较差，其上学交通工具多为步行或自行车等，因此时间距离反而会大于县城初中，因而他们认为上学便利程度也要低于县城初中。

### 表 5.12 上学方便程度描述性统计

| | | 教学点 | 完全小学 | 中心小学 | 合计 |
|---|---|---|---|---|---|
| 很方便 | 频数 | 66.0 | 546.0 | 999.0 | 1611.0 |
| | 占各自学校类型的百分比% | 57.4 | 33.3 | 32.3 | 33.2 |
| 比较方便 | 频数 | 26.0 | 432.0 | 585.0 | 1043.0 |
| | 占各自学校类型的百分比% | 22.6 | 26.4 | 18.9 | 21.5 |
| 一般 | 频数 | 8.0 | 143.0 | 323.0 | 474.0 |
| | 占各自学校类型的百分比% | 7.0 | 8.7 | 10.4 | 9.8 |
| 不太方便 | 频数 | 12.0 | 268.0 | 397.0 | 677.0 |
| | 占各自学校类型的百分比% | 10.4 | 16.4 | 12.8 | 14.0 |
| 很不方便 | 频数 | 3.0 | 250.0 | 791.0 | 1044.0 |
| | 占各自学校类型的百分比% | 2.6 | 15.3 | 25.6 | 21.5 |
| 总计 | 频数 | 115.0 | 1639.0 | 3095.0 | 4849.0 |
| | 占各自学校类型的百分比% | 100.0 | 100.0 | 100.0 | 100.0 |

### 表 5.13 上学方便程度卡方检验

| | 值 | 自由度 | 显著性 |
|---|---|---|---|
| Pearson Chi－Square | 135.996 | 8 | .000 |
| Likelihood Ratio | 145.372 | 8 | .000 |
| Linear－by－Linear Association | 62.069 | 1 | .000 |
| 样本数（个） | 4849 | | |

### 表 5.14 初中上学方便程度描述统计

| | | 学校类型 | | 合计 |
|---|---|---|---|---|
| | | 乡镇初中 | 县城初中 | |
| 很方便 | 频数 | 309.0 | 381.0 | 690.0 |
| | 占各自学校类型的百分比% | 17.6 | 23.8 | 20.5 |
| 比较方便 | 频数 | 476.0 | 529.0 | 1005.0 |
| | 占各自学校类型的百分比% | 27.1 | 33.0 | 29.9 |
| 一般 | 频数 | 309.0 | 228.0 | 537.0 |
| | 占各自学校类型的百分比% | 17.6 | 14.2 | 16.0 |
| 不太方便 | 频数 | 302.0 | 316.0 | 618.0 |
| | 占各自学校类型的百分比% | 17.2 | 19.7 | 18.4 |

| | | 学校类型 | | 合计 |
|---|---|---|---|---|
| | | 乡镇初中 | 县城初中 | |
| 很不方便 | 频数 | 363.0 | 149.0 | 512.0 |
| | 占各自学校类型的百分比% | 20.6 | 9.3 | 15.2 |
| 合计 | 频数 | 1759.0 | 1603.0 | 3362.0 |
| | 占各自学校类型的百分比% | 100.0 | 100.0 | 100.0 |

**表 5.15　初中学生上学方便程度卡方检验**

| | 值 | 自由度 | 显著性 |
|---|---|---|---|
| Pearson Chi – Square | 105.277[a] | 4 | .000 |
| Likelihood Ratio | 107.914 | 4 | .000 |
| Linear – by – Linear Association | 66.607 | 1 | .000 |
| 样本数（个） | 3362 | | |

2. 与其他学校学生交流学习频率

"与其他学校学生交流学习频率"是从教育起点过程均等的角度来评测教育资源共享水平的。也就是说，学生在接受义务教育过程中，是否通过与其他学校学习、交流的方式促进学习，特别是偏远农村学校，可以通过这种方式克服自己学校学习环境的弱势境况，体现的是一种过程上的公平。现实中，体现与其他学校学生交流学习的活动是非常微观和具体的，本书以"到其他学校听公开课或讲座、实验、参观、计算机学习、开展兴趣类竞赛、运动会、文艺联欢会、春游、清明扫墓"等项目作为"与其他学校学生交流学习"的代表性指标。统计结果表明，教学点、完全小学和中心小学学生每学期"到其他学校听公开课或讲座"次数的均值分别为 0.478 次、1.339 次和 2.128 次；"到其他学校实验"的次数均值分别为 0.026 次、0.291 次和 0.406 次；"到其他学校参观"的次数均值分别为 0.114 次、0.586 次和 0.980 次；"到其他学校计算机学习"的次数均值分别为 0.061 次、0.442 次和 0.611 次；与其他学校学生一起开展兴趣类竞赛次数的均值分别为 0.202 次、1.811 次和 1.845 次。其他四类指标如运动会、文艺联欢会、春游和清明扫墓指标的均值也与之前五类指标一样，呈现出教学点均值最小、完全小学居中和中心小学最大的特征（见表 5.16 至表 5.18）。也就是说，三类学校学生与其他学校学生学习交流的机会是存在差异的，而且从排序来看，教学点学生机会最少，完全小学次之，中心学校最多。此外，这九类指标均值差异的方差分析结果表明，三类学校学生在上述九类指标的平均值组间差异是极其显著的，而且仅除"兴趣类竞赛和文艺联欢会"两项指标中"完全小学和中心小学"的组内差异不显著外，其他七项指标的组内差异都是极其显著的。

表 5.16　与其他学校学生交流学习频率描述统计（小学）

| 交流项目 | 学校类型 | 样本数 | 均值（次/学期） | 标准差 | 标准误 | 均值的95%置信区间 | | 最小值 | 最大值 |
|---|---|---|---|---|---|---|---|---|---|
| | | | | | | 下限 | 上限 | | |
| 到其他学校听公开课或讲座 | 教学点 | 114 | .478 | .6989 | .0655 | .348 | .608 | .0 | 5.0 |
| | 完全小学 | 1638 | 1.339 | 1.6325 | .0403 | 1.260 | 1.418 | .0 | 30.0 |
| | 中心小学 | 3094 | 2.128 | 1.9975 | .0359 | 2.057 | 2.198 | .0 | 36.0 |
| | 合计 | 4846 | 1.822 | 1.9079 | .0274 | 1.769 | 1.876 | .0 | 36.0 |
| 到其他学校实验 | 教学点 | 114 | .026 | .2087 | .0195 | -.012 | .065 | .0 | 2.0 |
| | 完全小学 | 1640 | .291 | .8313 | .0205 | .251 | .331 | .0 | 10.0 |
| | 中心小学 | 3094 | .406 | 1.1592 | .0208 | .365 | .446 | .0 | 30.0 |
| | 合计 | 4848 | .358 | 1.0477 | .0150 | .328 | .387 | .0 | 30.0 |
| 到其他学校参观 | 教学点 | 114 | .114 | .5446 | .0510 | .013 | .215 | .0 | 4.0 |
| | 完全小学 | 1640 | .586 | .9398 | .0232 | .541 | .632 | .0 | 10.0 |
| | 中心小学 | 3094 | .980 | 1.7006 | .0306 | .920 | 1.040 | .0 | 50.0 |
| | 合计 | 4848 | .827 | 1.4824 | .0213 | .785 | .868 | .0 | 50.0 |
| 到其他学校计算机学习 | 教学点 | 114 | .061 | .2411 | .0226 | .017 | .106 | .0 | 1.0 |
| | 完全小学 | 1640 | .442 | 2.3363 | .0577 | .329 | .555 | .0 | 60.0 |
| | 中心小学 | 3094 | .611 | 1.7811 | .0320 | .548 | .674 | .0 | 60.0 |
| | 合计 | 4848 | .541 | 1.9706 | .0283 | .485 | .596 | .0 | 60.0 |
| 开展兴趣类竞赛 | 教学点 | 114 | .202 | .4643 | .0435 | .116 | .288 | .0 | 3.0 |
| | 完全小学 | 1640 | 1.811 | 2.4572 | .0607 | 1.692 | 1.930 | .0 | 50.0 |
| | 中心小学 | 3094 | 1.845 | 1.7258 | .0310 | 1.784 | 1.906 | .0 | 21.0 |
| | 合计 | 4848 | 1.795 | 2.0021 | .0288 | 1.739 | 1.851 | .0 | 50.0 |
| 运动会 | 教学点 | 114 | .333 | .7367 | .0690 | .197 | .470 | .0 | 6.0 |
| | 完全小学 | 1640 | 1.213 | 1.3222 | .0326 | 1.149 | 1.277 | .0 | 21.0 |
| | 中心小学 | 3094 | 1.581 | 1.6332 | .0294 | 1.523 | 1.638 | .0 | 27.0 |
| | 合计 | 4848 | 1.427 | 1.5377 | .0221 | 1.384 | 1.470 | .0 | 27.0 |

续表

| 交流项目 | 学校类型 | 样本数 | 均值（次/学期） | 标准差 | 标准误 | 均值的95%置信区间 | | 最小值 | 最大值 |
|---|---|---|---|---|---|---|---|---|---|
| | | | | | | 下限 | 上限 | | |
| 文艺联欢会 | 教学点 | 114 | .430 | 1.0259 | .0961 | .239 | .620 | .0 | 6.0 |
| | 完全小学 | 1640 | 1.219 | 1.4547 | .0359 | 1.148 | 1.289 | .0 | 10.0 |
| | 中心小学 | 3093 | 1.260 | 1.3532 | .0243 | 1.212 | 1.308 | .0 | 19.0 |
| | 合计 | 4847 | 1.227 | 1.3872 | .0199 | 1.187 | 1.266 | .0 | 19.0 |
| 春游 | 教学点 | 114 | .026 | .2087 | .0195 | −.012 | .065 | .0 | 2.0 |
| | 完全小学 | 1640 | .307 | 1.0647 | .0263 | .256 | .359 | .0 | 28.0 |
| | 中心小学 | 3093 | .624 | 1.1125 | .0200 | .584 | .663 | .0 | 20.0 |
| | 合计 | 4847 | .503 | 1.0962 | .0157 | .472 | .533 | .0 | 28.0 |
| 清明扫墓 | 教学点 | 114 | .053 | .3480 | .0326 | −.012 | .117 | .0 | 3.0 |
| | 完全小学 | 1640 | .583 | .9773 | .0241 | .536 | .631 | .0 | 11.0 |
| | 中心小学 | 3093 | .602 | 1.1838 | .0213 | .561 | .644 | .0 | 20.0 |
| | 合计 | 4847 | .583 | 1.1077 | .0159 | .552 | .614 | .0 | 20.0 |

表 5.17 与其他学校学生交流学习频率组间方差分析（小学）

| 交流项目 | | 平方和 | 自由度 | 均值平方 | F值 | 显著性 |
|---|---|---|---|---|---|---|
| 到其他学校听公开课或讲座 | 组间 | 877.684 | 2 | 438.842 | 126.814 | .000 |
| | 组内 | 16759.340 | 4843 | 3.461 | | |
| | 合计 | 17637.024 | 4845 | | | |
| 到其他学校实验 | 组间 | 26.886 | 2 | 13.443 | 12.304 | .000 |
| | 组内 | 5293.585 | 4845 | 1.093 | | |
| | 合计 | 5320.471 | 4847 | | | |
| 到其他学校参观 | 组间 | 225.676 | 2 | 112.838 | 52.437 | .000 |
| | 组内 | 10425.856 | 4845 | 2.152 | | |
| | 合计 | 10651.532 | 4847 | | | |
| 到其他学校计算机学习 | 组间 | 57.371 | 2 | 28.686 | 7.407 | .001 |
| | 组内 | 18764.542 | 4845 | 3.873 | | |
| | 合计 | 18821.913 | 4847 | | | |
| 开展兴趣类竞赛 | 组间 | 297.566 | 2 | 148.783 | 37.678 | .000 |
| | 组内 | 19132.046 | 4845 | 3.949 | | |
| | 合计 | 19429.612 | 4847 | | | |

| 交流项目 | | 平方和 | 自由度 | 均值平方 | F 值 | 显著性 |
|---|---|---|---|---|---|---|
| 运动会 | 组间 | 284.787 | 2 | 142.393 | 61.728 | .000 |
| | 组内 | 11176.364 | 4845 | 2.307 | | |
| | 合计 | 11461.151 | 4847 | | | |
| 文艺联欢会 | 组间 | 75.909 | 2 | 37.954 | 19.877 | .000 |
| | 组内 | 9249.359 | 4844 | 1.909 | | |
| | 合计 | 9325.268 | 4846 | | | |
| 春游 | 组间 | 133.737 | 2 | 66.868 | 56.927 | .000 |
| | 组内 | 5689.981 | 4844 | 1.175 | | |
| | 合计 | 5823.718 | 4846 | | | |
| 清明扫墓 | 组间 | 33.223 | 2 | 16.611 | 13.609 | .000 |
| | 组内 | 5912.436 | 4844 | 1.221 | | |
| | 合计 | 5945.659 | 4846 | | | |

表 5.18　与其他学校学生交流学习频率组内方差分析（小学）

| 交流项目 | 学校类型 | 学校类型 | 均值差异 | 标准误 | 显著性 | 95% 置信区间 | |
|---|---|---|---|---|---|---|---|
| | | | | | | 下限 | 下限 |
| 到其他学校<br>听公开课或讲座 | 教学点 | 完全小学 | −.8608* | .0769 | .000 | −1.046 | −.676 |
| | | 中心小学 | −1.6498* | .0747 | .000 | −1.830 | −1.470 |
| | 完全小学 | 教学点 | .8608* | .0769 | .000 | .676 | 1.046 |
| | | 中心小学 | −.7890* | .0540 | .000 | −.918 | −.660 |
| | 中心小学 | 教学点 | 1.6498* | .0747 | .000 | 1.470 | 1.830 |
| | | 完全小学 | .7890* | .0540 | .000 | .660 | .918 |
| 到其他学校实验 | 教学点 | 完全小学 | −.2648* | .0283 | .000 | −.333 | −.197 |
| | | 中心小学 | −.3793* | .0286 | .000 | −.448 | −.311 |
| | 完全小学 | 教学点 | .2648* | .0283 | .000 | .197 | .333 |
| | | 中心小学 | −.1145* | .0293 | .000 | −.184 | −.045 |
| | 中心小学 | 教学点 | .3793* | .0286 | .000 | .311 | .448 |
| | | 完全小学 | .1145* | .0293 | .000 | .045 | .184 |

| 交流项目 | 学校类型 | 学校类型 | 均值差异 | 标准误 | 显著性 | 95% 置信区间 | |
|---|---|---|---|---|---|---|---|
| | | | | | | 下限 | 下限 |
| 到其他学校参观 | 教学点 | 完全小学 | -.4722* | .0560 | .000 | -.607 | -.337 |
| | | 中心小学 | -.8662* | .0595 | .000 | -1.009 | -.723 |
| | 完全小学 | 教学点 | .4722* | .0560 | .000 | .337 | .607 |
| | | 中心小学 | -.3940* | .0384 | .000 | -.486 | -.302 |
| | 中心小学 | 教学点 | .8662* | .0595 | .000 | .723 | 1.009 |
| | | 完全小学 | .3940* | .0384 | .000 | .302 | .486 |
| 到其他学校计算机学习 | 教学点 | 完全小学 | -.3807* | .0620 | .000 | -.529 | -.233 |
| | | 中心小学 | -.5495* | .0392 | .000 | -.643 | -.456 |
| | 完全小学 | 教学点 | .3807* | .0620 | .000 | .233 | .529 |
| | | 中心小学 | -.1688* | .0660 | .031 | -.326 | -.011 |
| | 中心小学 | 教学点 | .5495* | .0392 | .000 | .456 | .643 |
| | | 完全小学 | .1688* | .0660 | .031 | .011 | .326 |
| 开展兴趣类竞赛 | 教学点 | 完全小学 | -1.6097* | .0746 | .000 | -1.788 | -1.431 |
| | | 中心小学 | -1.6433* | .0534 | .000 | -1.772 | -1.515 |
| | 完全小学 | 教学点 | 1.6097* | .0746 | .000 | 1.431 | 1.788 |
| | | 中心小学 | -.0336 | .0681 | .946 | -.196 | .129 |
| | 中心小学 | 教学点 | 1.6433* | .0534 | .000 | 1.515 | 1.772 |
| | | 完全小学 | .0336 | .0681 | .946 | -.129 | .196 |
| 运动会 | 教学点 | 完全小学 | -.8795* | .0763 | .000 | -1.064 | -.695 |
| | | 中心小学 | -1.2475* | .0750 | .000 | -1.428 | -1.067 |
| | 完全小学 | 教学点 | .8795* | .0763 | .000 | .695 | 1.064 |
| | | 中心小学 | -.3680* | .0439 | .000 | -.473 | -.263 |
| | 中心小学 | 教学点 | 1.2475* | .0750 | .000 | 1.067 | 1.428 |
| | | 完全小学 | .3680* | .0439 | .000 | .263 | .473 |
| 文艺联欢会 | 教学点 | 完全小学 | -.7891* | .1026 | .000 | -1.037 | -.541 |
| | | 中心小学 | -.8301* | .0991 | .000 | -1.070 | -.590 |
| | 完全小学 | 教学点 | .7891* | .1026 | .000 | .541 | 1.037 |
| | | 中心小学 | -.0410 | .0434 | .718 | -.145 | .063 |
| | 中心小学 | 教学点 | .8301* | .0991 | .000 | .590 | 1.070 |
| | | 完全小学 | .0410 | .0434 | .718 | -.063 | .145 |

续表

| 交流项目 | 学校类型 | 学校类型 | 均值差异 | 标准误 | 显著性 | 95% 置信区间 | |
|---|---|---|---|---|---|---|---|
| | | | | | | 下限 | 下限 |
| 春游 | 教学点 | 完全小学 | -.2810* | .0328 | .000 | -.359 | -.203 |
| | | 中心小学 | -.5974* | .0280 | .000 | -.664 | -.530 |
| | 完全小学 | 教学点 | .2810* | .0328 | .000 | .203 | .359 |
| | | 中心小学 | -.3163* | .0330 | .000 | -.395 | -.237 |
| | 中心小学 | 教学点 | .5974* | .0280 | .000 | .530 | .664 |
| | | 完全小学 | .3163* | .0330 | .000 | .237 | .395 |
| 清明扫墓 | 教学点 | 完全小学 | -.5306* | .0406 | .000 | -.628 | -.433 |
| | | 中心小学 | -.5497* | .0389 | .000 | -.643 | -.456 |
| | 完全小学 | 教学点 | .5306* | .0406 | .000 | .433 | .628 |
| | | 中心小学 | -.0191 | .0322 | .911 | -.096 | .058 |
| | 中心小学 | 教学点 | .5497* | .0389 | .000 | .456 | .643 |
| | | 完全小学 | .0191 | .0322 | .911 | -.058 | .096 |

注：* 表示均值差异在 0.05 水平上显著。

　　从初中情况来看，我们根据初中学生校际学习交流的实际情况，将"到其他学校参观、实验、计算机学习、兴趣类竞赛和运动会"作为主要指标，而去掉了"文艺联欢会、春游和清明扫墓"。从调查结果来看，乡镇初中学生每学期到其他学校听公开课或讲座频率的均值为 1.815 次、到其他学校参观的均值为 0.578 次、到其他学校实验的均值为 0.349 次、到其他学校计算机学习的均值为 0.293 次、参加其他学校兴趣类竞赛的均值为 1.478 次、参加运动会的均值为 1.098 次；而与之相对比，县城初中上述六项指标均值分别为 1.837 次、0.786 次、0.551 次、0.543 次、1.744 次和 1.338 次，均大于乡镇初中（见表 5.19）。两类学校均值的 T 检验结果表明，除了"到其他学校听公开课或讲座"指标结果差异不显著外，其他五项指标的差异都是极其显著的（见表 5.20）。这说明，乡镇初中学生在与其他学校学生交流学习方面的机会是远少于县城初中的，其原因在于西北地区大部分县镇属于山区或丘陵地形，地广人稀，乡镇腹地范围很大，乡镇初中布局在乡镇中心。但从地理布局上来说，这类学校的布局是非常分散的，而就当前县域内每个乡镇只有一所初中的布局规划来说，乡镇初中虽然处于乡镇中心，但事实上也是相对孤立的。因此，受到地形特征及学校地理布局的分散性的制约，乡镇初中学生到其他学校交流学习的机会很少；而与之相反，县城初中（一般一个县 2 ～ 3 所初中）全部集中在县城城区，布局非常集中，学校之间学生跨校的交流学习非常方便，因此，县城初中学生到其他学校交流学习的机会要远多于乡镇初中。

表 5.19　与其他学校学生交流学习频率描述性统计（初中）

| | 学校类型 | 样本数 | 均值（次/每学期） | 标准差 | 均值标准误 |
|---|---|---|---|---|---|
| 到其他学校听公开课或讲座 | 乡镇初中 | 1759 | 1.815 | 2.3934 | .0598 |
| | 县城初中 | 1603 | 1.837 | 1.8162 | .0433 |
| 到其他学校参观 | 乡镇初中 | 1759 | .578 | 1.1649 | .0291 |
| | 县城初中 | 1603 | .786 | 1.0651 | .0254 |
| 到其他学校实验 | 乡镇初中 | 1759 | .349 | .9863 | .0246 |
| | 县城初中 | 1603 | .551 | .9647 | .0230 |
| 到其他学校计算机学习 | 乡镇初中 | 1759 | .293 | .7832 | .0196 |
| | 县城初中 | 1603 | .543 | 1.3946 | .0333 |
| 开展兴趣类竞赛 | 乡镇初中 | 1759 | 1.478 | 2.0250 | .0483 |
| | 县城初中 | 1603 | 1.744 | 1.9212 | .0480 |
| 运动会 | 乡镇初中 | 1759 | 1.098 | .9812 | .0234 |
| | 县城初中 | 1603 | 1.338 | .8737 | .0218 |

表 5.20　与其他学校学生交流学习频率均值 T 检验（初中）

| 交流项目 | 方差是否齐性 | F 值 | 显著性 | T 值 | 自由度 | 双侧显著性 | 均值差异 | 标准差差异 | 差异的95%置信区间 下限 | 上限 |
|---|---|---|---|---|---|---|---|---|---|---|
| 听公开课或讲座 | 假设方差齐 | 31.486 | .000 | .307 | 3360 | .759 | .0224 | .0729 | -.1205 | .1653 |
| | 假设方差不齐 | | | .303 | 2977.418 | .762 | .0224 | .0738 | -.1223 | .1671 |
| 到其他学校参观 | 假设方差齐 | 5.447 | .020 | 5.408 | 3360 | .000 | .2080 | .0385 | .1326 | .2834 |
| | 假设方差不齐 | | | 5.386 | 3252.422 | .000 | .2080 | .0386 | .1323 | .2837 |
| 到其他学校实验 | 假设方差齐 | 29.516 | .000 | 5.977 | 3360 | .000 | .2013 | .0337 | .1352 | .2673 |
| | 假设方差不齐 | | | 5.971 | 3316.118 | .000 | .2013 | .0337 | .1352 | .2673 |
| 到其他学校计算机学习 | 假设方差齐 | 40.558 | .000 | 6.333 | 3360 | .000 | .2503 | .0395 | .1728 | .3278 |
| | 假设方差不齐 | | | 6.488 | 2815.419 | .000 | .2503 | .0386 | .1746 | .3259 |
| 开展兴趣类竞赛 | 假设方差齐 | 8.317 | .004 | -3.887 | 3360 | .000 | -.2652 | .0682 | -.3990 | -.1314 |
| | 假设方差不齐 | | | -3.896 | 3354.549 | .000 | -.2652 | .0681 | -.3987 | -.1317 |
| 运动会 | 假设方差齐 | 37.737 | .000 | -7.462 | 3360 | .000 | -.2400 | .0322 | -.3031 | -.1770 |
| | 假设方差不齐 | | | -7.502 | 3358.199 | .000 | -.2400 | .0320 | -.3027 | -.1773 |

3. 学习成绩

学习成绩是衡量教育结果公平的重要指标，我们采用义务教育阶段的三门主课"语文、数学和英语"成绩作为指标评测县域不同类型学校学生成绩的差异。从小学情况来看，教学点、完全小学和中心小学的语文成绩平均值分别为 75.5855 分、78.2766 分和 82.5904 分；数学成绩分别为 75.8575 分、79.3489 分和 81.4460 分；英语成绩分别为 70.2588 分、79.4740 分和 81.8179 分。三科成绩平均值均呈现出教学点低于完全小学、完全小学低于中心小学的特征。从方差分析来看，三类学校在三科成绩平均分方面的组间和组内差异均为显著，这说明教学点、完全小学和中心小学三科成绩的差异是显著的。也就是说，教学点与完全小学、中心小学的学生学习成绩的校际差距很大（见表 5.21 至表 5.23）。该结果也验证了当前西北地区县域义务教育不均衡发展的事实，即教学点大多位于偏远农村和山区，办学条件很差，教师资源短缺，教育质量长期得不到改善，在义务教育均衡发展中处于最差的境地；而完全小学大多是村级小学，地理布局稍微比教学点好一些，但也大多布局分散，而且随着近年来城镇化进程、农村人口外流，学校规模呈现逐年萎缩的趋势，大量完全小学逐渐转型为小规模学校，办学困境日益凸显，教育质量逐年下滑；而在这三类学校中情况最好的是中心学校，这类学校布局在县城、乡镇中心，学校规模较大，属于教育行政部门重点关注、扶持的学校，自然在办学条件、经费和师资方面拥有更多的资源，教学质量要优于教学点和完全小学。

另外，从初中学校来看，乡镇初中和县城初中学生的语文成绩平均值为 80.8559 分和 83.6725 分，数学成绩平均值为 75.9183 分和 79.0024 分；英语成绩平均值为 74.1225 分和 73.3724 分（见表 5.24）。可见，除英语成绩外，乡镇初中学生语文成绩和数学成绩平均分均低于县城初中，其原因在于，目前我国实行的农村教师特岗计划，其目的是增加对农村、乡镇学校的短缺科目教师，其中，英语教师就是最短缺的科目类别之一。所以，在乡镇初中，有相当数量的支教教师是英语教师，他们都是正规师范类英语专业毕业，有比较扎实的专业基础，受过正规的教学训练，因而对于乡镇初中英语教学质量的提升起到了重要作用。而县城初中虽然英语科目教师也能满足教学需要，但由于大多数县城初中班级规模很大，难于管理，给教学质量带来负面影响。所以，从这个层面来说，乡镇初中学生的英语成绩由于大量特岗教师的贡献，会略高于县城初中。从两类学校各科成绩的 T 检验结果来看，乡镇初中和县城初中学生的语文、数学成绩平均值差异是显著的，但英语成绩平均值差异并不显著（见表 5.25）。这说明，虽然之前描述性统计的均值中英语成绩是乡镇初中略高于县城初中，但差异并不显著。总体而言，乡镇初中学生主课成绩还是差于县城初中。

表 5.21  小学学习成绩均值分析

| 科目 | 学校类型 | 样本数 | 均值 | 标准差 | 标准误 | 均值的95%置信区间 | | 最小值 | 最大值 |
|---|---|---|---|---|---|---|---|---|---|
| | | | | | | 下限 | 下限 | | |
| 语文成绩 | 教学点 | 114 | 75.5855 | 12.84527 | 1.20307 | 73.2020 | 77.9690 | 35.00 | 95.00 |
| | 完全小学 | 1640 | 78.2766 | 11.96183 | .29538 | 77.6972 | 78.8559 | 35.00 | 99.50 |
| | 中心小学 | 3095 | 82.5904 | 9.78553 | .17590 | 82.2456 | 82.9353 | 35.00 | 100.00 |
| | 合计 | 4849 | 80.9668 | 10.86941 | .15609 | 80.6607 | 81.2728 | 35.00 | 100.00 |
| 数学成绩 | 教学点 | 114 | 75.8575 | 14.56398 | 1.36404 | 73.1550 | 78.5599 | 23.00 | 100.00 |
| | 完全小学 | 1640 | 79.3489 | 16.54792 | .40862 | 78.5474 | 80.1503 | 22.00 | 106.00 |
| | 中心小学 | 3095 | 81.4460 | 13.98794 | .25143 | 80.9530 | 81.9390 | 15.50 | 100.00 |
| | 合计 | 4849 | 80.6053 | 14.96357 | .21489 | 80.1840 | 81.0266 | 15.50 | 106.00 |
| 英语成绩 | 教学点 | 114 | 70.2588 | 16.07164 | 1.50525 | 67.2766 | 73.2409 | 30.00 | 95.00 |
| | 完全小学 | 1640 | 79.4740 | 14.68633 | .36265 | 78.7627 | 80.1853 | 21.00 | 100.00 |
| | 中心小学 | 3095 | 81.8179 | 13.15557 | .23647 | 81.3542 | 82.2815 | 21.00 | 100.00 |
| | 合计 | 4849 | 80.7534 | 13.90179 | .19964 | 80.3620 | 81.1448 | 21.00 | 100.00 |

表 5.22  小学学习成绩组间方差分析

| 科目 | | 平方和 | 自由度 | 均值平方 | F 值 | 显著性 |
|---|---|---|---|---|---|---|
| 语文成绩 | 组间 | 23329.425 | 2 | 11664.713 | 102.883 | .000 |
| | 组内 | 549432.684 | 4846 | 113.379 | | |
| | 合计 | 572762.109 | 4848 | | | |
| 数学成绩 | 组间 | 7346.144 | 2 | 3673.072 | 16.509 | .000 |
| | 组内 | 1078161.802 | 4846 | 222.485 | | |
| | 合计 | 1085507.946 | 4848 | | | |
| 英语成绩 | 组间 | 18746.937 | 2 | 9373.468 | 49.472 | .000 |
| | 组内 | 918176.656 | 4846 | 189.471 | | |
| | 合计 | 936923.592 | 4848 | | | |

表5.23　小学学习成绩组内方差分析

| 科目 | 学校类型 | 学校类型 | 均值差异 | 标准误 | 显著性 | 均值的95%置信区间 | |
|---|---|---|---|---|---|---|---|
| | | | | | | 下限 | 下限 |
| 语文成绩 | 教学点 | 完全小学 | -2.69106 | 1.23880 | .092 | -5.6871 | .3050 |
| | | 中心小学 | -7.00492* | 1.21586 | .000 | -9.9484 | -4.0614 |
| | 完全小学 | 教学点 | 2.69106 | 1.23880 | .092 | -.3050 | 5.6871 |
| | | 中心小学 | -4.31386* | .34378 | .000 | -5.1352 | -3.4925 |
| | 中心小学 | 教学点 | 7.00492* | 1.21586 | .000 | 4.0614 | 9.9484 |
| | | 完全小学 | 4.31386* | .34378 | .000 | 3.4925 | 5.1352 |
| 数学成绩 | 教学点 | 完全小学 | -3.49140* | 1.42393 | .046 | -6.9328 | -.0500 |
| | | 中心小学 | -5.58852* | 1.38702 | .000 | -8.9452 | -2.2318 |
| | 完全小学 | 教学点 | 3.49140* | 1.42393 | .046 | .0500 | 6.9328 |
| | | 中心小学 | -2.09712* | .47978 | .000 | -3.2434 | -.9509 |
| | 中心小学 | 教学点 | 5.58852* | 1.38702 | .000 | 2.2318 | 8.9452 |
| | | 完全小学 | 2.09712* | .47978 | .000 | .9509 | 3.2434 |
| 英语成绩 | 教学点 | 完全小学 | -9.21522* | 1.54832 | .000 | -12.9600 | -5.4704 |
| | | 中心小学 | -11.55908* | 1.52371 | .000 | -15.2475 | -7.8707 |
| | 完全小学 | 教学点 | 9.21522* | 1.54832 | .000 | 5.4704 | 12.9600 |
| | | 中心小学 | -2.34386* | .43294 | .000 | -3.3782 | -1.3096 |
| | 中心小学 | 教学点 | 11.55908* | 1.52371 | .000 | 7.8707 | 15.2475 |
| | | 完全小学 | 2.34386* | .43294 | .000 | 1.3096 | 3.3782 |

注：*表示均值差异在0.05水平上显著。

表5.24　初中学生学习成绩均值分析

| 科目 | 学校类型 | 样本数 | 均值 | 标准差 | 均值标准差 |
|---|---|---|---|---|---|
| 语文成绩 | 乡镇初中 | 1759 | 80.8559 | 14.67704 | .34995 |
| | 县城初中 | 1603 | 83.6725 | 12.19142 | .30450 |
| 数学成绩 | 乡镇初中 | 1759 | 75.9183 | 23.15010 | .55198 |
| | 县城初中 | 1603 | 79.0024 | 21.77233 | .54380 |
| 英语成绩 | 乡镇初中 | 1759 | 74.1225 | 22.37609 | .53352 |
| | 县城初中 | 1603 | 73.3724 | 21.75453 | .54335 |

表 5.25　初中学生学习成绩均值 T 检验

| 科目 | 方差是否齐性 | F 值 | 显著性 | T 值 | 自由度 | 双侧显著性 | 均值差异 | 标准差差异 | 差异的95%置信区间 | |
|---|---|---|---|---|---|---|---|---|---|---|
| | | | | | | | | | 下限 | 上限 |
| 语文成绩 | 假设方差齐 | 43.051 | .000 | -6.020 | 3360 | .000 | -2.81660 | .46785 | -3.73389 | -1.89930 |
| | 假设方差不齐 | | | -6.072 | 3331.862 | .000 | -2.81660 | .46388 | -3.72612 | -1.90708 |
| 数学成绩 | 假设方差齐 | 1.947 | .163 | -3.969 | 3360 | .000 | -3.08409 | .77706 | -4.60765 | -1.56054 |
| | 假设方差不齐 | | | -3.980 | 3356.661 | .000 | -3.08409 | .77485 | -4.60332 | -1.56487 |
| 英语成绩 | 假设方差齐 | 4.165 | .041 | .984 | 3360 | .325 | .75009 | .76249 | -.74491 | 2.24508 |
| | 假设方差不齐 | | | .985 | 3345.968 | .325 | .75009 | .76150 | -.74296 | 2.24313 |

## （二）县域教育财力资源共享水平及问题分析

以县域教育财力资源共享的三个指标——"生均公用经费、生均预算内教育经费以及与其他学校共同使用经费预算"中，生均公用经费和生均预算内教育经费是体现不同学校的财力资源水平的，也是为教育财力资源共享奠定基础的指标。也就是说，生均公用经费和预算内教育经费较高的学校，更应该联合财政能力较弱的学校共同使用一定数额的经费，从而缓解薄弱学校的财政压力并提高教育质量。从这个逻辑上看，与其他学校共同使用经费预算是最直接体现教育财力资源共享的二级指标。

那么，从本书统计结果来看，对于生均公用经费来说，除太白县外，其他三个县的学校生均公用经费差异系数分别为 0.98、0.82 和 0.87，倍率分别为 8.23、8.09 和 7.92；四县的生均预算内教育经费变异系数分别为 0.76、0.63、0.76 和 0.82，倍率分别为 7.18、5.87、7.90 和 7.26（见表 5.26）。这说明，当前县域内学校间财力资源水平差异仍然较大，这种差异事实上直接反映出当前差异的两端在于偏远农村教学点和县城中心学校，其中教学点的财政能力最弱，有的教学点生均公用经费仅为 30 ~ 60 元不等，而县镇中心学校的经费是按照国家标准拨款为生均 600 元❶。这种差距背后的深层次原因在于，根据现有会计核算体制，多数村小、教学点不单独设报账员，但各村小、教学点所有大型开支，如办公费、差旅费、电费、水费、设备购置费、修缮费、教师培训费、质量教育检测费、对个人和家庭补助支出等全部到中心小学核报。同时，中心学校只给教学点另行安排每学期每生 30 ~ 60 元不等的经费，由村小自主开支（主要用于开展教育教学活动），其发票仍在中心小学列支。尽管从 2014 年起一些县会将村小、教学点账目单列为一个子科目，但仍然没有改变教学点归属中心学校管理的本质。因此，从管理归属上来看，教学点相对中心学校来说处于一种附属地位，在财政经费获取上没有独立性，因而也就失去了主动权，而西北地区很多中心学校在财政经费上也并不宽裕，这就形成一种强弱博弈，强势学校利用管理上的优势对教学点经费形成一种"掠夺"，而弱势的村小、教学点处于被剥夺的角色。所以，这种管理上的障碍根本上导致了县域内学校间财力资源的巨大差异。

表 5.26 教育财力资源共享二级指标变异系数和倍率值

|  | 生均公用经费 | | 生均预算内教育经费 | | 与其他学校共同使用经费预算 | |
|---|---|---|---|---|---|---|
|  | 变异系数 | 倍率 | 变异系数 | 倍率 | 变异系数 | 倍率 |
| 宁强县 | 0.98 | 8.23 | 0.76 | 7.18 | — | — |
| 太白县 | — | | 0.63 | 5.87 | | |
| 康县 | 0.82 | 8.09 | 0.76 | 7.90 | | |
| 隆德县 | 0.87 | 7.92 | 0.82 | 7.26 | | |

而第三个二级指标"与其他学校共同使用经费预算"的统计结果却是空白，从调查实际情况来看，四县县域内学校间还没有形成共同使用经费的机制，学校经费仍然是以每个学校为独立单位进行预算。现实中最多也就是村小、教学点可能会向中心学校借体育器材、实验器具等，但这种"借"的方式并不属于本书所讨论的"财力资源共享"范畴。这说明，当前县域学校间的财力资源共享理念、机制尚未建立，因而也就没有这种实践的发生，这在今

---

❶ 中央财政下达了 2014 年农村义务教育阶段学校公用经费预算。与 2013 年相比，年生均公用经费基准定额提高 40 元，中西部年生均小学达到 600 元、初中达到 800 元，东部小学达到 650 元、初中达到 850 元。所需资金仍由中央财政和地方财政按比例分担，西部地区为 8:2，中部地区为 6:4，东部地区分省确定。具体参见 http://www.moe.edu.cn/publicfiles/business/htmlfiles/moe/s5987/201406/170025.html。

后的教育改革中应该成为决策者关注的问题。

### （三）县域教育物力资源共享水平及问题分析

以"生均专用设备、远程教育设备使用频率和学生到其他学校听课频率"三项指标为例，本书统计结果显示，宁强、太白、康县和隆德四县的生均专用设备变异系数分别为 0.63、0.42、0.69 和 0.78，倍率分别为 4.12、2.24、4.83 和 5.61；远程教育设备使用频率的差异系数分别为 0.83、0.45、0.81 和 0.76，倍率分别为 7.13、3.49、10.01 和 10.82；学生到其他学校听课频率的差异系数分别为 0.66、0.62、0.78 和 0.72，倍率分别为 5.29、5.21、5.83 和 6.03（见表 5.27）。这说明，除太白县之外，宁强、康县和隆德三个县学校间在三项指标上的差异都比较大。其中，生均专用设备的差异表明县域内学校间在办学条件方面差距仍然比较大，在这种情况下，更需要学校间物力资源的共享，如通过远程教育设备共享优质课程、学生跨校听课学习等方式提升县域学校整体教育质量。但是，我们的调查结果却发现，远程教育设备使用频率和学生跨校听课频率的校际差异比较大，除太白县外，其他三个县的差异系数都在 0.6 以上。其中太白县各项差异系数略低的原因在于，该县于 2008 年撤并了所有村级小学，将全县 67 所学校调整到 13 所，即全县办一所高中、一所职业中学、2 所县属小学、2 所初级中学和集中办好 7 所乡镇小学。这种学校布局模式很大程度上缩小了学校间办学条件的差距，因此生均专用设备、远程教育设备使用频率的变异系数较低。但学生跨校听课频率变异系数并没有降低，原因在于虽然撤点并校后实现了一乡一校的布局模式，但作为典型山区县，每个乡镇距离遥远，乡镇中心小学距离最远达 70 公里，所以乡镇小学学生的跨校听课是难以实现的，而县城 2 所县属小学学生的跨校交流就相对容易得多，因而形成较大差异。

**表 5.27　教育物力资源共享二级指标变异系数和倍率值**

| | 生均专用设备 | | 远程教育设备使用频率 | | 学生到其他学校听课频率 | |
|---|---|---|---|---|---|---|
| | 变异系数 | 倍率 | 变异系数 | 倍率 | 变异系数 | 倍率 |
| 宁强县 | 0.63 | 4.12 | 0.83 | 7.13 | 0.66 | 5.29 |
| 太白县 | 0.42 | 2.24 | 0.45 | 3.49 | 0.62 | 5.21 |
| 康县 | 0.69 | 4.83 | 0.81 | 10.01 | 0.78 | 5.83 |
| 隆德县 | 0.78 | 5.61 | 0.76 | 10.82 | 0.72 | 6.03 |

**（四）县域教育人力资源共享水平及问题分析**

1. 变异系数结果

首先，从变异系数结果来看，我们以"远程听课频率、与其他学校教师交流学习频率、到其他学校讲课频率"三项指标为例，发现四县各学校远程听课频率的变异系数分别为 0.59、0.34、0.67 和 0.62，倍率分别为 6.37、4.29、8.21 和 7.02；与其他学校教师交流学习频率的变异系数分别为 0.71、0.42、0.89 和 0.76，倍率分别为 6.19、6.01、9.22 和 8.26；到其他学校讲课频率的变异系数分别为 0.58、0.33、0.67 和 0.52，倍率分别为 5.20、3.19、7.22 和 5.68（见表 5.28）。上述数据结果说明，三项指标中，除太白县的变异系数和倍率略小外，其他三县的变异系数和倍率值均较大，反映出县域内学校间通过远程教育进行教师资源共享以及教师交流的频率差异均比较大，太白县各指标变异系数和倍率值略低的原因与前述相同，即该县于 2008 年撤销了所有村小和教学点，实行一乡一校的教育布局规划。也就是说，全县办一所高中、一所职业中学、2 所县属小学、2 所初级中学和集中办好 7 所乡镇小学。这种学校布局规划一定程度上促进了教育资源的集中和优化配置，县城学校和乡镇学校在办学条件、师资配置上的差距要低于其他县。因此，太白县教师资源共享方面的差异略小。

表 5.28 教育人力资源共享二级指标变异系数和倍率值

|  | 远程听课频率 | | 与其他学校教师交流学习频率 | | 到其他学校讲课频率 | |
|---|---|---|---|---|---|---|
|  | 变异系数 | 倍率 | 变异系数 | 倍率 | 变异系数 | 倍率 |
| 宁强县 | 0.59 | 6.37 | 0.71 | 6.19 | 0.58 | 5.20 |
| 太白县 | 0.34 | 4.29 | 0.42 | 6.01 | 0.33 | 3.19 |
| 康县 | 0.67 | 8.21 | 0.89 | 9.22 | 0.67 | 7.22 |
| 隆德县 | 0.62 | 7.02 | 0.76 | 8.26 | 0.52 | 5.68 |

2. 集体备课次数

从教师集体备课情况来看，四县小学各类学校——教学点、完全小学和中心小学教师每学期参加跨校集体备课次数均值分别为 1.700 次、2.982 次、3.905 次，组间方差 F 值为 8.185，差异极其显著，组内方差结果也呈现显著性（见表5.29至表5.31）。此外，乡镇初中和县城初中教师每学期参加跨校集体备课的次数平均值分别为2.73次和3.68次，T检验结果呈现显著性（sig值为0.002）（见表5.32和表5.33）。上述结果表明，无论是小学还是初中，四县学校教师每学期参加跨校集体备课的次数都呈现出显著性差异。

其中，对于小学来说，仍然是教学点教师参加集体备课次数最少，完全小学次之，中心小学教师参加次数最多，其原因在于教学点地处偏远农村和山区，教师资源十分短缺，教师如果到其他学校参加集体备课，就要承担较高的交通、时间成本，也会导致教学点无人代课，耽误正常教学进度，所以，基于地理位置偏僻和教学点师资困境的现实，教学点教师参加跨校集体备课的机会要远少于完全小学和中心小学。对于多数完全小学来说，这类学校教师参加跨校集体备课次数与中心学校也呈现显著差异，其原因也与教学点类似，多数完全小学布局在稍大一点的行政村，而且近年来生源逐渐萎缩，很多完全小学也转变为小规模学校，这类学校在办学条件、师资方面要好于教学点，但相比于县镇中心小学，仍存在巨大差距。21世纪教育研究院的调查指出："至2012年'撤点并校'被叫停之时，全国还留存了155008所乡村小学和62544个教学点。[❶]"而这类学校在办学经费、教师工资、师资水平等方面均存在较大困境，与县镇中心小学差距巨大。另外，对于初中学校来说，乡镇初中和县城初中由于地理位置、办学条件的差异，学校参与跨校集体备课也存在较大差异。

**表5.29　小学教师跨校集体备课次数均值分析**

| 学校类型 | 样本数 | 均值（次/学期） | 标准差 | 标准误 | 95%置信区间 | | 最小值 | 最大值 |
|---|---|---|---|---|---|---|---|---|
| | | | | | 下限 | 上限 | | |
| 教学点 | 25 | 1.700 | 1.3070 | .2614 | 1.160 | 2.240 | .0 | 6.0 |
| 完全小学 | 225 | 2.982 | 2.8582 | .1905 | 2.607 | 3.358 | .0 | 20.0 |
| 中心小学 | 252 | 3.905 | 3.7236 | .2346 | 3.443 | 4.367 | .0 | 30.0 |
| 合计 | 502 | 3.381 | 3.3213 | .1482 | 3.090 | 3.673 | .0 | 30.0 |

---

❶ 人民网. 乡村教育的喜与忧 [N]. 2013.12.19，http：//edu. people. com. cn/n/2013/1219/c1053－23881888－2. html.

**表 5.30　小学教师跨校集体备课次数均值组间方差分析**

|  | 平方和 | 自由度 | 均值平方 | F 值 | 显著性 |
|---|---|---|---|---|---|
| 组间 | 175.555 | 2 | 87.777 | 8.185 | .000 |
| 组内 | 5351.143 | 499 | 10.724 |  |  |
| 合计 | 5526.698 | 501 |  |  |  |

**表 5.31　小学教师跨校集体备课次数均值组内方差分析**

| 学校类型 | 学校类型 | 均值差异 | 标准误 | 显著性 | 95% 置信区间 | |
|---|---|---|---|---|---|---|
|  |  |  |  |  | 下限 | 上限 |
| 教学点 | 完全小学 | −1.2822* | .3235 | .001 | −2.078 | −.486 |
|  | 中心小学 | −2.2048* | .3512 | .000 | −3.062 | −1.347 |
| 完全小学 | 教学点 | 1.2822* | .3235 | .001 | .486 | 2.078 |
|  | 中心小学 | −.9225* | .3022 | .007 | −1.647 | −.198 |
| 中心小学 | 教学点 | 2.2048* | .3512 | .000 | 1.347 | 3.062 |
|  | 完全小学 | .9225* | .3022 | .007 | .198 | 1.647 |

注：* 表示均值差异在 0.05 水平上显著。

**表 5.32　初中教师跨校集体备课次数均值分析**

| 学校类型 | 样本数 | 均值 | 标准差 | 均值标准差 |
|---|---|---|---|---|
| 乡镇初中 | 241 | 2.728 | 2.6260 | .1692 |
| 县城初中 | 237 | 3.681 | 3.8492 | .2500 |

**表 5.33　初中教师跨校集体备课次数均值 T 检验**

| 方差是否齐性 | F 值 | 显著性 | T 值 | 自由度 | 双侧显著性 | 均值差异 | 标准差差异 | 差异的95%置信区间 | |
|---|---|---|---|---|---|---|---|---|---|
|  |  |  |  |  |  |  |  | 下限 | 上限 |
| 假设方差齐 | 17.593 | .000 | −3.167 | 476 | .002 | −.9532 | .3010 | −1.5446 | −.3619 |
| 假设方差不齐 |  |  | −3.158 | 415.810 | .002 | −.9532 | .3019 | −1.5466 | −.3598 |

**3. 跨校讲课频率**

从"跨校讲课频率"来看，小学学校中的教学点、完全小学和中心小学教师每学期跨校讲课频率的平均值分别为 1.00 次、1.05 次和 1.97 次，组间方差分析 F 值为 31.752，sig 值为 0.000，表明三类学校的均值呈现显著性差异。组内方差分析结果显示，教学点和完全小学之间差异不显著，教学点和中心小学、完全小学和中心小学之间的差异是极其显著的（见表 5.34 至表 5.36）。另外，从初中学校来看，乡镇初中和县城初中学校教师每学期跨校讲课次数的平均值分别为 1.15 次和 3.08 次，T 检验结果差异极其显著（见表 5.37 和表 5.38）。可见，教师跨校讲课频率的显著差异主要体现在小学教学点与中心小学、完全小学与中心小学以及乡镇初中和县城初中几类学校中，其原因仍然在于学校地理布局和办学条件等。

表 5.34　小学教师每学期跨校讲课频率均值分析

| 学校类型 | 样本数 | 均值（次/学期） | 标准差 | 标准误 | 95% 置信区间 | | 最小值 | 最大值 |
|---|---|---|---|---|---|---|---|---|
| | | | | | 下限 | 上限 | | |
| 教学点 | 25 | 1.000 | .8660 | .1732 | .643 | 1.357 | .0 | 3.0 |
| 完全小学 | 225 | 1.051 | .5617 | .0374 | .977 | 1.125 | .0 | 5.0 |
| 中心小学 | 252 | 1.966 | 1.7251 | .1087 | 1.752 | 2.180 | .0 | 9.0 |
| 合计 | 502 | 1.508 | 1.3712 | .0612 | 1.388 | 1.628 | .0 | 9.0 |

表 5.35　小学教师每学期跨校讲课频率均值组间方差分析

| | 平方和 | 自由度 | 均值平方 | F 值 | 显著性 |
|---|---|---|---|---|---|
| 组间 | 106.343 | 2 | 53.171 | 31.752 | .000 |
| 组内 | 835.626 | 499 | 1.675 | | |
| 合计 | 941.968 | 501 | | | |

表 5.36　小学教师每学期跨校讲课频率均值组内方差分析

| 学校类型 | 学校类型 | 均值差异 | 标准误 | 显著性 | 95% 置信区间 | |
|---|---|---|---|---|---|---|
| | | | | | 下限 | 上限 |
| 教学点 | 完全小学 | -.0511 | .1772 | .988 | -.502 | .399 |
| | 中心小学 | -.9663* | .2045 | .000 | -1.472 | -.460 |
| 完全小学 | 教学点 | .0511 | .1772 | .988 | -.399 | .502 |
| | 中心小学 | -.9152* | .1149 | .000 | -1.191 | -.639 |
| 中心小学 | 教学点 | .9663* | .2045 | .000 | .460 | 1.472 |
| | 完全小学 | .9152* | .1149 | .000 | .639 | 1.191 |

注：* 表示均值差异在 0.05 水平上显著。

表5.37 初中教师每学期跨校讲课频率均值分析

| 学校类型 | 样本数 | 均值 | 标准差 | 均值标准差 |
|---|---|---|---|---|
| 乡镇初中 | 241 | 1.149 | .8627 | .0556 |
| 县城初中 | 237 | 3.076 | 3.2198 | .2091 |

表5.38 初中教师每学期跨校讲课频率均值 T 检验分析

| 方差是否齐性 | F 值 | 显著性 | T 值 | 自由度 | 双侧显著性 | 均值差异 | 标准差差异 | 差异的95%置信区间 下限 | 上限 |
|---|---|---|---|---|---|---|---|---|---|
| 假设方差齐 | 374.730 | .000 | -8.968 | 476 | .000 | -1.9266 | .2148 | -2.3487 | -1.5044 |
| 假设方差不齐 | | | -8.903 | 269.180 | .000 | -1.9266 | .2164 | -2.3526 | -1.5005 |

### 4. 跨校听取优质课频率

在"跨校听取优质课频率"这一指标上，小学教学点、完全小学和中心小学教师每学期跨校听取优质课的频率分别为2.50次、4.19次和6.29次，组间方差分析 F 值为22.448，sig 值为0.000，说明差异极其显著；从组内方差分析结果可以看出，教学点和完全小学之间差异的 sig 值为0.132，教学点和中心学校、完全小学和中心小学之间差异的 sig 值均为0.000。这说明，教学点和完全小学之间差异并不显著，而显著差异主要体现在教学点和中心小学、完全小学和中心小学之间（见表5.39至表5.41）。另外，从初中学校来看，乡镇初中和县城初中教师每学期跨校听取优质课的频率均值分别为4.20次和5.61次，T 检验结果的 T 值为 -3.618，sig 值为0.000，说明两类初中的教师跨校听取优质课频率差异是极其显著的（见表5.42和表5.43）。可见，小学教学点与中心小学、完全小学与中心小学以及乡镇初中和县城初中教师跨校听取优质课频率的差异呈现显著性，这同时反映出县域教师资源共享水平的校际差异是存在的。

表5.39 小学教师跨校听取优质课频率均值描述分析

| 学校类型 | 样本数 | 均值（次/学期） | 标准差 | 标准误 | 95%置信区间 下限 | 上限 | 最小值 | 最大值 |
|---|---|---|---|---|---|---|---|---|
| 教学点 | 25 | 2.500 | 1.0607 | .2121 | 2.062 | 2.938 | 1.0 | 6.0 |
| 完全小学 | 225 | 4.191 | 3.6735 | .2449 | 3.709 | 4.674 | 1.0 | 20.0 |
| 中心小学 | 252 | 6.290 | 4.3905 | .2766 | 5.745 | 6.834 | 1.0 | 20.0 |
| 合计 | 502 | 5.160 | 4.1426 | .1849 | 4.797 | 5.524 | 1.0 | 20.0 |

表 5.40　小学教师跨校听取优质课频率均值组间方差分析

|  | 平方和 | 自由度 | 均值平方 | F 值 | 显著性 |
|---|---|---|---|---|---|
| 组间 | 709.706 | 2 | 354.853 | 22.448 | .000 |
| 组内 | 7888.135 | 499 | 15.808 |  |  |
| 合计 | 8597.841 | 501 |  |  |  |

表 5.41　小学教师跨校听取优质课频率均值组内方差分析

| 学校类型 | 学校类型 | 均值差异 | 标准误 | 显著性 | 95% 置信区间 | |
|---|---|---|---|---|---|---|
|  |  |  |  |  | 下限 | 上限 |
| 教学点 | 完全小学 | −1.6911 | .8382 | .132 | −3.749 | .367 |
|  | 中心小学 | −3.7897 * | .8337 | .000 | −5.836 | −1.743 |
| 完全小学 | 教学点 | 1.6911 | .8382 | .132 | −.367 | 3.749 |
|  | 中心小学 | −2.0986 * | .3647 | .000 | −2.994 | −1.203 |
| 中心小学 | 教学点 | 3.7897 * | .8337 | .000 | 1.743 | 5.836 |
|  | 完全小学 | 2.0986 * | .3647 | .000 | 1.203 | 2.994 |

注：* 表示均值差异在 0.05 水平上显著。

表 5.42　初中教师跨校听取优质课频率均值

| 学校类型 | 样本数 | 均值 | 标准差 | 均值标准差 |
|---|---|---|---|---|
| 乡镇初中 | 241 | 4.197 | 3.5358 | .2278 |
| 县城初中 | 237 | 5.605 | 4.8590 | .3156 |

表 5.43　初中教师跨校听取优质课频率均值 T 检验

| 方差是否齐性 | F 值 | 显著性 | T 值 | 自由度 | 双侧显著性 | 均值差异 | 标准差差异 | 差异的 95% 置信区间 | |
|---|---|---|---|---|---|---|---|---|---|
|  |  |  |  |  |  |  |  | 下限 | 上限 |
| 假设方差齐 | 18.513 | .000 | −3.628 | 476 | .000 | −1.4084 | .3882 | −2.1712 | −.6456 |
| 假设方差不齐 |  |  | −3.618 | 430.886 | .000 | −1.4084 | .3892 | −2.1734 | −.6434 |

5. 远程听课频率

在远程听课频率指标方面，小学教学点、完全小学和中心小学教师每学期通过远程教育技术听取公开课的频率分别为 1.72 次、4.32 次和 7.13 次，组间方差 F 值为 12.714，sig 值为 0.000，呈现极其显著性；从组内方差来看，教学点和完全小学平均值相差 2.60 次，sig 值为 0.235，差异不显著；教学点和中心小学均值相差 5.41 次，sig 值为 0.002，差异极其显著；完全小学和中心小学均值相差 2.81 次，sig 值为 0.000，差异极其显著（见表 5.44 到表 5.46）。这说明，三类小学间教师远程听课频率的显著差异主要在于教学点和中心小学以及完全小学和中心小学的差异上。此外，从初中学校来看，乡镇初中和县城初中教师每学期通过远程教育技术听取优质课的频率均值为 4.59 次和 7.08 次，T 检验结果 T 值为 -3.629，sig 值为 0.000，差异极其显著（见表 5.47 和表 5.48）。这表明，乡镇初中和县城初中教师远程听课频率均值差异十分显著。因此，无论是小学还是初中，不同类型学校间教师远程听课频率差异的显著性都是存在的，这也反映出当前县域不同类型学校的办学条件水平的巨大差异。也就是说，之所以教学点和村级完全小学教师远程听课次数少，其主要原因在于这两类学校的远程教育设备实际上是十分短缺的，据本课题组调查，多数村小和教学点要么没有配置电脑、电子白板等远程设备，要么仅有的 1～2 台电脑也因为损坏而闲置，或者有的学校有电脑、视频设备，但由于经费短缺而无法承担电费，因而将远程设备闲置。诸多问题都导致这类学校远程设备利用率很低，因而教师很少通过远程设备听取优质课，也就无法实现教师资源共享。另外，乡镇初中和县城初中教师远程听取公开课的差异显著性原因主要在于乡镇初中教师资源短缺，教学任务繁重，既要承担繁重的教学工作，还有很多教师承担寄宿生管理、晚自习辅导等工作，在时间上很难保证远程听课次数，学校在教师发展方面也没有将这类工作作为重点。

**表 5.44　小学教师远程听课频率均值**

| 学校类型 | 样本数 | 均值（次/学期） | 标准差 | 标准误 | 95% 置信区间 | | 最小值 | 最大值 |
|---|---|---|---|---|---|---|---|---|
| | | | | | 下限 | 上限 | | |
| 教学点 | 25 | 1.720 | 1.1188 | .2238 | 1.258 | 2.182 | .0 | 5.5 |
| 完全小学 | 225 | 4.322 | 4.2680 | .2845 | 3.762 | 4.883 | .0 | 30.0 |
| 中心小学 | 252 | 7.131 | 9.3779 | .5908 | 5.967 | 8.294 | .0 | 110.0 |
| 合计 | 502 | 5.603 | 7.4113 | .3308 | 4.953 | 6.252 | .0 | 110.0 |

**表 5.45　小学教师远程听课频率组间方差分析**

| | 平方和 | 自由度 | 均值平方 | F 值 | 显著性 |
|---|---|---|---|---|---|
| 组间 | 1334.359 | 2 | 667.180 | 12.714 | .000 |
| 组内 | 26184.607 | 499 | 52.474 | | |
| 合计 | 27518.967 | 501 | | | |

**表 5.46 小学教师远程听课频率组内方差分析**

| 学校类型 | 学校类型 | 均值差异 | 标准误 | 显著性 | 95%置信区间 | |
|---|---|---|---|---|---|---|
| | | | | | 下限 | 上限 |
| 教学点 | 完全小学 | −2.60 | 1.5271 | .235 | −6.352 | 1.147 |
| | 中心小学 | −5.41* | 1.5189 | .002 | −9.140 | −1.682 |
| 完全小学 | 教学点 | 2.60 | 1.5271 | .235 | −1.147 | 6.352 |
| | 中心小学 | −2.81* | .6644 | .000 | −4.440 | −1.178 |
| 中心小学 | 教学点 | 5.4110* | 1.5189 | .002 | 1.682 | 9.140 |
| | 完全小学 | 2.8087* | .6644 | .000 | 1.178 | 4.440 |

注：* 表示均值差异在 0.05 水平上显著。

**表 5.47 初中教师远程听课频率均值**

| 学校类型 | 样本数 | 均值 | 标准差 | 均值标准差 |
|---|---|---|---|---|
| 乡镇初中 | 241 | 4.585 | 5.4928 | .3538 |
| 县城初中 | 237 | 7.078 | 9.0663 | .5889 |

**表 5.48 初中教师远程听课频率均值 T 检验**

| 方差是否齐性 | F 值 | 显著性 | T 值 | 自由度 | 双侧显著性 | 均值差异 | 标准差差异 | 差异的95%置信区间 | |
|---|---|---|---|---|---|---|---|---|---|
| | | | | | | | | 下限 | 上限 |
| 假设方差齐 | 11.128 | .001 | −3.643 | 476 | .000 | −2.4930 | .6844 | −3.8378 | −1.1482 |
| 假设方差不齐 | | | −3.629 | 387.477 | .000 | −2.4930 | .6870 | −3.8438 | −1.1422 |

#### 6. 跨校教学经验座谈

对于跨校教学经验座谈指标，小学教学点、完全小学和中心小学教师每学期参加跨校教学经验座谈次数均值分别为 0.600 次、1.362 次和 2.692 次，组间方差分析 F 值为 62.329，sig 值为 0.000，差异极其显著；从组内方差来看，教学点与完全小学、完全小学与中心小学、教学点与中心小学之间的方差分析 sig 值均为 0.000（见表 5.49 至表 5.51）。这说明，三类学校每两类学校校际间教师跨校参加教学经验座谈次数的均值差异都是极其显著的。另外，从初中学校来看，乡镇初中和县城初中教师样本群体每学期参加跨校教学经验座谈的次数均值分别为 1.60 次和 2.88 次，T 检验结果 T 值为 −9.594，sig 值为 0.000，表明两类学校的差异极其显著（见表 5.52 和表 5.53）。因此，无论是小学还是初中，校际间教师参与跨校教学经验座谈次数的均值差异都是极其显著的，其中教学点、村级完全小学的教师参加座谈会的机会最少。乡镇初中教师比县城初中教师机会少，这表明，越是偏远薄弱学校，其教师参与跨校交流次数越少，这对于专业知识基础本来就较差的乡村教师来说，更是减少了他们教学技能提升的机会，阻碍其教学效果的提升。

**表 5.49　小学教师参加跨校教学经验座谈频率均值分析**

| 学校类型 | 样本数 | 均值（次/学期） | 标准差 | 标准误 | 95% 置信区间 | | 最小值 | 最大值 |
| --- | --- | --- | --- | --- | --- | --- | --- | --- |
| | | | | | 下限 | 上限 | | |
| 教学点 | 25 | .600 | .5774 | .1155 | .362 | .838 | .0 | 2.0 |
| 完全小学 | 222 | 1.360 | .6614 | .0444 | 1.273 | 1.448 | .0 | 5.0 |
| 中心小学 | 255 | 2.692 | 1.9279 | .1207 | 2.454 | 2.930 | .0 | 18.0 |
| 合计 | 502 | 1.999 | 1.6175 | .0722 | 1.857 | 2.141 | .0 | 18.0 |

**表 5.50　小学教师参加跨校教学经验座谈频率均值组间方差分析**

| | 平方和 | 自由度 | 均值平方 | F 值 | 显著性 |
| --- | --- | --- | --- | --- | --- |
| 组间 | 261.994 | 2 | 130.997 | 62.329 | .000 |
| 组内 | 1048.755 | 499 | 2.102 | | |
| 合计 | 1310.750 | 501 | | | |

**表 5.51　小学教师参加跨校教学经验座谈频率均值组内方差分析**

| 学校类型 | 学校类型 | 均值差异 | 标准误 | 显著性 | 95% 置信区间 | |
| --- | --- | --- | --- | --- | --- | --- |
| | | | | | 下限 | 上限 |
| 教学点 | 完全小学 | -.7604 * | .1237 | .000 | -1.072 | -.449 |
| | 中心小学 | -2.0922 * | .1671 | .000 | -2.498 | -1.686 |
| 完全小学 | 教学点 | .7604 * | .1237 | .000 | .449 | 1.072 |
| | 中心小学 | -1.3318 * | .1286 | .000 | -1.640 | -1.023 |
| 中心小学 | 教学点 | 2.0922 * | .1671 | .000 | 1.686 | 2.498 |
| | 完全小学 | 1.3318 * | .1286 | .000 | 1.023 | 1.640 |

注：* 表示均值差异在 0.05 水平上显著。

表 5.52　初中教师参加跨校教学经验座谈频率均值分析

| 学校类型 | 样本数 | 均值 | 标准差 | 均值标准差 |
|---|---|---|---|---|
| 乡镇初中 | 241 | 1.598 | 1.1893 | .0766 |
| 县城初中 | 237 | 2.878 | 1.6817 | .1092 |

表 5.53　初中教师参加跨校教学经验座谈频率均值 T 检验分析

| 方差是否齐性 | F 值 | 显著性 | T 值 | 自由度 | 双侧显著性 | 均值差异 | 标准差差异 | 差异的 95% 置信区间 | |
|---|---|---|---|---|---|---|---|---|---|
| | | | | | | | | 下限 | 上限 |
| 假设方差齐 | 95.491 | .000 | −9.621 | 476 | .000 | −1.2801 | .1331 | −1.5416 | −1.0187 |
| 假设方差不齐 | | | −9.594 | 424.300 | .000 | −1.2801 | .1334 | −1.5424 | −1.0179 |

# 第六章 县域义务教育资源共享存在问题的原因探究

## 一、二元经济背景下的二元教育制度是教育资源共享存在问题的制度性根源

二元经济的概念源于伯克对印度尼西亚社会经济的研究，而对二元经济内涵的全面分析和描述则是从美国经济学家威廉·阿瑟·刘易斯开始的，他的《劳动力无限供给下的经济发展》一文全面分析了发展中国家所存在的二元经济的内涵，认为不发达经济包含非资本主义部门（尤其是农业和农村）和资本主义部门（现代工业和城市为代表）。在最低生存费的"传统工资率"水平下，农业部门存在着隐蔽性失业，农业的边际生产力几乎为零，即农业劳动力无限供给；城市工业部门的资本积累能够吸收农业剩余劳动力，劳动力由农村向城市流动。城市工业部门的工资比农业部门稍高，两部门的工资差异诱使农业剩余人口向城市工业部门转移，这个过程将一直持续到农业剩余劳动力被吸收完为止。刘易斯针对二元经济理论的观点得到了广泛肯定，但为人们所诟病的是他对劳动力无限供给的假定以及对农业部门发展重要性的忽视。

在刘易斯之后，经过拉尼斯、费景汉等经济学家的进一步阐述和补充，形成了较为完善的古典模型体系。该模型提出不发达经济既存在着大量落后的传统乡村农业和手工业，也出现了一定数量的相对先进的现代城市工业，也就是"二元经济结构"。处于乡村的农业和手工业属于前资本主义范畴，人口众多，生产力水平较低。新兴城市工业则正好相反，他们已经融入资本主义生产方式之中，技术先进且现代化，生产力水平较高，因而有较多的剩余，这些剩余表现为资本家的利润并成为资本积累的源泉；同时，工人的工资水平高于农民的收入水平。实际上，该模型是直接脱胎于刘易斯模型的，其贡献在于：它们给

予了农业部门在经济发展中的合理地位，并比较透彻地分析了农业部门是如何决定和影响工业部门的扩张和劳动力转移的。

那么，对于我国来说，也具有许多发展中国家经济发展、劳动力迁移时期的二元特性。我国也存在着以农村传统农业为代表的传统部门和以城市现代工业为代表的现代部门两大经济形态，其中，传统部门的人口占总人口的大多数，生产方式落后，工资由能够维持最低生存费用的分享性制度工资决定，存在大量的隐性失业；以城市工业为代表的现代部门，人口占少数，以商业利润最大化原则组织经济活动，生产效率高、工资率高，工资由劳动力市场供求决定。这种二元经济体现出了与其他发展中国家一样的特性。

同时，我国二元经济结构也具有自身特殊的历史和政策背景，主要体现在我国经济体制和户籍制度方面。中国经济在改革开放之前实行的是公有制和计划经济，实施控制城市人口、限制城乡人口流动等制度，经济发展将重工业摆在优先的位置，且重工业发展的资金来源于农业，农民承受了沉重的负担。在计划经济体制下，全国各地的农村尽管存在着自然、人口、环境、资源、风俗习惯、历史传统等多方面的差异，但由于高度集权的体制，农村社会关系模式受到了强行政的整合，形成了均值同构的农村社会结构。单一的集体所有制产权结构和农业产业结构，把农民固定在土地上，不能自主进行生产，更不能流动就业，农民在集体经济组织中共同劳动、共同生活，生活消费品按工分配，收入水平低，收入差距很小。农村集体化和城乡不同的户籍制度，把城市和农村分割成两个截然不同的社会：一个是传统农业社会，另一个是城市工业社会，这种格局使城乡收入差距逐渐扩大。

另外，我国近年来快速发展的城镇化进程也进一步加剧了城乡二元经济差异。依照发展经济学理论，城镇化本应成为引导农村剩余劳动力有序转移、促使农民市民化、缩小城乡差距的有效路径。但是在我国及相应时期的其他发展中国家，却出现了城镇化速度过快、城乡差异进一步拉大的问题。如保罗·贝罗赫的研究表明：20世纪50年代发展中国家的超城市化率为70%，20世纪60年代为85%，而到了20世纪70年代，则上升为100%❶。因而，城市化的超前发展成为发展中国家的显著特征，这带来了一系列问题，包括极具膨胀的

---

❶ [瑞士] 保罗·贝罗赫. 1900 年以来第三世界的经济发展 [M]. 上海译文出版社，1979：398.

城市人口、严重的失业与贫困问题、日益对立的乡—城关系以及环境污染等。同样，我国 21 世纪初期也出现了城镇化速度过快问题。如"九五"期间，我国有三年的城镇化率每年增加 1.7 个百分点，"十五"期间年均增长 1.4%。"十一五"以来城镇化速度仍然居高不下，年均增长 1.3 个百分点，即每年城镇新增人口在 1800 万人以上。2012 年我国城镇化率达到 52.6%，但是，实际的人口城镇化率只有 35%。全国 2.6 亿农民工没有市民化，他们的居住、生活条件很差。现实中，我国中小城市发展缓慢，部分中小城市衰落，农村空心化严重。农民工大多居住在城市边缘地区的"城中村"、简易房或地下室等，居住环境简陋恶劣。如南京、杭州，外来人口或农民工有 45% 的人住在城市郊区低矮阴暗的工棚或简易房内。因此，我国快速发展的城镇化并没有有效推进城乡一体化，而事实上却导致农民与城市人两类群体，其经济社会地位呈现显著差异，农村与城市隔离，农村生产方式落后、经济发展滞后，与城市地区的经济发展仍存在巨大差距，城乡二元经济社会结构并未实质性改变。

因此，在我国长期以来形成的城乡二元经济社会结构的背景下，教育作为经济社会大系统中的一个子系统，必然受到直接影响。与整个经济和社会的二元制度相适应，中国的教育制度也是一种二元教育制度。从义务教育来看，城乡二元教育制度最主要源于与二元经济结构相适应的义务教育财政管理制度。如《中华人民共和国义务教育法》（1986）第七条规定：义务教育实行国务院领导，省、自治区、直辖市人民政府统筹规划实施，县级人民政府为主管理的体制。《义务教育法实施细则》第三十条规定：实施义务教育各类学校的新建、改建、扩建应当列入城乡建设总体规划，并与居住人口和义务教育实施规划相协调。实施义务教育的学校新建、改建、扩建所需的资金，在城镇由当地人民政府负责列入基本建设投资计划，或者通过其他渠道筹措；在农村由乡、村负责筹措，县级人民政府对有困难的乡、村可酌情予以补助。可见，在 20 世纪七八十年代，我国义务教育办学的建设资金筹措体现出了一种二元性，即城市及县级的城镇地区学校由国家财政投资，而农村义务教育学校建设资金则由乡、村一级政府负担，县级财政只是酌情补助。但在当时乡级财政十分薄弱的情况下，只能向下推卸责任，最后落在农民头上，依靠农民支付的教育费附加和教育集资维持乡村学校运转。这项立法虽然很大程度上调动了地方政府的积极性，但在实际运用中却加剧、固化了长久以来的义务教育城乡差距，形成了"城市教育国家办、农村教育农民办"的二元教育制度。

为克服这种城乡二元教育制度带来的负面影响，我国政府做出了诸多努力。如2001年国务院出台《关于基础教育改革与发展的决定》，提出"农村义务教育实行'在国务院领导下，由地方政府负责、分级管理、以县为主'的体制。县级人民政府对农村义务教育负有主要责任，省、地（市）、乡等地方各级人民政府承担相应责任，中央政府给予必要的支持"。该决定的关键点在于提出了"以县为主"的义务教育管理体制，这就从本质上改变了原来农村教育办学依靠乡、村、村民的模式，也在很大程度上能够缓解城乡义务教育之间的差距。之后，2006年《中华人民共和国新义务教育法》出台，其中第四十二条提出："国务院和地方各级人民政府将义务教育经费纳入财政预算，按照教职工编制标准、工资标准和学校建设标准、学生人均公用经费标准等，及时足额拨付义务教育经费，确保学校的正常运转和校舍安全，确保教职工工资按照规定发放。❶"可见，新义务教育法进一步明确了国家及各级政府对义务教育的财政责任，有助于推进城乡教育一体化。

但是，不管是《关于基础教育改革与发展的决定》，还是新义务教育法，都没有改变我国义务教育财政管理重心过低的事实。也就是说，保障义务教育均衡发展的公共财政制度不完善，各级政府缺乏实现城乡之间、地区之间义务教育均衡发展的有效机制，是导致我国义务教育非均衡发展的一大制度缺陷。在实际中，自20世纪90年代中期以来，义务教育的投入一直以地方为主，尤其以财政力量最为薄弱的县（以及县以下）政府投入为主。由于我国县域之间、城乡之间经济、社会发展的不平衡，这一管理体制直接复制了这种不平衡性，导致了义务教育在省区之间、城乡之间发展的不均衡。

因此，从我国义务教育管理制度的演变来看，义务教育城乡二元制度是阻碍义务教育城乡均衡的重要障碍。20世纪七八十年代，我国农村义务教育依赖薄弱的乡、村一级政府，依赖农村人口支付的教育费附加、教育集资等办学，导致义务教育形成了城市中心主义、农村义务教育边缘化的二元格局。而且，这种二元制度形成了长期的路径依赖，直到2001年我国实行以县为主的

---

❶ 中华人民共和国教育部网站. 中华人民共和国义务教育法 [N]. 2006 – 6 – 29，http：//www. moe. edu. cn/publicfiles/business/htmlfiles/moe/moe_ 619/200606/15687. html.

义务教育财政管理体制，使得义务教育管理重心上移，但国家、省级政府承担义务教育经费投入的比例仍然偏低，且未从根本上解决农村义务教育财政短缺困境，导致城乡义务教育的二元结构依然存在。

总之，与城乡二元经济结构和社会结构相对应，教育在城乡间也形成了二元结构。城乡教育二元结构的主要结果和外在表现是城乡存在的巨大教育差距，城市成为优质教育资源的集聚地，城乡学校在办学条件、师资水平、教育质量等方面差距显著，对此，已经有很多学者进行过描述和分析。教育差距使城乡居民法定的、平等的受教育权不能得到保障，造成了人的发展的差距和社会发展的差距。城乡教育二元结构反映、复制和强化了城乡差距。

因此，在城乡二元教育制度的背景下，县镇学校凭借优质教育资源不断吸引着农村生源涌入，而农村学校规模日益萎缩，形成大量的小规模学校和教学点，教育资源配置严重不足，办学质量难以保障。义务教育"城挤－乡弱"的局面可以说是我国长期以来二元教育制度的产物。而且，随着近年来城镇化进程加快，很多县域甚至靠县镇中心学校的优质资源拉动城镇化，而农村薄弱学校便成为"被遗忘"的角落。很多地方政府在配置教育资源的过程中一味追求教育效率，认为县镇大规模学校能够彰显规模优势，能够集中教育资源从而最大程度上提高教育效益。本质上说，很多地方政府秉持的是一种狭隘的教育均衡观念，他们认为大多数县镇中心学校教育资源配置好了，实际上就达到了基本均衡，这种观念实际上是忽略了义务教育最重要的载体——农村小规模学校和教学点。在这种背景下，很多县级政府将教育资源向县镇中心学校倾斜，而忽略农村小规模学校和教学点的建设，小规模学校与县镇学校间的教育资源共享也便无从谈起，这种"二元分割"式的以县镇大规模学校为主导的教育均衡发展模式实际上就是教育资源共享难以在实践中推行的根源。

## 二、农村义务教育财政管理体制是教育资源共享模式难以落实的体制性障碍

农村义务教育的财政管理体制是指国家财政资源向农村义务教育投入并对其进行管理的体制，它是国家教育财政体制的重要组成部分。从其演变过程及现行财政管理体制的特点来看，农村义务教育财政管理体制是导致县域内教育

资源共享难以落实的体制性障碍。

首先，从演变过程来看，20世纪80年代以来，随着国家经济体制、财政体制以及教育体制改革的不断深入，农村义务教育财政体制经历了一个从集权到分权的演变过程。第一阶段，1980年以前。与当时高度集中的财政体制相适应，中国农村基础教育投资实行一种集中的管理模式，基础教育经费基本上由中央财政切块单列。从20世纪80年代初期开始，国家经济运行体制发生了重大变化，中央与地方财政收入支出格局也发生了重大变化，开始实行财政分权。农村基础教育财政体制改革也体现了财政分权这一特征，其投资主体相应由中央下放到省，实行省级政府戴帽下达到县、专款专用的体制。第二阶段，1986年。我国以立法形式对义务教育财政体制的管理模式予以规定："义务教育实行地方负责、分级管理"，"义务教育所需事业费和基本建设投资，由国务院和地方人民政府负责筹措，地方政府按照国务院规定，在城乡征收教育事业费附加，主要用于实施义务教育，国家对于经济困难地区予以补助"。1992年，国务院批准发布《义务教育法》实施细则，规定"实施义务教育，在国务院领导下，由地方人民政府负责，按省、县、乡分级管理"；"实施义务教育，城市以市或市直辖区为单位进行组织，农村以县为单位组织进行，并落实到乡镇"。这一阶段重要特点是国家实行低重心的农村义务教育财政体制，即基层地方政府成为筹措义务教育经费的主要责任者，事实上是"以乡为主"的财政体制。农村义务教育学校办学依靠乡镇、村集体、村民的教育费附加、教育集资得以运转。但这种低重心的义务教育财政管理体制给广大农村地区居民及乡镇、村级财政带来巨大压力，越是偏远中西部农村，基层地方政府财政能力越薄弱，农民收入越低，依靠这类群体支撑起的农村义务教育无疑是低质量和低效率的。

其次，也就是2001年至今的现阶段，以县为主的义务教育财政管理体制确立并不断完善。21世纪开始之际，低重心的政府财政投入体制严重影响义务教育发展，而且面临税费改革新形势。为减轻农民过重负担，促进三农问题解决，2001年6月国务院召开了全国性的基础教育工作会议，决定调整改革农村义务教育管理体制，实行"在国务院领导下、由地方负责、分级管理、以县为主的管理体制"。2002年5月，国务院办公厅发布《关于完善农村义务教育管理体制的通知》，进一步强调了县级政府对农村义务教育管理体制的主

要责任，并较为具体地规定和划分了中央和地方各级政府的投资责任。从表
6.1可以看出，以县为主的财政体制确立将原来的以乡为主的管理重心提升到
县，农村义务教育政府投资主体发生上移；教师工资和校舍的维修改造由县及
县以上的多级政府负担；中央政府明显加大了财政转移支付力度；日常运转公
用经费由县、乡两级政府负担。这些变化的本质都在于将原来的政府投资主体
上移到县级政府，从而缓解了乡镇政府、村民的教育成本压力。

但是，由于义务教育发展的历史背景和长期薄弱的农村教育境况，以县为
主的财政管理体制仍然在现实中显现出诸多问题。如政府公共经费总量严重不
足、无法关注义务教育地区发展的不平衡性、政府分散主体的重心仍然过低、
中央政府承担责任过少、各级政府义务教育财政责任划分标准缺乏科学合理
性、财政转移支付制度不规范等问题，并没有因为以县为主的财政体制的确立
而得到立竿见影的效果，现实中大多数中西部农村义务教育办学经费仍然面临
这样或那样的短缺问题。

**表6.1　地方负责、分级管理、以县为主的义务教育财政管理体制**

|  | 中央 | 省、自治区、直辖市 | 县 | 乡 | 村 |
|---|---|---|---|---|---|
| 教职工工资 | 对困难县教职工工资补助 | 对困难县教职工工资补助 | 统发教职工工资 |  |  |
| 公用经费 |  |  | 负担部分公用经费 | 负担部分公用经费 |  |
| 校舍维修、建设 | 设困难地区危房改造专项补助 | 要求省区设困难地区危房改造专项补助 | 筹措新增校舍建设和改造资金 | 提供新增校舍所需土地 |  |
| 助学金 | 设专项补助 |  |  |  |  |
| 贫困地区专项补助 | 设专项补助 |  |  |  |  |
| 教学仪器、图书 |  |  | 购置图书仪器 |  |  |

基于"以县为主"的义务教育财政体制在其运行过程中出现的问题，国
务院在2005年12月颁布《关于深化农村义务教育经费保障机制改革的通知》
（以下简称《通知》）中，对"以县为主"的义务教育财政体制进行了调整和
完善。《通知》要求按照"明确各级责任、中央地方共担、加大财政投入、提
高保障水平、分步组织实施"的基本原则，将农村义务教育全面纳入公共财
政保障范围，建立中央和地方分项目、按比例分担的农村义务教育经费保障机

制。具体内容包括：（1）从2006年开始，全部免除西部地区农村义务教育阶段学生学杂费，2007年扩大到中部和东部地区；对贫困家庭学生免费提供教科书并补助寄宿生生活费。免学杂费资金由中央和地方按比例分担，对贫困家庭学生免费提供教科书的资金，中西部地区由中央全额承担，补助寄宿生生活费资金由地方承担。（2）提高农村义务教育阶段中小学公用经费保障水平。（3）建立农村义务教育阶段中小学校舍维修改造长效机制，校舍维修改造所需资金，中西部地区由中央和地方共同承担，东部地区主要由地方承担，中央适当给予奖励性支持。

2006年后，政府间分担农村义务教育支出的具体责任分工如表6.2所示。从县域义务教育城乡办学来看，西北地区县级政府（与西部相同）主要负担县域内义务教育阶段学校的教师工资、免除学杂费（20%）、公用经费（20%）、寄宿生生活补助（100%）、校舍改造维护（50%）等各项支出。但西北大多数县经济发展落后，且是很多贫困县的集中县域。这些贫困县主要靠上级财政转移支付维持生活，县级财力薄弱。在这种情况下，西北很多县的义务教育经费必然十分紧张，据地方反映，在推进标准化建设和校舍安全工程方面的资金缺口很大。有的民族县没有一所标准化学校。陕南贫困山区、甘肃等地区的农村寄宿制学校条件很差，两人一床的现象非常普遍，且洗澡、厕所设施十分短缺。甘肃省很多农村学校缺乏安全的饮用水设施。新疆维吾尔自治区同样也存在义务教育经费短缺困境。2011年以来，在推进学校标准化建设和促进均衡发展过程中，地方财政困难、资金短缺仍然是重要的制约因素。据统计，到2020年，新疆95个县（市、区）全面完成学校标准化建设和推进均衡发展任务资金缺口约为490亿元，其中2015年前完成义务教育均衡发展任务的30个县（市、区）资金缺口约为70亿元。

可见，尽管新机制对以县为主的义务教育财政体制的很多方面进行了完善和修正，但现实中仍然暴露出很多问题：其一，当前公共财政对农村义务教育投入依然不足，西北地区很多县义务教育财政经费缺口较大；其二，政府财政投入存在"挤出效应"，即政府在加大力度转移支付的同时造成新机制改革中地方政府配套资金不到位，甚至出现地方政府挤占、挪用农村义务教育专项经费的现象，导致整个教育投入不足；其三，义务教育阶段教职工工资仍然沿袭以县为主的投入体制，导致西北很多县仅是筹措教师工资都存在巨大困难，更不用提其他项目支出了。

表6.2 政府间分担农村义务教育支出的具体责任分工 单位:%

| | 项目 | | | | | | | | | | | |
|---|---|---|---|---|---|---|---|---|---|---|---|---|
| | 教师工资 | | 免除学杂费 | | 公用经费 | | 寄宿生生活补助 | | 免除课本费 | | 校舍改造维护 | |
| | 中央 | 地方 | 中央 | 地方 | 中央 | 地方 | 中央 | 地方 | 中央 | 地方 | 中央 | 地方 |
| 西部 | | | 80 | 20 | 80 | 20 | 0 | 100 | 100 | 0 | 50 | 50 |
| 中部 | | | 60 | 40 | 40 | 60 | 0 | 100 | 100 | 0 | 50 | 50 |
| 东部 | | 东部贫困省份与中央分摊,且比例不同,其余省份地方全额负担 | | | | | 0 | 100 | 0 | 100 | 0 | 100 |

可见,从农村义务教育财政体制的演变及现实体制来看,20世纪80年代以前义务教育财政经费全部由国家财政负担,但这一时期由于整个国家经济属于计划经济时期,经济发展相对滞后,针对义务教育投入也仅能满足最低水平的学校运转,是一种整体低投入、低质量的义务教育;20世纪80年代到20世纪末,义务教育以乡为主的财政体制力图充分调动地方政府积极性,克服全部由中央政府埋单的资金不足、国家负担过重的局面,但这种体制很快显现出对城乡义务教育发展不均衡,乡、村一级政府不堪重负等问题的直接影响。也就是说,这一体制转变事实上很大程度上导致了城乡义务教育不均衡的突出问题,广大乡村中小学财政陷入极度短缺困境,而城镇地区学校的办学经费迅速改善,城乡差距越拉越大。为此,从21世纪开始,我国确立以县为主的义务教育财政管理体制,将政府投资主体重心上移,试图改变之前农村义务教育的办学困境,但由于长久的积弱积贫以及新的财政体制在运行中无法克服的诸多历史、制度性障碍,农村义务教育难以在短时期内消除经费短缺的瓶颈。

再次,县域内村小和教学点隶属于中心学校管理的微观体制是制约县域校际教育资源共享的直接原因。2001年国务院颁发的《关于基础教育改革与发展的决定》中明确我国农村义务教育实行"地方负责、分级管理、以县为主"的管理体制,自此之后,各个地区撤销乡镇教委,成立中心学校,中心学校一般设在初级中学,也有少部分设在乡镇中心小学。设在初级中学的中心学校负责管理全乡镇小学、初中,设在中心小学的负责管理村小及其他小学,初中则由县教育局直接管理。从中心学校与村小/教学点的管理权限上来看,2002年

《国务院办公厅关于完善农村义务教育管理体制的通知》中指出："乡镇内中小学的教育教学业务管理由乡（镇）中心学校校长负责。"2006年财政部和教育部颁发的《关于确保农村义务教育经费投入加强财政预算管理的通知》中又指出："农村中小学预算以学校为基本编制单位，村小（教学点）纳入其所隶属的中心学校统一代编。农村中小学支出预算的内容主要包括：基本支出（人员经费支出、公用支出、对个人和家庭的补助支出）和项目支出等。"可见，从农村义务教育财政管理体制上来看，农村教学点的教育教学事务、财政预算事务均归其所属乡镇的中心学校管理。

上述农村义务教育学校间中心学校对教学点的管理内容在现实中存在很大问题，主要体现在教学点在管理上往往遭到中心学校的忽视甚至排挤，在获得经费方面处于较为被动地位，导致教学点发展受到很大限制。具体来说，目前，我国县域内义务教育学校主要包括三类：中心小学、完全小学和教学点。而乡镇中心小学承担了管理乡镇各小学的行政职能，各小学的老师调配、生均经费都由中心小学统一支配，各小学的日常教学和管理没有独立性。在这种情况下，中心小学与其下属的村小和教学点在争取经费上形成一种博弈，中心小学为了将有限的教育资源集中到自身建设上，自然会削弱村小和教学点经费的投入，甚至将本应属于教学点的经费擅自挪用到中心学校的建设上，而村小/教学点获得的经费十分有限，甚至不被当作学校对待。教学点师资力量极为薄弱，大都依靠低薪聘请的临时代课老师支撑日常教学，教学质量低下，生源流失严重，很多教学点不断"被自然消亡"。

针对学校农村村小和教学点的办学经费短缺问题，2013年教育部出台了《关于进一步做好村小学和教学点经费保障工作的通知》，规定"教学点不足百人按照100人核拨经费，乡镇中心学校不得以统筹的名义截留、挤占、挪用、克扣村小学和教学点公用经费；薄弱学校改造计划等相关义务教育项目资金，要优先用于解决村小学和教学点的办学困难"。但是，由于教学点归属中心学校管理的基本体制没有变，教学点办学经费仍然由中心学校管理统筹，在不少地区仍存在中心学校扣留、减拨教学点经费的现象，其原因仍然在于农村义务教育经费整体不充足的现实困境。

综上所述，从农村义务教育财政管理体制的演变（中央统筹到以乡为主）、现实体制（以县为主）及农村学校内部管理体制（乡镇中心小学管理村小和教学点）三方面来看，每一个阶段的体制变化都反映了时代的要求，都是对农村义务教育发展诉求的回应。但每一时期农村义务教育财政管理体制的运行都带来了相应的问题，如以乡为主的财政体制很大程度上导致了农村学校发展的滞后，与县镇、城市地区学校的办学差距拉大，这一时期导致城乡教育发展不均衡的局面形成，也是农村教育发展长期薄弱的根源。自2001年之后的以县为主的农村义务教育财政体制确立后，虽然政府投入主体重心上移，但长期落后的乡村学校以及税费改革后的县级财政能力薄弱都不能短时期内克服城乡教育不均衡的困境。同时，从微观体制来看，教学点隶属中心学校管理的体制直接导致了教学点在与中心学校的博弈中处于弱势地位，无法在管理和经费获得上拥有主动权，即使在中央政策规定有限满足教学点经费需求的情况下，也限于管理体制的障碍无法克服经费短缺的窘境。

因此，义务教育财政管理体制导致的县域内校际资源配置的不均衡，以及这种管理体制下的县域内中心学校与乡村小规模学校、教学点之间的资源博弈，导致优质学校与薄弱学校之间形成一种竞争关系，而非合作关系。那么，校际间教育资源共享在实践中缺乏制度基础，直接导致优质学校没有动力与薄弱学校进行资源共享，教育资源共享模式也就很难成为促进义务教育均衡发展的有效机制。

## 三、义务教育资源共享的相关政策和稳定机制尚未建立，导致校际教育资源共享难以常态化

县域义务教育校际资源共享机制的表述在我国高层政府的相关文件中屡见不鲜。如2010年《国家中长期教育改革和发展规划纲要（2010—2020年）》第九条指出："推进义务教育均衡发展。均衡发展是义务教育的战略性任务。建立健全义务教育均衡发展保障机制。推进义务教育学校标准化建设，均衡配置教师、设备、图书、校舍等资源。切实缩小校际差距，着力解决择校问题。加快薄弱学校改造，着力提高师资水平。实行县（区）域内教师、校长交流制度。"其中，"实行县域内教师、校长交流制度"便是典型的教育人力资源共享的内容。进一步全面并具体提出教育资源共享的政策文件是2012年《国务院关于深入推进义务教育均衡发展的意见》，其中第三条指出："推动优质

教育资源共享，扩大优质教育资源覆盖面。发挥优质学校的辐射带动作用，鼓励建立学校联盟，探索集团化办学，提倡对口帮扶，实施学区化管理，整体提升学校办学水平。推动办学水平较高学校和优秀教师通过共同研讨备课、研修培训、学术交流、开设公共课等方式，共同实现教师专业发展和教学质量提升。大力推进教育信息化，加强学校宽带网络建设，到2015年在有条件的地方解决学校宽带接入问题，逐步为农村学校每个班级配备多媒体教学设备。开发丰富优质数字化课程教学资源，重点开发师资短缺课程资源、民族双语教学资源。"该意见不仅包括教师资源共享，还从更广阔的视角提出建立学校联盟、教育信息化等多种途径推进教育资源共享，同时还将教师资源共享的内容更加具体化，即交流的方式包括共同研讨备课、研修培训、学术交流、开设公共课等。之后，2015年《国务院办公厅关于印发乡村教师支持计划（2015—2020年）的通知》第六条又强调通过优质教师资源共享加强薄弱乡村学校建设："推动城镇优秀教师向乡村学校流动。全面推进义务教育教师队伍'县管校聘'管理体制改革，为组织城市教师到乡村学校任教提供制度保障。各地要采取定期交流、跨校竞聘、学区一体化管理、学校联盟、对口支援、乡镇中心学校教师走教等多种途径和方式，重点引导优秀校长和骨干教师向乡村学校流动。县域内重点推动县城学校教师到乡村学校交流轮岗，乡镇范围内重点推动中心学校教师到村小学、教学点交流轮岗。"该政策侧重在优秀教师的走教、交流轮岗等方面推进教师资源共享，也就是侧重优秀教师对薄弱学校的支持和帮扶。此外，2015年我国"十三五"规划建议教育部分中也提到"大力促进教育公平，加强教师队伍特别是乡村教师队伍建设，推进城乡教师交流"。

那么，从高层政府的相关政策来看，文件中提到最多的是促进教师人力资源的共享，包括具体教师交流、走教、轮岗以及教学经验提升的具体建议等。另外，文件还从学校联盟、集团化管理及教育信息化的角度提出教育资源共享对策。因此，总体来看，当前我国高层政府的确将县域教师资源共享提升到了前所未有的高度，其根本目的在于加强乡村教师队伍建设，促进教育均衡发展。但对于校际间物力、财力资源的共享模式，高层政府的政策文本中并未明确提及，尽管有文本提出建立学校联盟、推进集团化管理等模式，但并未具体到物力资源和财力资源如何共享的体制探讨。这是当前西北地区县域学校间教育资源共享缺失的宏观政策原因。

　　另外，从微观政策来看，基于中央高层政府已经强烈关注到县域内学校间教师交流、轮岗、集体备课、经验交流等资源共享方式的重要性，西北地区县一级政府也在着手实施相关政策。

　　但是，从县一级地方政府关于教育资源共享机制的构建及运行情况来看，西北地区多数县仍然没有形成稳定的校际教育资源共享机制，只是在实践中尝试探索一些教师交流轮岗的策略。如陕西省探索并开展联盟办学改革，促进资源共享，按照"大小搭配、强弱联合、教师交流、管理同步、资源共享、共同发展"的思路，在全省推广联盟办学体制改革，以优质学校的资源优势和品牌效应为依托，开展名师大篷车活动，提升薄弱学校、规模较小学校的办学质量，推动县域义务教育均衡发展。国家教育督导检查组对陕西省6个县的义务教育均衡发展督导检查结果发现，在太白、志丹、旬阳、丹凤和柞水5个县，政府均出台有关政策，实施联盟办学体制改革。5个县均要求高级职称教师全县学校共享、"打通"使用，教师晋升高一级职称必须有农村边远学校任教1年以上的经历。各县建立校本研修和联片教研制度，促进薄弱学校教师专业发展。太白县启动"整县推进、团队帮扶"式名校孵化工程。全县所有义务教育学校实现了边远学校与县城学校、县域内学校与市区名校的结对帮扶，全县交流教师200余人次。❶ 同时，全省也不断加强信息化建设，在巩固"校校通"工程的基础上，启动实施"班班通"工程，使边远、贫困地区中小学校能够享受到优质教育资源。建立和完善县域内教师和校长定期合理流动机制，积极探索学区教学管理新模式，促使优秀教师学区内统一排课、走课。

　　此外，宁夏回族自治区也在实践中探索促进优质义务教育资源共享的对策。自治区先后建立了城乡结对帮扶、强弱联合等一系列帮扶农村学校、"抬高底部""补上短板"的工作机制，促进优质资源共享。如灵武市建立义务教育学校发展共同体7个，广泛开展学校之间"强弱联合""以强带弱"和"结对共建"活动，通过"送教下乡""进城实践"、观摩、听课、讲座、上示范课等合作互动形式，扩大提高优质资源的覆盖面。大武口区落实教研员蹲点指导和对诊服务，强化对薄弱学校的扶持力度，同时推行学校联盟，把薄弱学校

---

❶ 中国教育新闻网. 国家教育督导组对陕西义务教育均衡发展反馈意见［N］. 2013.10.21，http：//www. jyb. cn/basc/zl/201310/t20131021_ 556470. html.

变为优质学校的分校或附属校。❶

尽管西北各省县级教育行政部门在实践中探索多种途径推进义务教育资源共享，也尝试建立县域内教师连片走教制度，教师、校长定期合理流动机制，建立学校共同体、学校联盟管理模式等，但就目前的微观制度和机制而言，都尚未形成较为稳定、长效的机制。具体来说，首先，县域内教师轮岗、走教、流动等政策在实际实施过程中存在较大的随意性和暂时性，其核心问题在于县级教育行政部门在制定政策时没有协调好教师的利益需求与教育行政部门利益的关系。也就是说，教育行政部门的利益需求在于推进义务教育均衡发展、扶持薄弱学校，需要将优秀教师下派到农村学校，但就教师自身来说，优秀年轻教师并不愿意到工作生活条件较差的村小、教学点工作，哪怕是 1 年，对他们来说也是一种牺牲。因此，要推行教师交流轮岗制度，必须处理好教师的利益诉求，即要将给予交流教师的经济补偿和精神补偿明确写入制度中，而不能存在模糊地带，否则，制度很难在现实中推行，难以保证其有效性和持久性。

其次，由于地方教师交流、轮岗制度的不完善，很多地区并没有将最合适、最优秀的教师选派下去，而往往将中心学校年龄较大、专业业务素质较差的教师派到偏远农村地区，原因在于优秀年轻教师是中心学校的重要资源，如果一旦派下去，会导致中心学校的教学质量下滑，而且优秀年轻教师自身也很难有意愿到偏远乡村学校轮岗。因此，很多地区县域内优秀教师的交流轮岗在现实中演变为集中形态其一，一些年龄较大的、没有上进心的中心学校教师到村小、教学点工作，作为退休之前的过渡；还有一些学校甚至将教师轮岗作为对一些表现较差的中心学校的教师的一种惩罚手段等。诸如此类现象都说明了当前地方政府对于教师资源共享的制度仍缺乏系统性和稳定性。

再次，对于县域内学校联盟、集团化管理等制度，由于县镇地区强校和偏远农村弱校之间的合作需要较高的交通成本和时间成本，因此这对于财政能力较弱的西北地区县级政府来说是巨大的阻力。对于这些县来说，满足基本的学校办学经费运转、教师工资都是很有压力的事情。因此，学校间的实质性合作很难真正"落地"。另外，县镇地区的优质学校在学校联盟建设上缺少基本动

---

❶ 中国教育新闻网. 国家教育督导组对宁夏回族自治区义务教育均衡发展反馈意见［N］. 2013. 11. 13，http：//www. jyb. cn/basc/xw/201311/t20131113_ 559547. html.

力，因为优质学校自身在经费、办学条件和师资水平上具有明显的优势，而让这类学校将其资源与薄弱学校共享，会增加它们在管理上的难度和复杂性，也会被认为是一种资源上的"无偿出让"，而且，薄弱学校的教育质量提升之后又会削弱这类优质学校的竞争优势，因此，优质学校很难有动力在学校合作中发挥出应有的作用。与之相反，现实中很多中心学校会变相扣留其下属的村小和教学点的经费，任其自然消亡。这类问题的出现都反映出当前学校联盟、集团化制度仍不够完善，没有处理好优质学校和薄弱学校之间的关系，以及学校间合作的管理成本、经济成本和时间成本问题，因而，基层政府的微观政策不完善也是导致现实中学校教育资源共享难以推进的症结。

# 第七章 基于 GIS 的县域义务教育 资源共享模式构建

## 一、教育资源共享模式的构建思路

第一，采用 GIS 学校选址分析方法确立学校布局调整中需要重新规划的学校的最优位置。学校最优位置的确定，其根本目的是保证教育资源可达、教育机会均等，以及构建学区内教育各类资源的共享机制。因为现实中多数学校的位置是既定的，随着人口分布的变化，有部分学校需要撤销或合并，新的学校需要建立。那么，基于 GIS 的学校选址分析就是针对此问题进行学校布局的重新规划。

第二，以学校合作网络为基础，采用 GIS Spacial – join 建模教育财力、物力、人力资源共享的分类模型。在由学校合作网络组成的学区内，财力资源共享模型的构建主要解决弱势学校——教学点的资金需求问题；物力资源和人力资源共享模型主要解决教育设施的校际轮流享用以及教师的定期储备和跨校交流问题（注：图 7.1~7.6 概念模型由 Mark Bray（1987）提出）。

首先，财力资源的共享。其重点是解决弱势学校的经费需求问题，更多的是一种单向供给的过程。目前以生均经费为基准划拨教育经费的方式，导致规模最小的教学点经费极其短缺，严重影响办学质量。目前，教学点经费由中心学校负责管理。因此，在学校合作网络组成的学区内，应构成以中心学校为质心的向外辐射模型，即从财政资源的角度，保证中心学校对附属教学点的经费保障。具体来讲，中心学校管理人员应建立其下属教学点的经费需求数据库，在保证公用经费供给的基础上，对教学点建设所需资金，应争取上级政府财政支持、建立专项资金储备制度，以提高薄弱教学点的办学水平。那么，项目将采用 GIS Spacial – join 程序，构建财力资源供给网络（中心学校为出发点，辐射学区内的教学点，详见图 7.1），并采用 GIS Properties 建模学区内每所学校的经费状况，以显示经费供给的方向和数量。同时，校际之间共同使用经费购买教育设备，也是重要的财力资源共享模式，我们将根据调查样本数据具体情况进行分析，构建学校间财力资源共享的 GIS 模型，并提出具体路径。

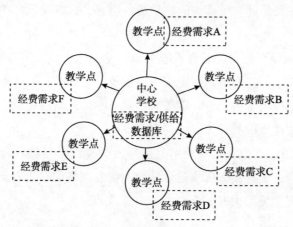

**图 7.1　教育财力资源共享模式概念模型（Conceptual Model，CM）❶**

其次，物力资源的共享。学区内各学校共享教育设施，在构建模型之前，采用 GIS Properties 对每所学校的教育设施数量和种类进行统计，建立数据库。基于中心学校是学区内强势学校的代表，同样，教育设施的共享是以中心学校为中心的。以此为基础，采用 GIS Spacial – join 构建分类模型（注：前三组"轮换使用模式"是假设模式，即假设中心学校分别拥有一套、两套或三套可移动的某类教学设备或设施，这样可以形成与其他学校之间的轮流享用。那么，本项目将根据典型调研地实证数据，建立学区内学校教学设备数据库，根据学区内学校数量和距离，构建教学设备共享的 GIS 模型）。

● 一组轮换享用模式（图 7.2），假设中心学校只有一套先进教学设备或设施（如实验器材、图书等），就采取各学校轮流使用的模式。图中箭头均为单向，先从学校 A 出发，经由学校 B 一直到 G 最后又回到 A，这表明中心学校把一套设备在 B—G 各学校间按固定顺序传递使用，形成循环。

● 两组轮换使用模式（图 7.3），图 7.3 表明中心学校 A 拥有两套设备，那么右侧箭头开始分成两组，一个向学校 G 出发，经由学校 B—C 回到 A；另一个向学校 F 出发，经由 E—D 回到 A，完成循环。

● 三组轮换使用模式（图 7.4），与图 7.3 所示模式类似，即中心学校将

---

❶　概念模型体现一种逻辑思路，GIS 实际建模的是地理空间模型，是概念模型的现实模拟。（下同）

三套设备在三组学校中轮换使用。

以上模式主要是针对可移动的教学设备而言,只有设备可移动,才可以在学校之间流动。

- 四是针对不可移动的教育设施来说,比如图书馆、实验室及精密仪器、体育馆、剧场等。这些设施是固定于中心学校的,因此,采纳第四种模式,即通过周围附属学校的学生到中心学校来听课、参加大型活动或进行体育锻炼等多种形式,享用优质的教育资源(见图7.5)。

- 五是加强远程教育信息网络,在每所学校设置远程教育学习室,定期让学生通过光盘、上网接受优质教育资源。信息网络的构建需要借助网络平台构建,其空间覆盖模型由 GIS desire – line 来实现。

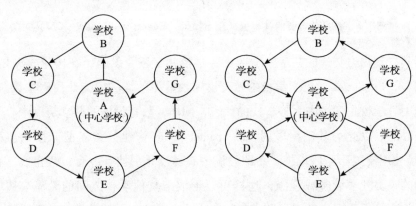

图 7.2　一组轮换享用模式　　　　图 7.3　两组轮换享用模式

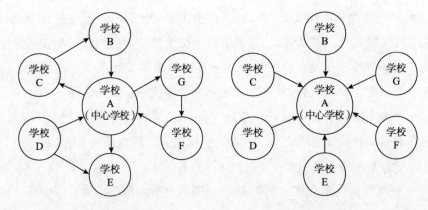

图 7.4　三组轮换享用模式　　　　图 7.5　附属学校学生到中心校享用
　　　　　　　　　　　　　　　　　　　　不可移动的教育设备

再次，人力资源的共享。除了物质性的教育资源以外，人力资源即教师也是各学校共享的重要资源，尤其是特殊科目（如语言、美术、音乐、体育、计算机等）的教师，以及教辅人员等。一方面，建立学区内各学校教师数据库，根据教师资质、数量和课时进度，建立学区内教师的定期交流、轮岗和走教制度，采用 GIS Spacial – join 进行建模（详见图 7.6）；另一方面，西北地区农村教学点往往是一位老师同时教几门课程，这不利于他们专业素养的提高。因此，在各学区内，中心学校应为教学点建立"教师储备"制度。这样，如果教学点教师在某段时间出去参加培训或由于私人事务请假，中心学校就从储备的教师中下派教师到教学点任教。这既可以避免小规模学校间断性的关闭，也可以避免师资的浪费。采用的软件为 ArcGIS 9.3。

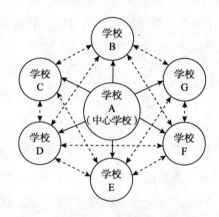

**图 7.6　教育人力资源共享概念模型**

## 二、县域教育资源共享模式的构建路径

### （一）建立学校布局、道路网络、地形等 GIS 数据库

本书收集的原始数据包括：（1）太白县、宁强县乡镇、行政村边界数据；（2）太白县、宁强县村级人口、社会经济指标等网络数据；（3）太白县、宁强县 2013 年义务教育均衡发展基础数据统计报表；（4）太白县、宁强县中小学平面分布图，包括行政区、主要交通线路、行政村和自然村、河流、山地等。利用 ArcGIS 软件，在统一坐标体系下，整理的地图图层包括：镇区边界、村行政边界、行政村位置（含人口、户数及部分经济指标）、自然村位置、中

小学学校位置（含教师数目、班级数目、学生人数、学校面积、图书数目、固定资产等）、数字地面模型（DEM）和主要交通线路等。

## （二）创建路网距离

本书选取的样本县均为山区县，学生从家到学校的距离并不是两点之间的直线距离，而是沿着山路行走的曲线距离。因此，我们在创建路网距离时采用道路网络分析替代了直线距离，通过建立 OD 成本矩阵，测算距离。具体方法包括：其一，计算路网成本时运用 Network Analyst Tools 中的 OD Cost Matrix 分析函数；其二，在阈值内对人口和小学校进行统计计算，主要用到 ArcGIS 的 Summary Statistic 和 Jion 功能，并在属性表中加入了字段，存放计算的属性值。

具体步骤为：

（1）数据准备，所用数据为道路现状矢量数据和村庄、学校点矢量数据；

（2）激活网络分析模块，单击菜单栏自定义选项，选择扩展模块，勾选网络分析，Customize > Extensions > Network Analyst（arcmap 和 catalog 都要激活）。

（3）创建数据库，在 ArcCatalog 中，单击右键新建数据库（New > File Geodatabase）。

## （三）上学可达性标准范围内的学校服务人口搜索

《中华人民共和国义务教育法》第九条规定：地方各级人民政府应当合理设置小学、初级中等学校，使儿童、少年就近入学。我国于 1986 年颁布了《中小学校建筑设计规范（GBJ99—86）》，并于 2009 年颁布了《中小学校建筑设计规范（GBJ99—2009）》。GBJ99—86 规定中学服务半径不宜大于 1000 米，小学服务半径不宜大于 500 米，走读小学生不应跨过城镇干道公路及铁路，有学生宿舍的学校不受此限制。GBJ99—2009 规定学校校址宜选择设在周边学生易于入学的地段。城镇小学最大服务半径宜为 500 米，城镇中学最大服务半径宜为 1000 米，寄宿制学校不作规定。

虽然国家有统一的学校空间布局标准，但各地条件差别很大，从地形上来看，我国中西部山区县与东部平原县的差异就很大，现实中，中西部山区县由于人口居住分散、学校数量少，很多学校的服务半径远超过国家标准。西北地区也不例外，因此，结合西北山区县的实际，我们参考了华中师范大学课题组通过实证调研得出的义务教育（小学、初中）学校生源区可达性标准：山区走读小学❶服务半径（上学距离限值）为 2 千米，山区初中为 11.5 千米（取平均值）（见表 7.1、表 7.2）。此标准的主要作用是对学校的可达性进行评价，以此为基准，搜索学校可达范围内的村庄范围，为下一步规划新学校布局做基础。

**表 7.1 不同类型小学布局的规划和设计**

| 学校类型 | 班级数量（个） | 服务半径（公里） | 服务人口（人） | 学校规模（人） |
|---|---|---|---|---|
| 山区走读小学 | 6～12 | 1.5～2 | 2500～5000 | 200～400 |
| 山区寄宿小学 | 12～18 | 3～6 | 6500～12000 | 360～600 |
| 丘陵平原小学 | 12～18 | 2～2.5 | 5000～10000 | 360～600 |

资料来源：范先佐. 中国中西部农村中小学合理布局结构研究［M］. 北京：中国社会科学出版社，2009：232.

**表 7.2 农村初中布局的规划和设计**

| 学校类型 | 班级数量（个） | 服务半径（公里） | 服务人口（人） | 学校规模（人） |
|---|---|---|---|---|
| 山区初中 | 12～18 | 7.5～15 | 13000～20000 | 600～900 |
| 丘陵初中 | 18～27 | 10 公里左右 | 20000～30000 | 810～1200 |
| 平原初中 | 18～27 | 10 公里左右 | 20000～30000 | 810～1200 |

具体来说，这一部分主要是对小学 2 千米、初中 11.5 千米范围内进行路网距离的搜索，搜索在上述距离范围内每所学校服务的村庄及适龄儿童数量，如果搜索完的适龄儿童数量大于学校现有学生数量（现有承载力），即超过学校承载力的话，则需要扩建现有学校；如果搜索出的适龄儿童数量小于现有承载力，这说明现有学校规模过大，服务半径超出可达性标准，这时，就需要在学校可达性范围之外的区域建立新的学校，为可达范围之外的学生提供义务教

---

❶ 对于山区小学，我们只选取了山区走读小学服务半径标准作为评价西北四县小学学校可达性的指标，其原因在于，我们对未来山区学校布局规划的设计只包含走读小学，不包含寄宿小学，我们采取这样的设计理念源于对义务教育阶段儿童的身心发展特征的关注，即小学阶段儿童离开家庭到学校寄宿是有悖于儿童的身心发展规律的，而且由寄宿带来的学校不适应、心理孤僻、家庭教育缺失等诸多问题都是影响教育公平的重要因素，长期来看，从教育公平的视角来看，小学寄宿学校并不能成为义务教育阶段的办学模式。同时，我们的观点也与我国新时期发展农村义务教育政策取向一致，而且在学界已有不少学者提出未来农村小规模学校（主要是小学阶段）将成为农村地区义务教育办学的趋势，这既有利于教育质量提升，更有利于教育公平的推进。可参考 21 世纪教育研究院. 农村教育向何处去——对农村撤点并校政策的评价与反思［M］. 北京：北京理工大学出版社，2013.

育机会。❶

1. 以太白初中为例。

数据准备：

太白网络数据集（道路、村庄、现有初中）、各个乡镇村庄学生数量、各学校承载力。

步骤：

（1）打开 ArcGIS 扩展模块（网络分析模块），加载太白网络数据集。

（2）新建服务区，右键点击设施点，选择加载位置——加载太白现有中学图层（见图 7.7 – 7.9）。

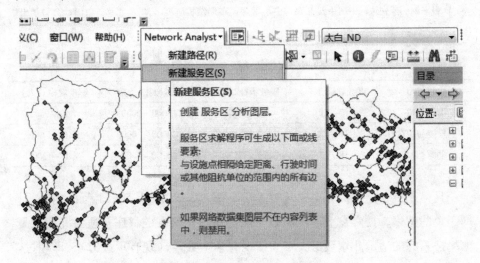

图 7.7　操作步骤：新建服务区

---

❶　（1）村庄学生数（以太白为例）计算方法：

2013 年总人口数：136072 万人；2013 年在校小学生数：9360.5487 万人；2013 年在校初中生数：4440.1248 万人。

小学生系数：9360.5487/136072 = 0.06879；初中生系数：4440.1248/136072 = 0.03263

乡镇小学生数 = 乡镇人口 × 0.06879；乡镇初中生数 = 乡镇人口 × 0.03263

乡镇学生密度 = 乡镇学生数/乡镇居住面积；村庄学生数 = 乡镇学生密度 × 村庄居住面积

参考文献：彭永明、王铮.农村中小学选址的空间运筹［J］.地理学报，2013，68（10）.

（2）村庄人口：村庄人口数 = 村庄居住人口密度 × 村庄居住面积

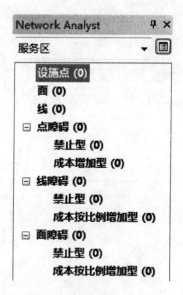

图 7.8　操作步骤：设施点

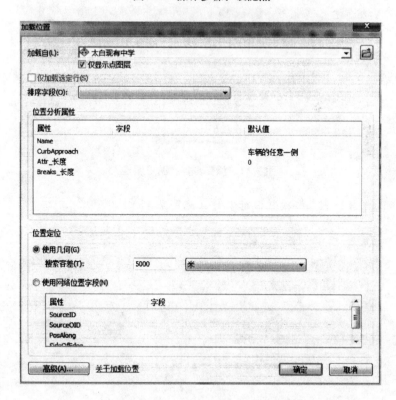

图 7.9　操作步骤：加载位置

(3) 打开服务区属性，在“面生成”和“分析设置”选项上进行如下设置（见图 7.10 – 7.11）。

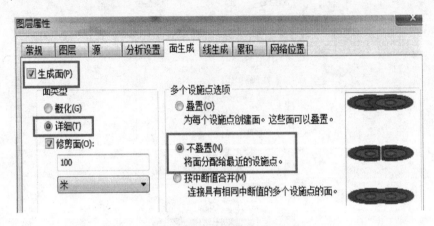

图 7.10　操作步骤：生成面

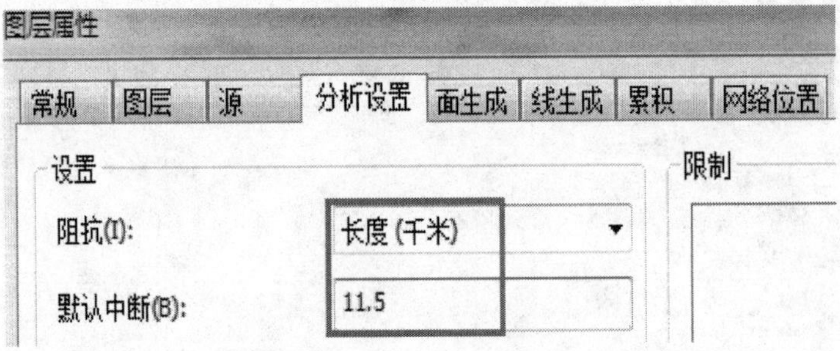

图 7.11　操作步骤：图层属性

(4) 点击如下求解按钮进行求解（见图 7.12）。

| ObjectID | Shape | FacilityID | Name | FromBreak | ToBreak |
|---|---|---|---|---|---|
| 1 | 面 | 2 | 位置 2 : 0 - 11.5 | 0 | 11.5 |
| 2 | 面 | 3 | 位置 3 : 0 - 11.5 | 0 | 11.5 |
| 3 | 面 | 1 | 位置 1 : 0 - 11.5 | 0 | 11.5 |

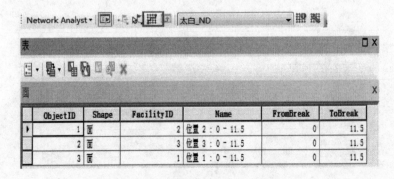

图 7.12　操作步骤：求解

结果属性表生成的面状服务区见图 7.13 和 7.14：

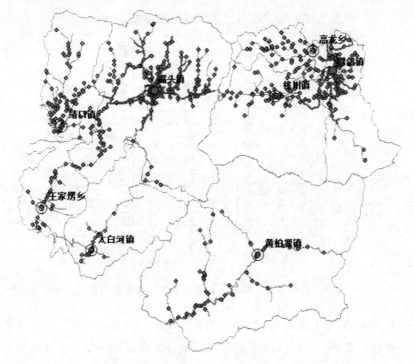

**图 7.13　操作步骤：生成面状服务区**

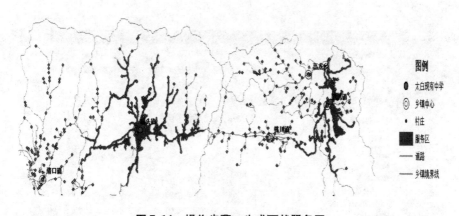

**图 7.14　操作步骤：生成面状服务区**

（5）对村庄与合并后的乡镇图层进行空间连接操作，得到空间连接后的图层"太白连接"，各村庄根据地理位置对应某一个乡镇。加载各个乡镇的村庄学生数量，根据村庄名称字段与"太白连接"的属性表连接在一起，将学生数量赋值到太白连接的属性表中，然后断开连接（见图7.15）。

| FID | 名称 | 乡镇名 | 小学学生 | 初中人口 | Shape * |
|---|---|---|---|---|---|
| 45 | 站沟口 | 靖口镇 | 0 | 0 | 点 |
| 46 | 安房里 | 靖口镇 | 1 | 1 | 点 |
| 47 | 大岩下 | 靖口镇 | 1 | 1 | 点 |
| 48 | 王家院 | 靖口镇 | 1 | 1 | 点 |
| 49 | 饮马沟 | 靖口镇 | 1 | 1 | 点 |
| 50 | 岩湾 | 嘴头镇 | 9 | 7 | 点 |
| 51 | 上白云 | 嘴头镇 | 41 | 35 | 点 |
| 52 | 九弗沟 | 嘴头镇 | 0 | 0 | 点 |
| 53 | 秦子上 | 嘴头镇 | 7 | 6 | 点 |
| 54 | 黑湾 | 嘴头镇 | 6 | 5 | 点 |
| 55 | 李家山 | 嘴头镇 | 1 | 1 | 点 |
| 56 | 上黑湾 | 嘴头镇 | 2 | 1 | 点 |
| 57 | 药场 | 嘴头镇 | 1 | 1 | 点 |
| 58 | 大院子 | 嘴头镇 | 0 | 0 | 点 |
| 59 | 马鞍桥 | 嘴头镇 | 0 | 0 | 点 |
| 60 | 马家坪 | 嘴头镇 | 0 | 0 | 点 |
| 61 | 关山 | 嘴头镇 | 12 | 10 | 点 |
| 62 | 李家庄 | 嘴头镇 | 16 | 14 | 点 |
| 63 | 梅湾村 | 嘴头镇 | 13 | 11 | 点 |

图 7.15　操作步骤：将学生数量赋值到太白连接的属性表中

（6）统计各个服务区内的村庄的学生数量。点击 ArcGIS 工具栏上的选择——按位置选择，选中某一个服务区，然后选出在这个服务区里的村庄，在属性表里"学生人口数"一项选择统计操作，统计出结果（见图 7.16—7.18 和表 7.3）。

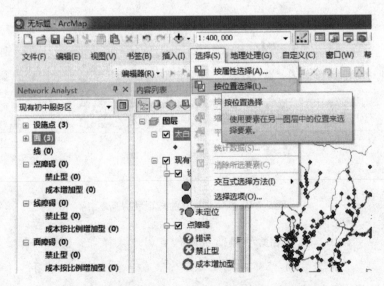

图 7.16　操作步骤：点击 ArcGIS 工具栏上的选择

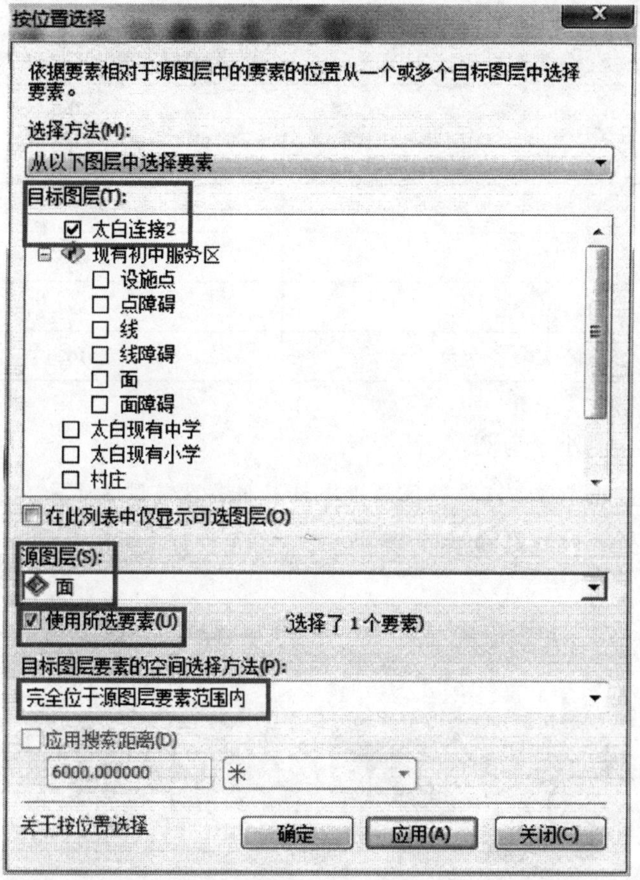

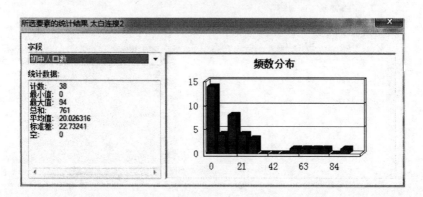

**按位置选择**

依据要素相对于源图层中的要素的位置从一个或多个目标图层中选择要素。

选择方法(M):

从以下图层中选择要素

目标图层(T):

☑ 太白连接2
　☐ ◆ 现有初中服务区
　　☐ 设施点
　　☐ 点障碍
　　☐ 线
　　☐ 线障碍
　　☐ 面
　　☐ 面障碍
　☐ 太白现有中学
　☐ 太白现有小学
　☐ 村庄

☐ 在此列表中仅显示可选图层(O)

源图层(S):

◆ 面

☑ 使用所选要素(U)　　　选择了 1 个要素)

目标图层要素的空间选择方法(P):

完全位于源图层要素范围内

☐ 应用搜索距离(D)

6000.000000　　米

关于按位置选择　　　确定　　应用(A)　　关闭(C)

图 7.17　操作步骤：按位置选择，选中某一个服务区

**所选要素的统计结果 太白连接2**

字段

初中人口数

统计数据:

计数:　38
最小值:　0
最大值:　94
总和:　761
平均值:　20.026316
标准差:　22.73241
空:　0

频数分布

15

10

5

0

0　　21　　42　　63　　84

图 7.18　操作步骤：在属性表里学生人口数一项选择统计操作，统计出结果。

表 7.3  太白县初中服务人口统计

| 学校名称 | 11.5 千米服务区内学生数量（人） |
|---|---|
| 太白中学 | 761 |
| 太白一中 | 1022 |
| 鹦鸽中学 | 569 |
| 总计 | 2352 |
| 太白县中学总人数 | 3972 |
| 服务区范围外学生数 | 1620 |

2. 以太白县小学为例。

（1）新建服务区，在服务区属性中设置服务区范围 2 千米，生成的服务区详细、不重叠。加载太白县现有小学，求解，得到如下结果（见图 7.19—7.21）。

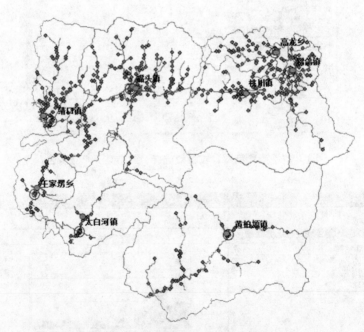

图 7.19  操作步骤：新建服务区

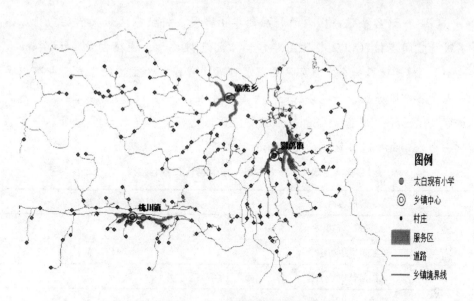

图 7.20　操作步骤：新建服务区

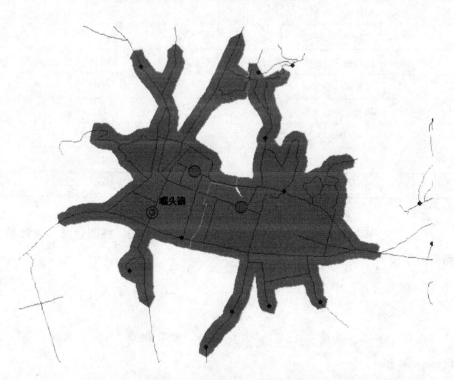

图 7.21　操作步骤：新建服务区

（2）统计各个服务区内的村庄的学生数量。将服务区面状图层与村庄图层进行空间连接（以服务区图层作为空间连接要素，连接方式为 Join one to many），然后选择一个在服务区图层属性表中可以作为主键的字段，即可以唯一表示各个服务区，与服务区一一对应的字段，在新得到的图层上面右键点击该字段，选择"汇总"（Summarize）操作，选择计算学校学生总量，即可得到一个表示每个服务区内学生数量的关系表，如表 7.4 所示。

表 7.4 太白县小学服务人口统计

| 学校名称 | 2 千米服务区内学生数量（人） |
| --- | --- |
| 靖口镇中心小学 | 24 |
| 王家塄乡中心小学 | 16 |
| 太白河镇中心小学 | 74 |
| 黄柏塬镇中心小学 | 3 |
| 鹦鸽镇中心小学 | 169 |
| 高龙乡中心小学 | 15 |
| 桃川镇中心小学 | 88 |
| 黄凤山小学 | 304 |
| 嘴头镇中心小学 | 313 |
| 总计 | 1006 |
| 太白县小学人口数 | 4512 |
| 服务区范围外学生数 | 3506 |

**（四）对于小学 2 千米和初中 11.5 千米以外的村庄，按照适龄儿童数量规划新的学校**

1. 以太白县初中选址为例。

数据准备：

道路（省道、县道、小道）、太白连接、现有初中 11.5 千米服务区、太白县 DEM 图。

前提假设：

假设原有村庄和学校都在道路上；新建学校可以和道路连通。

选址条件/相关因子：

（1）高程：学校不宜建在海拔 1700 米以上区域，1600 米以下最佳；

（2）坡度：坡度大于 25°的地区不能建学校，8°以下最佳，8°~15°次佳；

（3）坡向：平面或阳向地区更适于建学校；

（4）道路：学校应该最好建在道路周围 800 米内，但不能建在主要交通线（省道、县道）周围 200 米内；

（5）村庄：学校应建在村庄周围，不超过 1 千米圆形范围内；

（6）河流：为了学生安全，河流周围 500 米内不宜建学校；

（7）现有学校：现有学校服务区范围内不宜再建学校。

方法原理：

对每个相关因子根据需要赋值，通过栅格相加，得到分级的选址区域，根据需要，优先考虑值较高的区域作为学校选址地点。

步骤：

（1）高程：将太白县 DEM 进行重分类，高程值大于 1700 米的区域赋值为 NoData，1600 米到 1700 米的区域赋值为 1，小于 1600 米区域赋值为 2。结果见图 7.22：

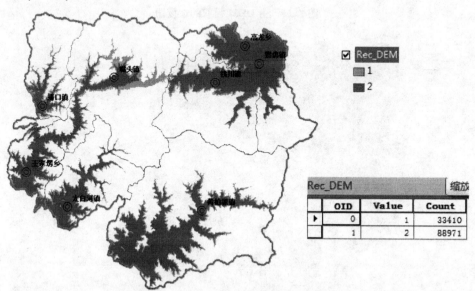

| OID | Value | Count |
|---|---|---|
| 0 | 1 | 33410 |
| 1 | 2 | 88971 |

**图 7.22　由 DEM 提取的高程图**

（2）坡度：有 DEM 提取出太白县的坡度栅格图像，再对坡度图进行重分类，坡度在8°以下的赋值为3，8°到15°的区域赋值为2，15°到25°的区域赋值为1，大于15°的区域赋值为 NoData（见图7.23和7.24）。

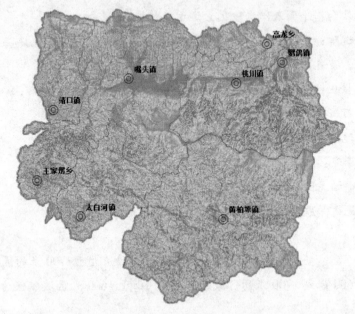

**图7.23　由 DEM 提取的坡度图**

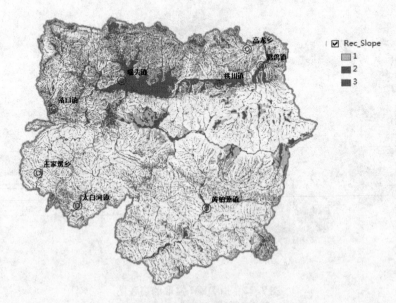

**图7.24　重分类后的坡度图**

（3）坡向：由 DEM 提取坡向（见图 7.25），对坡向栅格进行重分类，平面区域赋值为 2，阳向赋值为 1，阴向赋值为 0，由于平面地区太少，在图上几乎没有显示（见图 7.26）。

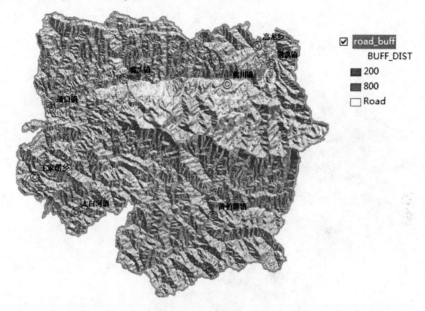

图 7.25　提取的坡向图

图 7.26　重分类后的坡向图

131

(4) 道路：对所有道路建立 800 米缓冲区，然后对县道和省道建立 200 米缓冲区，然后用着两个缓冲区数据分别更新（分析工具—叠加分析—更新）乡镇矢量图，因为其余选址因子多是栅格数据，所以将更新后的图层也转为栅格数据，并对其进行重分类，将省/县道 200 米缓冲区之内的区域赋值为 NoData，道路 800 米内区域赋值为 1，其余区域赋为 0（见图 7.27—7.28）。

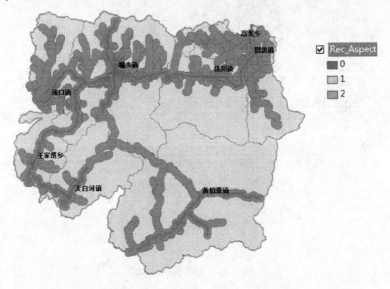

**图 7.27　更新后的道路矢量图层**

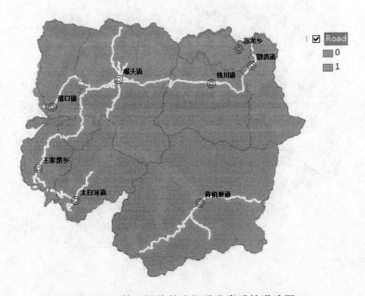

**图 7.28　转为栅格并进行重分类后的道路图**

（5）村庄：对太白县内的村庄建立 1 千米缓冲区，并用其更新乡镇图，然后转为栅格数据进行重分类操作，将 1 千米内的区域赋值为 1，其余区域赋值为 0（见图 7.29—7.30）。

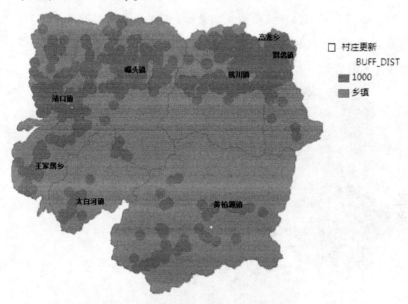

**图 7.29　更新后的村庄矢量图层**

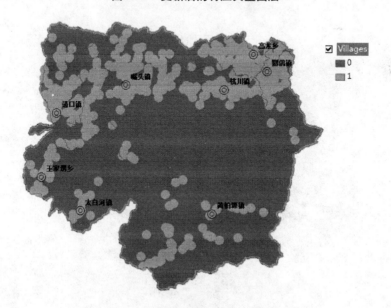

**图 7.30　转为栅格并进行重分类后的村庄图**

（6）河流：使用水文分析工具（空间分析——水文分析——填洼分析/流向分析/流量分析），由 DEM 图先进行填洼分析，然后做流向分析，接下来做流量分析，根据得到的流量图，用栅格计算器提取出河网（公式：流量 >5000 立方米/秒），将得到的河网栅格转为线矢量图，建立 500 米缓冲区，用其更新乡镇图，然后再转为栅格数据进行重分类操作，500 米内的区域赋值为 0，其余区域赋值为 1（见图 7.31—7.32）。

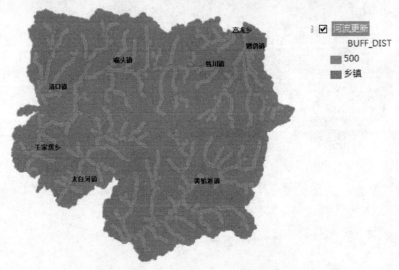

**图 7.31 更新后的河流矢量图层**

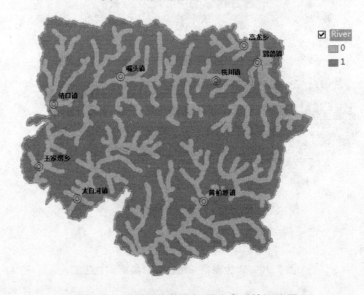

**图 7.32 转为栅格并进行重分类后的河流图**

（7）学校：用学校服务区更新乡镇图，然后转为栅格数据，进行重分类，学校服务区内赋值为 NoData，其余区域赋值为 1（见图 7.33—7.34）。

图 7.33　更新后的学校矢量图层

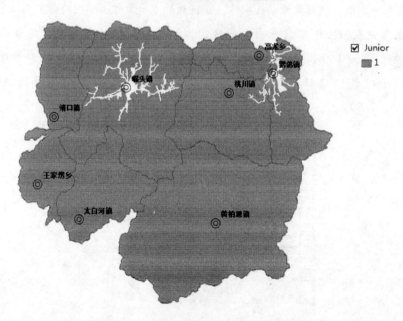

图 7.34　转为栅格并进行重分类后的学校图

（8）通过栅格计算器（空间分析—地图代数—栅格计算器）将个相关因子的栅格相加，得到的结果见下图7.35。

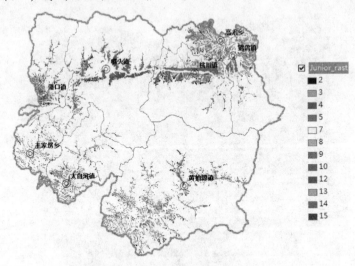

图7.35 相关因子栅格相加结果图

（9）提取出值最高的区域，进行栅格转面操作，对得到的面要素建立200米缓冲区（建立时选择全部融合），通过高级编辑器里的拆分多部件要素工具将缓冲区拆成独立的面，进行要素转点操作。以得到的点要素作为学校的初步选址地点。

由属性表和图例可以看出，虽然栅格计算器的结果可能出现的最高值为15，但是12到15的区域太小，值为11的区域没有出现，不能作为学校选址区域，所以我们选择值为10的区域作为学校选址的初步预计地点（见图7.36—7.39）。

Junior_rast

| OID | Value | Count |
|-----|-------|-------|
| 0 | 2 | 4323 |
| 1 | 3 | 12896 |
| 2 | 4 | 6068 |
| 3 | 5 | 5971 |
| 4 | 7 | 4084 |
| 5 | 8 | 12029 |
| 6 | 9 | 5321 |
| 7 | 10 | 4927 |
| 8 | 12 | 10 |
| 9 | 13 | 29 |
| 10 | 14 | 29 |
| 11 | 15 | 86 |

☑ Junior_rast
2
3
4
5
7
8
9
10
12
13
14
15

图7.36 属性表和图例

136

图 7.37　提取的栅格图

图 7.38　栅格转点后建立的缓冲区

137

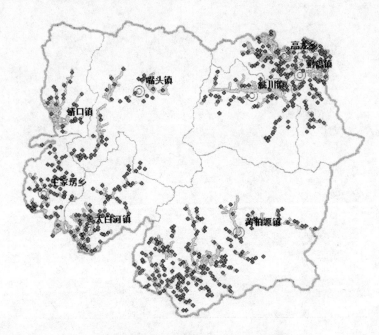

**图7.39 学校选址的第一步预测地点**

（10）在太白连接图层中提取出有初中生人口的村庄，根据其分布对所得到的点要素进行调整或删除区域内明显多余的点（见图7.40）。

**图7.40 有初中生人口的村庄**

（11）对初步筛选后的点要素建立相应服务区，根据服务区相互重叠情况，建立一个新的点要素，用以存储新确定的学校选址地点（见图 7.41）。

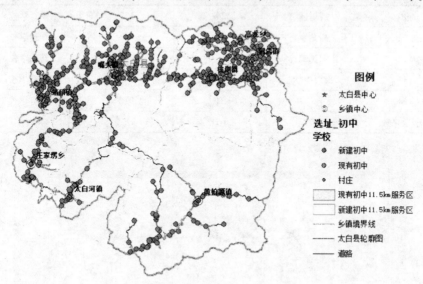

**图 7.41　最终确定的学校选址地点**

（12）重复步骤 4 和 5，直到不在新老学校服务区范围内的学生数量足够少（假设不在范围内的学生数量占总学生数的比例小于 5% 则算学生数足够少），则可看作是所有的学生都被服务区覆盖，以此时的点要素的位置作为新学校选址（见表 7.5 和图 7.42）。

**表 7.5　太白县各镇新建和现有初中学校情况**

| 位置 | 乡镇 | 村庄数（个） | 初中学生数（人） | 学校类型 |
|---|---|---|---|---|
| 1 | 靖口镇 | 29 | 191 | 新建学校 |
| 2 | 嘴头镇 | 19 | 197 | 新建学校 |
| 3 | 靖口镇 | 31 | 105 | 新建学校 |
| 4 | 嘴头镇 | 18 | 128 | 新建学校 |
| 5 | 王家塄乡 | 20 | 49 | 新建学校 |
| 6 | 太百合镇 | 16 | 216 | 新建学校 |
| 7 | 黄柏塬镇 | 22 | 124 | 新建学校 |
| 8 | 黄柏塬镇 | 11 | 180 | 新建学校 |
| 9 | 桃川镇 | 12 | 128 | 新建学校 |

| 位置 | 乡镇 | 村庄数（个） | 初中学生数（人） | 学校类型 |
|---|---|---|---|---|
| 10 | 桃川镇 | 24 | 133 | 现有学校 |
| 11 | 高龙乡 | 36 | 113 | 新建学校 |
| 12 | 鹦鸽镇 | 46 | 707 | 新建学校 |
| 13 | 太白中学 | 34 | 738 | 现有学校 |
| 14 | 太白一中 | 31 | 916 | 现有学校 |
| 学生总数 | 3972 | 小计 | 3925 | |

注：（3972－3925）/3972＝1.18%

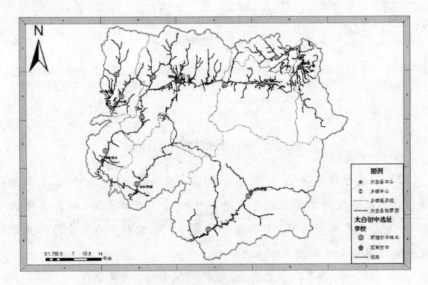

图 7.42　太白县各镇新建和现有初中学校情况

2. 以太白县小学选址为例。

数据准备：

道路（省道、县道、小道）、太白连接、现有小学 2 千米服务区、太白县 DEM 图。

步骤：

（1）高程：将太白县 DEM 进行重分类，高程值大于 1700 米的区域赋值为 NoData，1600 米到 1700 米，区域赋值为 1，小于 1600 米区域赋值为 2。结果见图 7.43。

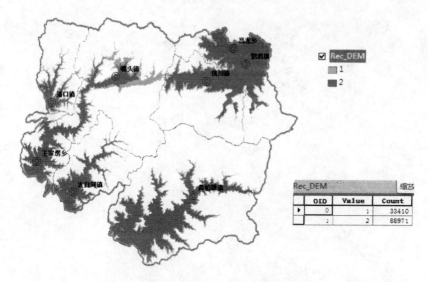

**图 7.43　太白县 DEM 进行重分类图**

（2）坡度：用 DEM 提取出太白县的坡度栅格图像，再对坡度图进行重分类，坡度在 8°以下的赋值为 3，8°到 15°区域赋值为 2，15°到 25°区域赋值为 1，大于 15°区域赋值为 NoData（见图 7.44 和 7.45）。

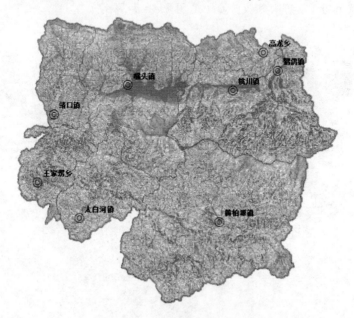

**图 7.44　由 DEM 提取的坡度图**

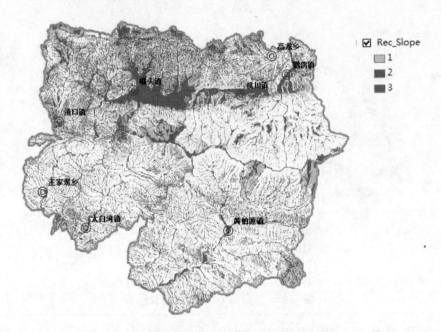

图 7.45　重分类后的坡度图

（3）坡向：由 DEM 提取坡向，对坡向栅格进行重分类，平面区域赋值为2，阳向赋值为1，阴向赋值为0（见图 7.46 和 7.47）。

图 7.46　提取的坡向图

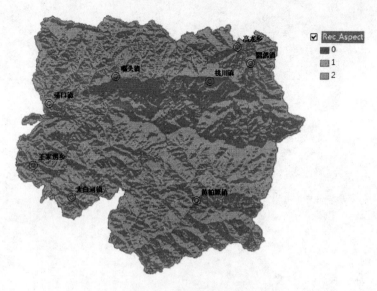

图 7.47　重分类的坡向图

（4）道路：对所有道路建立 800 米缓冲区，然后对县道和省道建立 200m 缓冲区，然后用着两个缓冲区数据分别更新（分析工具—叠加分析—更新）乡镇矢量图，因为其余选址因子多是栅格数据，所以将更新后的图层也转为栅格数据，并对其进行重分类，将省/县道 200 米缓冲区之内的区域赋值为 NoData，道路 800 米内区域赋值为 1，其余区域赋为 0（见图 7.48 和 7.49）。

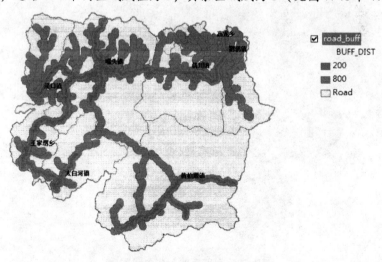

图 7.48　更新后的道路矢量图层

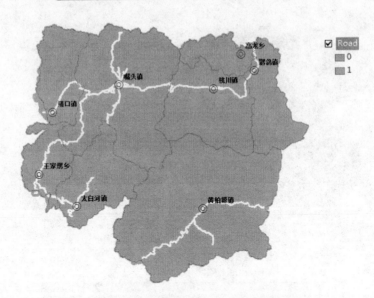

**图 7.49  转为栅格并进行重分类后的道路图**

（5）村庄：对太白县内的村庄建立 1 千米缓冲区，并用其更新乡镇图，然后转为栅格数据进行重分类操作，将 1 千米内的区域赋值为 1，其余区域赋值为 0（见图 7.50 和 7.51）。

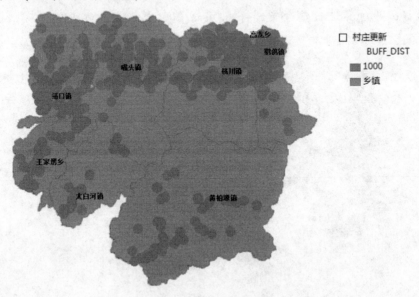

**图 7.50  更新后的村庄矢量图层**

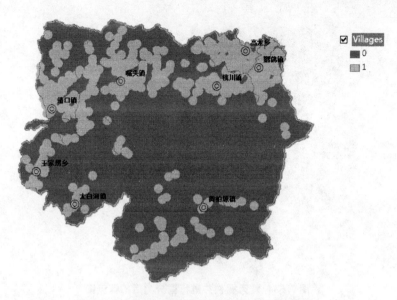

**图 7.51　转为栅格并进行重分类后的村庄图**

（6）河流：使用水文分析工具（空间分析——水文分析——填洼分析/流向分析/流量分析），由 DEM 图先进行填洼分析，然后做流向分析，接下来做流量分析，根据得到的流量图，用栅格计算器提取出河网（公式：流量＞5000立方米/秒），将得到的河网栅格转为线矢量图，建立 500 米缓冲区，用其更新乡镇图，然后再转为栅格数据进行重分类操作，500 米内的区域赋值为 0，其余区域赋值为 1（见图 7.52 和 7.53）。

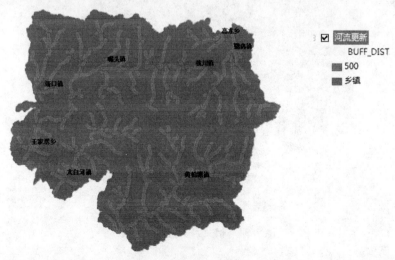

**图 7.52　更新后的河流矢量图层**

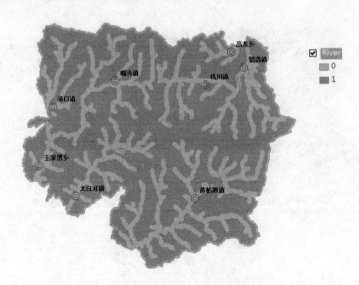

**图 7.53 转为栅格并进行重分类后的河流图**

（7）学校：用学校服务区更新乡镇图，然后转为栅格数据，进行重分类，学校服务区内赋值为 NoData，其余区域赋值为 1。

（8）通过栅格计算器（空间分析—地图代数—栅格计算器）将个相关因子的栅格相加；得到的结果见图 7.54。

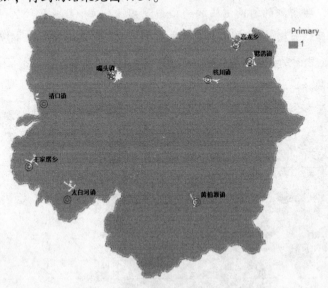

**图 7.54 相关因子栅格相加图**

（9）提取出值最高的区域，进行栅格转面操作，对得到的面要素建立 200 米缓冲区（建立时选择全部融合），通过高级编辑器里的拆分多部件要素工具将缓冲区拆成独立的面，进行要素转点操作。以得到的点要素作为学校的初步选址地点。

| Junior_rast | | |
|---|---|---|
| OID | Value | Count |
| 0 | 2 | 4323 |
| 1 | 3 | 12896 |
| 2 | 4 | 6068 |
| 3 | 5 | 5971 |
| 4 | 7 | 4084 |
| 5 | 8 | 12029 |
| 6 | 9 | 5321 |
| 7 | 10 | 4927 |
| 8 | 12 | 10 |
| 9 | 13 | 29 |
| 10 | 14 | 29 |
| 11 | 15 | 86 |

☑ Junior_rast
- 2
- 3
- 4
- 5
- 7
- 8
- 9
- 10
- 12
- 13
- 14
- 15

图 7.55 属性表和图例

由属性表和图例可以看出，虽然栅格计算器的结果可能出现的最高值为 15，但是 12 到 15 的区域区域太小，值为 11 的区域没有出现，不能作为学校选址区域，所以我们选择值为 10 的区域作为学校选址的初步预计地点（见图 7.55—7.58）。

图 7.56 提取的栅格图

147

图 7.57　栅格转点后建立的缓冲区

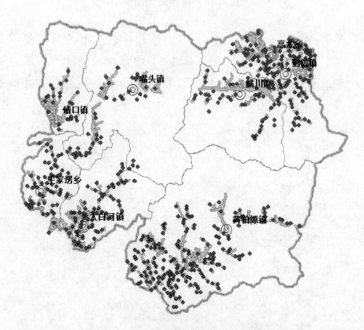

图 7.58　学校选址的第一步预测地点

（10）在太白连接图层中提取出有小学生人口的村庄，根据其分布对所得到的点要素进行调整或删除区域内明显多余的点（见图 7.59）。

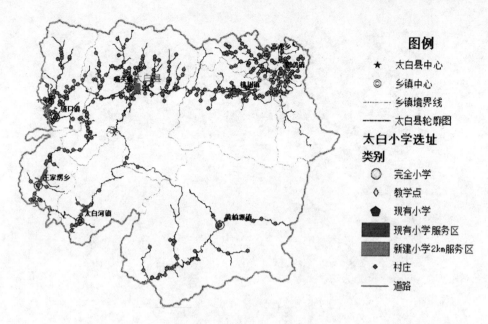

**图例**

★　太白县中心

◎　乡镇中心

- - - - -　乡镇境界线

─────　太白县轮廓图

**太白小学选址**
**类别**

◎　完全小学

◇　教学点

⬟　现有小学

■　现有小学服务区

■　新建小学2km服务区

◆　村庄

─────　道路

**图 7.59　有小学生人口的村庄**

（11）对初步筛选后的点要素建立相应服务区，根据服务区相互重叠情况，建立一个新的点要素，用以存储新确定的学校选址地点（见图 7.60）。

**图 7.60　最终确定的学校选址地点**

（12）重复步骤 4 和步骤 5，直到所有的学生都被服务区覆盖，以此时的点要素的位置作为新学校选址（见图 7.61 和 7.62）。

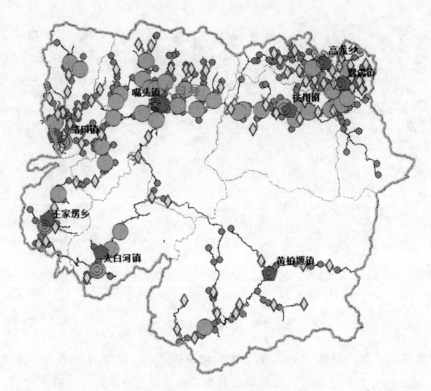

图 7.61　新学校选址

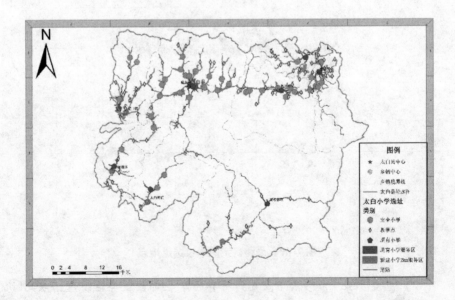

图 7.62　太白县小学选址

　　将太白县村庄图层使用空间连接方法（分析工具#叠加#空间连接），连接到新得到的小学 2 千米服务区，得到一个新的图层，选择原来服务区中一个有"位置"的字段（本例中选择的是"位置"字段），对小学学生数进行汇总求和，得到每个服务区内的学生人口的总数量，根据就近上学的原则，可以将人数作为每个学校的学生数量（见表 7.6）。

表 7.6　太白县各镇现有小学和新建小学情况（10 – 58 为新建小学）

| 编号 | 小学学生数（人） | 所在乡镇名 | 学校类别 |
|---|---|---|---|
| 1 | 86 | 黄柏塬乡 | 现有小学 |
| 2 | 9 | 王家塄乡 | 现有小学 |
| 3 | 24 | 靖口镇 | 现有小学 |
| 4 | 274 | 嘴头镇 | 现有小学 |
| 5 | 245 | 嘴头镇 | 现有小学 |
| 6 | 63 | 桃川镇 | 现有小学 |
| 7 | 169 | 鹦鸽镇 | 现有小学 |
| 8 | 9 | 高龙乡 | 现有小学 |
| 9 | 46 | 太白河镇 | 现有小学 |
| 10 | 23 | 黄柏塬乡 | 完全小学 |
| 11 | 131 | 太白河镇 | 完全小学 |
| 12 | 52 | 太白河镇 | 完全小学 |
| 13 | 49 | 太白河镇 | 完全小学 |
| 14 | 159 | 嘴头镇 | 完全小学 |
| 15 | 24 | 嘴头镇 | 完全小学 |
| 16 | 132 | 嘴头镇 | 完全小学 |
| 17 | 73 | 嘴头镇 | 完全小学 |
| 18 | 33 | 嘴头镇 | 完全小学 |
| 19 | 63 | 嘴头镇 | 完全小学 |
| 20 | 25 | 靖口镇 | 完全小学 |
| 21 | 36 | 靖口镇 | 完全小学 |
| 22 | 21 | 靖口镇 | 完全小学 |
| 23 | 24 | 靖口镇 | 完全小学 |
| 24 | 140 | 嘴头镇 | 完全小学 |
| 25 | 87 | 嘴头镇 | 完全小学 |
| 26 | 202 | 嘴头镇 | 完全小学 |
| 27 | 161 | 嘴头镇 | 完全小学 |

续表

| 编号 | 小学学生数（人） | 所在乡镇名 | 学校类别 |
|---|---|---|---|
| 28 | 221 | 嘴头镇 | 完全小学 |
| 29 | 81 | 嘴头镇 | 完全小学 |
| 30 | 176 | 嘴头镇 | 完全小学 |
| 31 | 44 | 嘴头镇 | 完全小学 |
| 32 | 75 | 嘴头镇 | 完全小学 |
| 33 | 42 | 桃川镇 | 完全小学 |
| 34 | 29 | 桃川镇 | 完全小学 |
| 35 | 37 | 桃川镇 | 完全小学 |
| 36 | 74 | 桃川镇 | 完全小学 |
| 37 | 39 | 桃川镇 | 完全小学 |
| 38 | 27 | 桃川镇 | 完全小学 |
| 39 | 48 | 桃川镇 | 完全小学 |
| 40 | 69 | 桃川镇 | 完全小学 |
| 41 | 99 | 鹦鸽镇 | 完全小学 |
| 42 | 41 | 鹦鸽镇 | 完全小学 |
| 43 | 35 | 鹦鸽镇 | 完全小学 |
| 44 | 67 | 鹦鸽镇 | 完全小学 |
| 45 | 46 | 王家塄乡 | 完全小学 |
| 46 | 24 | 王家塄乡 | 完全小学 |
| 47 | 79 | 嘴头镇 | 完全小学 |
| 48 | 59 | 嘴头镇 | 完全小学 |
| 49 | 94 | 鹦鸽镇 | 完全小学 |
| 50 | 25 | 高龙乡 | 完全小学 |
| 51 | 2 | 黄柏塬乡 | 教学点 |
| 52 | 8 | 黄柏塬乡 | 教学点 |
| 53 | 7 | 黄柏塬乡 | 教学点 |
| 54 | 2 | 黄柏塬乡 | 教学点 |
| 55 | 1 | 黄柏塬乡 | 教学点 |
| 56 | 14 | 黄柏塬乡 | 教学点 |
| 57 | 17 | 黄柏塬乡 | 教学点 |
| 58 | 10 | 黄柏塬乡 | 教学点 |

| 编号 | 小学学生数（人） | 所在乡镇名 | 学校类别 |
|---|---|---|---|
| 59 | 4 | 黄柏塬乡 | 教学点 |
| 60 | 1 | 黄柏塬乡 | 教学点 |
| 61 | 1 | 黄柏塬乡 | 教学点 |
| 62 | 11 | 太白河镇 | 教学点 |
| 63 | 13 | 嘴头镇 | 教学点 |
| 64 | 1 | 太白河镇 | 教学点 |
| 65 | 9 | 嘴头镇 | 教学点 |
| 66 | 16 | 嘴头镇 | 教学点 |
| 67 | 5 | 嘴头镇 | 教学点 |
| 68 | 5 | 靖口镇 | 教学点 |
| 69 | 14 | 靖口镇 | 教学点 |
| 70 | 9 | 靖口镇 | 教学点 |
| 71 | 7 | 靖口镇 | 教学点 |
| 72 | 4 | 靖口镇 | 教学点 |
| 73 | 5 | 靖口镇 | 教学点 |
| 74 | 9 | 靖口镇 | 教学点 |
| 75 | 18 | 靖口镇 | 教学点 |
| 76 | 19 | 靖口镇 | 教学点 |
| 77 | 8 | 靖口镇 | 教学点 |
| 78 | 2 | 靖口镇 | 教学点 |
| 79 | 11 | 靖口镇 | 教学点 |
| 80 | 2 | 靖口镇 | 教学点 |
| 81 | 18 | 嘴头镇 | 教学点 |
| 82 | 3 | 嘴头镇 | 教学点 |
| 83 | 13 | 嘴头镇 | 教学点 |
| 84 | 8 | 嘴头镇 | 教学点 |
| 85 | 8 | 嘴头镇 | 教学点 |
| 86 | 18 | 嘴头镇 | 教学点 |
| 87 | 5 | 桃川镇 | 教学点 |
| 88 | 1 | 桃川镇 | 教学点 |
| 89 | 5 | 桃川镇 | 教学点 |

续表

| 编号 | 小学学生数（人） | 所在乡镇名 | 学校类别 |
|---|---|---|---|
| 90 | 1 | 桃川镇 | 教学点 |
| 91 | 9 | 桃川镇 | 教学点 |
| 92 | 8 | 鹦鸽镇 | 教学点 |
| 93 | 12 | 鹦鸽镇 | 教学点 |
| 94 | 1 | 鹦鸽镇 | 教学点 |
| 95 | 10 | 高龙乡 | 教学点 |
| 96 | 14 | 高龙乡 | 教学点 |
| 97 | 5 | 鹦鸽镇 | 教学点 |
| 98 | 9 | 鹦鸽镇 | 教学点 |
| 99 | 8 | 鹦鸽镇 | 教学点 |
| 100 | 4 | 鹦鸽镇 | 教学点 |
| 101 | 18 | 王家塄乡 | 教学点 |
| 102 | 11 | 王家塄乡 | 教学点 |
| 103 | 18 | 王家塄乡 | 教学点 |
| 104 | 4 | 嘴头镇 | 教学点 |
| 105 | 3 | 嘴头镇 | 教学点 |
| 106 | 10 | 嘴头镇 | 教学点 |
| 107 | 15 | 鹦鸽镇 | 教学点 |
| 108 | 11 | 高龙乡 | 教学点 |
| 109 | 12 | 高龙乡 | 教学点 |
| 110 | 1 | 高龙乡 | 教学点 |
| 111 | 7 | 高龙乡 | 教学点 |
| 112 | 19 | 高龙乡 | 教学点 |
| 113 | 8 | 高龙乡 | 教学点 |
| 114 | 6 | 高龙乡 | 教学点 |
| 115 | 16 | 高龙乡 | 教学点 |
| 116 | 3 | 高龙乡 | 教学点 |
| 117 | 18 | 桃川镇 | 教学点 |
| 118 | 8 | 桃川镇 | 教学点 |
| 119 | 4 | 嘴头镇 | 教学点 |
| 120 | 1 | 嘴头镇 | 教学点 |

续表

| 编号 | 小学学生数（人） | 所在乡镇名 | 学校类别 |
|---|---|---|---|
| 121 | 2 | 靖口镇 | 教学点 |
| 122 | 4 | 嘴头镇 | 教学点 |
| 123 | 6 | 王家塄乡 | 教学点 |
| 124 | 2 | 黄柏塬乡 | 教学点 |
| 125 | 5 | 高龙乡 | 教学点 |
| 126 | 12 | 桃川镇 | 教学点 |
| 127 | 1 | 高龙乡 | 教学点 |
| 128 | 1 | 桃川镇 | 教学点 |

**（五）构建基于 GIS 的教育人力、物力、财力资源共享模型**

1. 人力资源共享

关于人力资源共享的 GIS 模型构建，我们主要以当前县域内学校间教师集体备课、走教两类共享活动为例作出具体分析。

（1）对于集体备课来说，我们以每一个镇（学区）为分析单位，考察学区范围内学校教师到一个备课地点进行集体备课。该方案有两种选择，一种是以中心大规模学校（具备备课教师和办公条件）作为集体备课地点；一种是假设大规模中心学校不具备集体备课办公条件，选择一个距离和最短的"中心点"，但需要新建办公室用于集体备课。面对这两种选择，我们需要计算并对比两种方案的成本大小，成本较小者为最佳方案。

（2）对于走教活动来说，我们将使用者成本模型、基本设施成本模型、出行时间成本模型、外部成本模型引入教师走教的总成本计算（见表7.7）。

①使用者成本模型

城市交通的使用者成本 $U$（User Cost）指的是使用者在金钱方面的净损失，主要指的是购车费、维修费、税费等。由于步行和自行车的使用成本比较小，因此在计算时可以不予考虑。下面为不同出行方式的使用成本模型（该模型是将出行的各种费用累加起来，然后折换为每车公里成本，这样便于比较和分析）❶：

---

❶ 胡永举. 城市居民出行成本的量化方法研究［J］. 交通运输工程与信息学报，2009（1）：5-10.

$$U = \sum_{i=1}^{5} U_i = \sum_{i=1}^{5} \frac{\sum_{j=1}^{m} C_{ij}}{M_i}$$

式中：

$U$ 为使用成本，元／（车·千米）；

$i$ 为第 $i$ 种出行方式；

$m_i$ 为第 $i$ 种出行方式使用费用的种类数；

$C_{ij}$ 为第 $i$ 种出行方式第 $j$ 种的费用（元）；

$M_i$ 为第 $i$ 种出行方式的平均行驶里程数（千米）。

②基础设施成本模型

城市交通的基础设施成本，（Infrastructure Cost）主要包括动态基础设施成本（道路基础设施成本）和静态基础设施成本（停车设施成本）。

A. 动态基础设施成本是一个时时刻刻都在发生着的成本，只要道路存在就会有交通方式的发生，这里的"动态"指的是交通工具的状态。如今城市道路的破坏日益严重，对其进行量化，从而进行交通方式成本的分担是很必要的。

B. "城市发展，交通先行"，不能让"停车难"成为交通的负担，发展动态交通更应兼顾静态交通。除出租车外，一般情况下，机动车 10% 的时间在路上走，90% 的时间需要停车，因此在重视动态交通的同时，更应重视静态交通。

③出行时间成本模型

出行的时间成本是城市交通出行成本中十分重要的一项。在城市交通预测中，出行时间价值是一个不可忽略的因素。本书采取的是单位时间价值法，它比以往的工资定价法更为精确。

④外部成本模型

城市交通所造成的成本往往比经营者与消费者实际承担的费用高很多。两者之间的差额通过各种渠道转嫁给了同城市交通经营与消费无关的人，或平均地转嫁给了所有的城市居民，这个差额就是城市交通的外部成本，有时候也称作边际外部成本。

**表 7.7　城市交通成本**　　　　　　　　　　（单位：元）

| | 使用成本 | 基础设施成本 | 出行时间成本 | 外部成本 | 总和 |
|---|---|---|---|---|---|
| 公交车 | 0.067 | 0.001 | 0.015 | 0.566 | 0.649 |
| 摩托车 | 0.301 | 0.062 | 0.207 | 1.283 | 1.853 |
| 加权和 | | | | | 1.452 |

注：由于农村教师大多任教于山区、丘陵地区，他们走教过程中乘摩托车情况更多，而且山区道路虽然路况差于城市道路，但相对于城市交通堵塞的普遍情况，路上行人稀少，因此，我们将农村教师走教成本等同于城市行人公交车成本（1/3）和摩托车交通成本（2/3），结果为 1.452 小时。

具体分析过程：

（1）集体备课

以太白县三个镇为例，分别说明三种情况。

①靖口镇（全镇学校规模均较小）

到距离和最短的学校备课，每次每个学校需要有一个老师到中心学校进行集体备课，全镇备课一次的出行成本为：

$$159.116 \text{ 千米} \times 2 \times 1.452 \text{ 元/千米} = 462.073 \text{（元）}$$

其中，×2 表示来回，1.452 为每千米路程的出行成本。

同样，到规模最大的学校进行一次集体备课的出行成本为：

$$209.483 \text{ 千米} \times 2 \times 1.452 \text{ 元/千米} = 608.339 \text{（元）}。$$

靖口镇全镇学校规模均较小，无论选择距离和最短的学校还是规模最大的学校作为中心学校备课，都需要新建多媒体备课场所，假设建立成本为 5 万元。因此，到距离和最短的学校进行集体备课的单次总成本为 50462.073 元，到规模最大学校进行备课的单次总成本为 50608.339 元。

②太白河镇

到距离和最短的学校进行备课一次需要花费成本：

$$45.981 \times 2 \times 1.452 = 133.529 \text{（元）}；$$

到规模最大的学校进行集体备课一次花费的成本：

$$51.974 \times 2 \times 1.452 = 150.932 \text{（元）}$$

太白河镇规模最大的学校规模较大，所以可以假设它有集体备课的场所，不需要新建新的备课场所；而距离和最短的学校规模较小，如被选择为集体备课的场所，则需要新建一间多媒体备课场所。因此，对于太白河镇来说，教师到距离和最短的学校进行集体备课的单次总成本为50133.529元，到规模最大学校进行集体备课的单次成本为150.932元。

③嘴头镇

嘴头镇距离和最短的学校和规模最大的学校均为同一所学校，每次集体备课活动所需出行成本为1053.870元，因此，对于嘴头镇来说，两种方案单次成本相同。

$$362.903 \times 2 \times 1.452 = 1053.870 （元）。$$

那么，总的来说，根据实际情况，我们假设每间多媒体备课场所价值5万元，假设一周需要集体备课一次，一学期以20周计。根据资产使用年限规定，多媒体仪器使用年限为5年，可以以5年为一个周期，则这个周期内的花费如表7.8所示。可见，对于靖口镇来说，教师到距离最短的中心布点学校进行集体备课的总成本为59241.46元，到规模最大中心学校进行集体备课的总成本为62166.78元，前者较低，因此最优方案为"到距离和最短的学校"；太白河镇教师到距离和最短的中心布点学校进行集体备课的总成本为52670.58元，到规模最大中心学校集体备课的总成本为3018.64元，后者成本较低，因此，最优方案为"到规模最大的中心学校集体备课"；嘴头镇的两种方案成本相等，因此两种方案可以自由选择。

**表7.8　太白县三乡镇多媒体设备资源共享成本**　　　　　　（元）

| 乡镇学校 | 距离最短中心出行成本 | 规模最大中心出行成本 | 出行成本差值 | 距离和最短中心总成本 | 规模最大中心总成本 | 总成本差值 |
|---|---|---|---|---|---|---|
| 靖口镇 | 9241.46 | 12166.78 | 2925.32 | 9241.46 + 5万 | 12166.78 + 5万 | 2925.32 |
| 太白河 | 2670.58 | 3018.64 | 348.06 | 2670.58 + 5万 | 3018.64 + 0 | 49651.94 |
| 嘴头镇 | 21077.4 | | 0 | 21077.4 | | 0 |

(2) 走教

以某个乡镇内小学英语课为例。

各个学校英语老师数量方法：按每个班级45人的标准计算，三到六年级学生每周需要上2节英语课，一名专职英语老师一周上16节英语课。例如，某个小学有600名学生，则其英语老师数量S为：

$$S = \lceil 600/45 \times 6/4 \times 2/16 \rceil = 3$$

则这个学校的英语老师授课课时的供给量为 48 节，学生需求量为 36 节，还有 12 节的课时数可以用于走教。

（注：⌐⌐ 为向上取整符号，如 ⌐2.2⌐ =3，⌐4⌐ =4。）

按英语老师的数量计算方法，我们计算出乡镇各个学校需要配置的英语老师数量，将英语老师数量大于 1 的学校暂时定义为"大规模学校"，其他学校定义为"小规模学校"，大规模学校英语三到六年级一个班每周上两节英语课，小规模学校没有英语老师，需要走教，采用复式教学的方式，一个学校一周只需要上四节英语课（三、四年级一起复式教学，五、六年级一起复式教学）。在 ArcGIS 上以大规模学校为中心，搜索附近小规模学校，搜索半径视不同地区情况而定，根据本校的需求，看英语老师能去几个学校走教，一次确定搜索到最近学校的个数。

以嘴头镇为例，以该镇 159 人规模的学校为例，假设该学校 6 个年级平均班级规模相等，则每个班有 26 到 27 个人，假设三到六年级共有 4 个班，而每个教师一周需要上两节英语课，则一周为 8 节英语课，即其本校英语课程的需求量为每周 8 节，那么，一位教师到外校走教的课时数为 4 节课，4 节课只能满足一个小规模学校，所以这个学校的英语老师只需要到最近的学校走教；如若存在大规模学校周围没有小规模学校的情况，这种情况就不需要走教；也有某一个或某几个学校远离大规模学校的情况，则采取与靖口镇相同的方法，为某个学校或地理位置上比较接近的几所学校派一名特岗教师（见表 7.9 和 7.10，和图 7.63）。由表 7.11 可见，嘴头镇每学期学校教师走教所需总成本为 10371.81 元，远低于全镇聘用 16 名英语教师所需的教师报酬成本。

表 7.9 嘴头镇学校走教所需教师数量

| 位置 | 小学学生数 | 教师数 | 英语老师数 | 本校需求 | 走教学校数 | 所在乡镇名 |
|---|---|---|---|---|---|---|
| 18 | 13 | 1 | 0 | 4 | 0 | 嘴头镇 |
| 20 | 159 | 8 | 1 | 8 | 2 | 嘴头镇 |
| 21 | 24 | 1 | 0 | 4 | 0 | 嘴头镇 |
| 22 | 132 | 7 | 1 | 8 | 2 | 嘴头镇 |
| 23 | 73 | 4 | 0 | 4 | 0 | 嘴头镇 |
| 24 | 9 | 1 | 0 | 4 | 0 | 嘴头镇 |

| 位置 | 小学学生数 | 教师数 | 英语老师数 | 本校需求 | 走教学校数 | 所在乡镇名 |
|---|---|---|---|---|---|---|
| 25 | 33 | 2 | 0 | 4 | 0 | 嘴头镇 |
| 26 | 63 | 3 | 0 | 4 | 0 | 嘴头镇 |
| 28 | 5 | 1 | 0 | 4 | 0 | 嘴头镇 |
| 46 | 140 | 7 | 1 | 8 | 2 | 嘴头镇 |
| 47 | 87 | 5 | 0 | 4 | 0 | 嘴头镇 |
| 48 | 202 | 11 | 1 | 8 | 2 | 嘴头镇 |
| 49 | 18 | 1 | 0 | 4 | 0 | 嘴头镇 |
| 50 | 3 | 1 | 0 | 4 | 0 | 嘴头镇 |
| 51 | 161 | 8 | 1 | 8 | 2 | 嘴头镇 |
| 52 | 221 | 12 | 1 | 8 | 2 | 嘴头镇 |
| 53 | 81 | 4 | 0 | 4 | 0 | 嘴头镇 |
| 54 | 13 | 1 | 0 | 4 | 0 | 嘴头镇 |
| 55 | 8 | 1 | 0 | 4 | 0 | 嘴头镇 |
| 56 | 176 | 9 | 1 | 8 | 2 | 嘴头镇 |
| 57 | 44 | 2 | 0 | 4 | 0 | 嘴头镇 |
| 58 | 8 | 1 | 0 | 4 | 0 | 嘴头镇 |
| 59 | 75 | 4 | 0 | 4 | 0 | 嘴头镇 |
| 60 | 18 | 1 | 0 | 4 | 0 | 嘴头镇 |
| 93 | 3 | 1 | 0 | 4 | 0 | 嘴头镇 |
| 94 | 79 | 4 | 0 | 4 | 0 | 嘴头镇 |
| 95 | 59 | 3 | 0 | 4 | 0 | 嘴头镇 |
| 96 | 10 | 1 | 0 | 4 | 0 | 嘴头镇 |
| 99 | 274 | 14 | 1 | 10 | 1 | 嘴头镇 |
| 100 | 245 | 13 | 1 | 8 | 2 | 嘴头镇 |
| 117 | 4 | 1 | 0 | 4 | 0 | 嘴头镇 |
| 118 | 1 | 1 | 0 | 4 | 0 | 嘴头镇 |
| 120 | 4 | 1 | 0 | 4 | 0 | 嘴头镇 |
| 19 | 1 | 1 | 0 | 4 | 0 | 嘴头镇 |

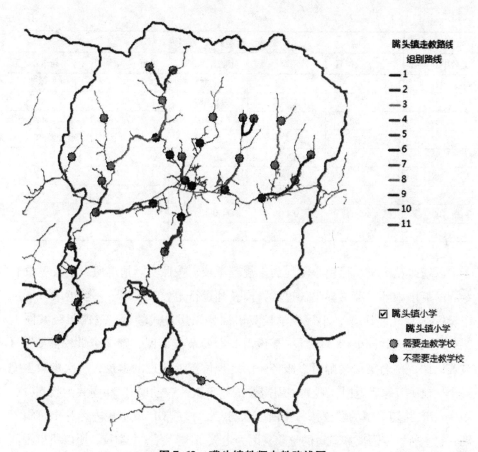

**图 7.63　嘴头镇教师走教路线图**

**表 7.10　嘴头镇英语教师走教所需成本**

| 走教 | 嘴头镇需要 16 名英语老师 | | | | |
|---|---|---|---|---|---|
| 走教中心位置 | 走教学校位置 | 走教距离/单程 | 走教距离/周 | 出行成本/周 | 一年出行成本/元 |
| 94 | 93、95、96 | 14.01 | 28.02 | 40.69 | 1627.40 |
| 20 | 25、26 | 14.176 | 28.352 | 41.17 | 1646.68 |
| 51 | 50 | 7.263 | 14.526 | 21.09 | 843.67 |
| 99 | 47 | 2.578 | 5.156 | 7.49 | 299.46 |
| 22 | 21、23 | 9.452 | 18.904 | 27.45 | 1097.94 |
| 117 | 118 | 4.389 | 8.778 | 12.75 | 509.83 |
| 48 | 49 | 3.852 | 7.704 | 11.19 | 447.45 |
| 54 | 55 | 3.502 | 7.004 | 10.17 | 406.79 |

| 走教 | 嘴头镇需要 16 名英语老师 | | | | |
|---|---|---|---|---|---|
| 走教中心位置 | 走教学校位置 | 走教距离/单程 | 走教距离/周 | 出行成本/周 | 一年出行成本/元 |
| 52 | 53 | 3.175 | 6.35 | 9.22 | 368.81 |
| 57 | 58 | 4.191 | 8.382 | 12.17 | 486.83 |
| 56 | 59、60 | 9.551 | 19.102 | 27.74 | 1109.44 |
| 18 | 120、19 | 13.15 | 26.3 | 38.19 | 1527.50 |
| 24 | | 0 | 0 | | |
| 28 | | 0 | 0 | | |
| 46 | | 0 | 0 | | |
| 100 | | 0 | 0 | | |
| 总计 | | | | | 10371.81 |

以靖口镇为例，该镇小学均为小规模学校，按照实际情况假设学校里没有专职的英语教师，英语教学通过派特岗教师进行走教来实现。一名英语教师工作量标准为每周 16 节，小规模学校英语课均采用复式教学，三四年级共同上课，五六年级共同上课，一周一个班需要上两节英语课，则一个学校需要上 4 节英语课，一名英语老师可以服务 4 所地理位置上相近的学校，一次走教上完一个学校 4 节课后返回，则其一周需要走教 3 次，一学期有 20 周共走教 60 次。用 ArcGIS 将靖口镇的学校按每 4 所一组分组，根据 OD 成本矩阵计算出每组里到其它 3 所学校距离和最短的学校，因为走教一次只去一个学校，所以所得距离和的 2 倍就是一周走教的总路程，每公里的出行成本按上一步所得（1.452 元/千米）计算（见表 7.11）（图略）。

表 7.11　靖口镇英语教师走教所需成本

| 组别 | 最短距离单程（千米/周） | 最短距离来回（千米/周） | 出行成本（元/周） | 一年总出行成本（元） |
|---|---|---|---|---|
| 1 | 9.62 | 19.24 | 27.93648 | 1117.4592 |
| 2 | 10.52 | 21.04 | 30.55008 | 1222.0032 |
| 3 | 16.88 | 33.76 | 49.01952 | 1960.7808 |
| 4 | 10.48 | 20.96 | 30.43392 | 1217.3568 |
| 5 | 8.25 | 16.5 | 23.958 | 958.32 |
| 总计 | 55.75 | 111.5 | 161.898 | 6475.92 |

注：靖口镇英语科目走教，一周一个学校需要四节课，一周走教 3 次（复式教学，三四年级一起上，五六年级一起上，一名英语教师一周工作量标准 16 节）。

## 2. 物力资源共享

以计算机/实验设备为例。

（1）太白县计算机共享分析（以太白县嘴头镇为例）

不共享的情况：

假设每个学校都根据上计算机课的学生数量（三到六年级上计算机课）购买电脑，1 到 6 名学生的学校购买 1 台电脑，7 到 12 名学生的学校购买 2 台，其余规模的学校按学生数除以 6 计算，四舍五入，然后按 5000 元/台计算购买电脑的成本，在不考虑维修费等情况下，数量 × 单价 = 总价，为总成本。

表 7.12　嘴头镇学校电脑设备不共享所需教育成本

| 位置 | 乡镇名 | 小学学生数 | 不共享电脑数量（台） | 不共享成本（万元） |
|---|---|---|---|---|
| Location18 | 嘴头镇 | 13 | 2 | 1 |
| Location20 | 嘴头镇 | 159 | 18 | 9 |
| Location21 | 嘴头镇 | 24 | 3 | 1.5 |
| Location22 | 嘴头镇 | 132 | 15 | 7.5 |
| Location23 | 嘴头镇 | 73 | 8 | 4 |
| Location24 | 嘴头镇 | 9 | 1 | 0.5 |
| Location25 | 嘴头镇 | 33 | 4 | 2 |
| Location26 | 嘴头镇 | 63 | 7 | 3.5 |
| Location28 | 嘴头镇 | 5 | 1 | 0.5 |
| Location46 | 嘴头镇 | 140 | 16 | 8 |
| Location47 | 嘴头镇 | 87 | 10 | 5 |
| Location48 | 嘴头镇 | 202 | 22 | 11 |
| Location49 | 嘴头镇 | 18 | 2 | 1 |
| Location50 | 嘴头镇 | 3 | 1 | 0.5 |
| Location51 | 嘴头镇 | 161 | 18 | 9 |
| Location52 | 嘴头镇 | 221 | 25 | 12.5 |
| Location53 | 嘴头镇 | 81 | 9 | 4.5 |
| Location54 | 嘴头镇 | 13 | 2 | 1 |
| Location55 | 嘴头镇 | 8 | 1 | 0.5 |
| Location56 | 嘴头镇 | 176 | 20 | 10 |
| Location57 | 嘴头镇 | 44 | 5 | 2.5 |
| Location58 | 嘴头镇 | 8 | 1 | 0.5 |

| 位置 | 乡镇名 | 小学学生数 | 不共享电脑数量（台） | 不共享成本（万元） |
|---|---|---|---|---|
| Location59 | 嘴头镇 | 75 | 8 | 4 |
| Location60 | 嘴头镇 | 18 | 2 | 1 |
| Location93 | 嘴头镇 | 3 | 1 | 0.5 |
| Location94 | 嘴头镇 | 79 | 9 | 4.5 |
| Location95 | 嘴头镇 | 59 | 7 | 3.5 |
| Location96 | 嘴头镇 | 10 | 2 | 1 |
| Location99 | 嘴头镇 | 274 | 30 | 15 |
| Location100 | 嘴头镇 | 245 | 27 | 13.5 |
| Location117 | 嘴头镇 | 4 | 1 | 0.5 |
| Location118 | 嘴头镇 | 1 | 1 | 0.5 |
| Location120 | 嘴头镇 | 4 | 1 | 0.5 |
| Location19 | 嘴头镇 | 1 | 1 | 0.5 |
|  | 总计 |  |  | 140.5 |

共享的情况：

假设 150 名学生以上的学校有电脑，其余学校在自己周围 5 公里内与其他学校共享电脑设备，如果 5 公里之内没有其余学校，则根据人数购买电脑；如果 5 公里之内搜索到的学校是学生数量在 150 以下的，则选择一个最合适的学校作为共享中心，根据本校的情况购买电脑，而 5 公里之内，其余学校的学生就到中心学校共享电脑资源。此时的的成本为：

$$总成本 = 数量 \times 单价 + 出行成本$$

$$出行成本 = N \times S \times p$$

$N$ 为去中心学校共享电脑的学生数；

$S$ 为对应学生需要走的来回路程；

$p$ 为每公里出行成本（出行方式：公交车，0.649 元/千米）

使用计算机共享的情况如图 7.64。

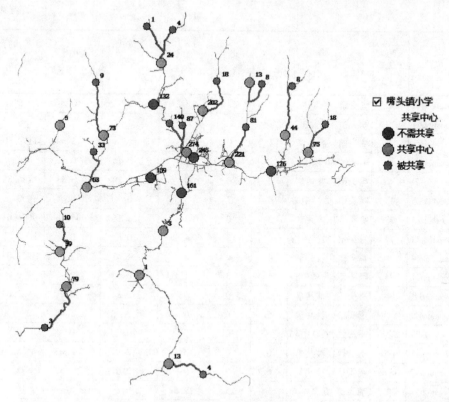

**图 7.64　计算机共享情况**

图中连接学校与学校的线则表示一个或多个学校的学生到另一个学校去共享计算机，标记的数字为学校的学生数量。

共享的成本由两部分组成，一部分是学校学生数少于 150 名的，一部分是规模较大学校，不需要被共享并可以给周围学校提供共享的情况，成本见表 7.13。

**表 7.13　嘴头镇学校电脑资源共享所需成本**

| 位置 | 小学学生数（人） | 所在乡镇名 | 共享中心 | 共享分组 | 电脑数量（台） | 电脑成本（万元） | 单人次单程（千米） | 单人次出行成本（元） | 5 年出行成本（元） |
|---|---|---|---|---|---|---|---|---|---|
| Location20 | 159 | 嘴头镇 | 不需共享 | 0 | 18 | 9 | 0 | 0 | 0 |
| Location22 | 132 | 嘴头镇 | 不需共享 | 0 | 15 | 7.5 | 0 | 0 | 0 |
| Location51 | 161 | 嘴头镇 | 不需共享 | 0 | 18 | 9 | 0 | 0 | 0 |
| Location56 | 176 | 嘴头镇 | 不需共享 | 0 | 20 | 10 | 0 | 0 | 0 |

续表

| 位置 | 小学生数（人） | 所在乡镇名 | 共享中心 | 共享分组 | 电脑数量（台） | 电脑成本（万元） | 单人次单程（千米） | 单人次出行成本（元） | 5年出行成本（元） |
|---|---|---|---|---|---|---|---|---|---|
| Location100 | 245 | 嘴头镇 | 不需共享 | 0 | 27 | 13.5 | 0 | 0 | 0 |
| Location94 | 79 | 嘴头镇 | 共享中心 | 1 | 9 | 4.5 | 0 | 0 | 0 |
| Location93 | 3 | 嘴头镇 | 被共享 | 1 | 0 | 0 | 4.54 | 5.89 | 1178.80 |
| Location18 | 13 | 嘴头镇 | 共享中心 | 2 | 2 | 1 | 0 | 0 | 0 |
| Location120 | 4 | 嘴头镇 | 被共享 | 2 | 0 | 0 | 3.20 | 5.53 | 1106.85 |
| Location26 | 63 | 嘴头镇 | 共享中心 | 3 | 7 | 3.5 | 0 | 0 | 0 |
| Location25 | 33 | 嘴头镇 | 被共享 | 3 | 0 | 0 | 3.16 | 45.18 | 9036.63 |
| Location23 | 73 | 嘴头镇 | 共享中心 | 4 | 8 | 4 | 0 | 0 | 0 |
| Location24 | 9 | 嘴头镇 | 被共享 | 4 | 0 | 0 | 4.43 | 17.26 | 3452.05 |
| Location21 | 24 | 嘴头镇 | 共享中心 | 5 | 3 | 1.5 | 0 | 0 | 0 |
| Location117 | 4 | 嘴头镇 | 被共享 | 5 | 0 | 0 | 2.84 | 4.91 | 982.07 |
| Location118 | 1 | 嘴头镇 | 被共享 | 5 | 0 | 0 | 3.38 | 1.46 | 292.90 |
| Location99 | 274 | 嘴头镇 | 共享中心 | 6 | 30 | 15 | 0 | 0 | 0 |
| Location46 | 140 | 嘴头镇 | 被共享 | 6 | 0 | 0 | 2.84 | 172.03 | 34406.86 |
| Location47 | 87 | 嘴头镇 | 被共享 | 6 | 0 | 0 | 2.61 | 98.37 | 19673.44 |
| Location52 | 221 | 嘴头镇 | 共享中心 | 7 | 25 | 12.5 | 0 | 0 | 0 |
| Location53 | 81 | 嘴头镇 | 被共享 | 7 | 0 | 0 | 3.17 | 111.04 | 22208.16 |
| Location59 | 75 | 嘴头镇 | 共享中心 | 8 | 8 | 4 | 0 | 0 | 0 |
| Location60 | 18 | 嘴头镇 | 被共享 | 8 | 0 | 0 | 2.57 | 20.03 | 4005.06 |
| Location57 | 44 | 嘴头镇 | 共享中心 | 9 | 5 | 2.5 | 0 | 0 | 0 |
| Location58 | 8 | 嘴头镇 | 被共享 | 9 | 0 | 0 | 4.18 | 14.46 | 2892.23 |
| Location54 | 13 | 嘴头镇 | 共享中心 | 10 | 2 | 1 | 0 | 0 | 0 |
| Location55 | 8 | 嘴头镇 | 被共享 | 10 | 0 | 0 | 3.47 | 12.00 | 2399.15 |
| Location48 | 202 | 嘴头镇 | 共享中心 | 11 | 22 | 11 | 0 | 0 | 0 |
| Location49 | 18 | 嘴头镇 | 被共享 | 11 | 0 | 0 | 3.89 | 30.31 | 6061.15 |
| Location95 | 59 | 嘴头镇 | 共享中心 | 12 | 7 | 3.5 | 0 | 0 | 0 |
| Location96 | 10 | 嘴头镇 | 被共享 | 12 | 0 | 0 | 3.19 | 13.81 | 2762.40 |
| Location19 | 1 | 嘴头镇 | 共享中心 | 13 | 1 | 0.5 | 0 | 0 | 0 |
| Location50 | 3 | 嘴头镇 | 共享中心 | 14 | 1 | 0.5 | 0 | 0 | 0 |
| Location28 | 5 | 嘴头镇 | 共享中心 | 15 | 1 | 0.5 | 0 | 0 | 0 |
| | | | | | | | | 总计 | 1255000 |

下面是从上表中提取出来的不需要参加共享的学校。

表 7.14 无需电脑资源共享的学校

| 位置 | 小学学生数（人） | 需购买电脑数（台） | 出行成本（元） | 电脑成本（万元） | 总成本（万元） |
|---|---|---|---|---|---|
| Location20 | 159 | 18 | 0 | 9 | 9 |
| Location22 | 132 | 15 | 0 | 7.5 | 7.5 |
| Location51 | 161 | 18 | 0 | 9 | 9 |
| Location56 | 176 | 20 | 0 | 10 | 10 |
| Location100 | 245 | 27 | 0 | 13.5 | 13.5 |
| | | | 总计 | | 49 |

值得注意的是，在不需要共享的学校中，位置 22 的学校，其学生数量只有 132 名，但由于其周围都是规模比较小的学校，不足以负担其 132 名学生的计算机学习，为避免成本过高，所以将其划分为不需要计算机共享的一类。可以看出，在不考虑计算机耗损等情况下，通过共享可以节约 15 万元的。（见表 7.15）

表 7.15 计算机共享的情况与不共享的情况总成本对比

| 类型 | 购买电脑的成本（万元） | 出行成本（万元） | 总成本（万元） |
|---|---|---|---|
| 共享 | 114.5 | 11 | 125.5 |
| 不共享 | 140.5 | 0 | 140.5 |
| 差值 | −26 | 11 | −15 |

（2）宁强县计算机共享分析（以宁强县汉源镇为例）

不共享的情况下，5 年共需成本 184 万元。

表 7.16 汉源镇小学计算机资源不共享的教育成本

| 学校位置 | 小学人口数（人） | 乡镇名 | 不共享电脑数量（台） | 不共享成本（万元） |
|---|---|---|---|---|
| Location 60 | 23 | 汉源镇 | 3 | 1.5 |
| Location 750 | 5 | 汉源镇 | 1 | 0.5 |
| Location 57 | 9 | 汉源镇 | 1 | 0.5 |
| Location 56 | 38 | 汉源镇 | 4 | 2 |
| Location 58 | 9 | 汉源镇 | 1 | 0.5 |

| 学校位置 | 小学人口数（人） | 乡镇名 | 不共享电脑数量（台） | 不共享成本（万元） |
|---|---|---|---|---|
| Location 59 | 16 | 汉源镇 | 2 | 1 |
| Location 836 | 176 | 汉源镇 | 20 | 10 |
| Location 50 | 59 | 汉源镇 | 7 | 3.5 |
| Location 51 | 42 | 汉源镇 | 5 | 2.5 |
| Location 52 | 24 | 汉源镇 | 3 | 1.5 |
| Location 55 | 15 | 汉源镇 | 2 | 1 |
| Location 114 | 82 | 汉源镇 | 9 | 4.5 |
| Location 54 | 22 | 汉源镇 | 2 | 1 |
| Location 743 | 26 | 汉源镇 | 3 | 1.5 |
| Location 117 | 20 | 汉源镇 | 2 | 1 |
| Location 741 | 17 | 汉源镇 | 2 | 1 |
| Location 744 | 24 | 汉源镇 | 3 | 1.5 |
| Location 228 | 13 | 汉源镇 | 2 | 1 |
| Location 507 | 203 | 汉源镇 | 23 | 11.5 |
| Location 112 | 1 | 汉源镇 | 1 | 0.5 |
| Location 113 | 2 | 汉源镇 | 1 | 0.5 |
| Location 115 | 576 | 汉源镇 | 64 | 32 |
| Location 116 | 104 | 汉源镇 | 12 | 6 |
| Location 755 | 11 | 汉源镇 | 2 | 1 |
| Location 756 | 687 | 汉源镇 | 76 | 38 |
| Location 757 | 6 | 汉源镇 | 1 | 0.5 |
| Location 797 | 5 | 汉源镇 | 1 | 0.5 |
| Location 125 | 2 | 汉源镇 | 1 | 0.5 |
| Location 510 | 2 | 汉源镇 | 1 | 0.5 |
| Location 511 | 69 | 汉源镇 | 8 | 4 |
| Location 508 | 60 | 汉源镇 | 7 | 3.5 |
| Location 509 | 9 | 汉源镇 | 1 | 0.5 |
| Location 389 | 3 | 汉源镇 | 1 | 0.5 |
| Location 391 | 91 | 汉源镇 | 10 | 5 |
| Location 763 | 20 | 汉源镇 | 2 | 1 |
| Location 387 | 7 | 汉源镇 | 1 | 0.5 |

| 学校位置 | 小学人口数（人） | 乡镇名 | 不共享电脑数量（台） | 不共享成本（万元） |
|---|---|---|---|---|
| Location 388 | 5 | 汉源镇 | 1 | 0.5 |
| Location 512 | 7 | 汉源镇 | 1 | 0.5 |
| Location 513 | 8 | 汉源镇 | 1 | 0.5 |
| Location 385 | 3 | 汉源镇 | 1 | 0.5 |
| Location 386 | 7 | 汉源镇 | 1 | 0.5 |
| Location 506 | 36 | 汉源镇 | 4 | 2 |
| Location 53 | 111 | 汉源镇 | 12 | 6 |
| Location 742 | 548 | 汉源镇 | 61 | 30.5 |
| Location 229 | 3 | 汉源镇 | 1 | 0.5 |
| | | 总计 | | 184 |

共享的情况：

以各个学校为中心，5 千米为半径搜索最近的学校（通过网络分析——最近设施点实现），手动给各个学校分组，在各组中寻找一个合适的学校作为共享中心，一般以地理位置为主要决定因素，学校的学生数量为次要参考因素。以汉源镇为例，该镇学校计算机资源共享所需成本为 177.4 万元（见表 7.17）。在实际操作中，假设只为作为共享中心的学校购买电脑，其余学校的学生到共享中心的学校使用电脑学习。具体该镇学校共享组别划分及共享情况见图 7.65。

**表 7.17 汉源镇计算机资源共享所需成本**

| 学校位置 | 小学人口数（人） | 乡镇名 | 共享中心 | 电脑数量（台） | 电脑成本（万元） | 计算机分组 | 每人每次共享距离（千米） | 学校学生每次出行成本（元） | 5年各个学校出行成本（元） |
|---|---|---|---|---|---|---|---|---|---|
| Location 60 | 23 | 汉源镇 | 是 | 3 | 2 | 1 | 0.00 | 0.00 | 0.00 |
| Location 750 | 5 | 汉源镇 | | 0 | 0 | 1 | 6.22 | 13.47 | 2693.31 |
| Location 57 | 9 | 汉源镇 | 是 | 1 | 1 | 2 | 0.00 | 0.00 | 0.00 |
| Location 836 | 176 | 汉源镇 | 是 | 20 | 14.5 | 3 | 0.00 | 0.00 | 0.00 |
| Location 56 | 38 | 汉源镇 | | 0 | 0 | 3 | 7.29 | 119.87 | 23973.98 |
| Location 58 | 9 | 汉源镇 | | 0 | 0 | 3 | 6.09 | 23.70 | 4740.30 |
| Location 59 | 16 | 汉源镇 | | 0 | 0 | 3 | 9.05 | 62.67 | 12534.00 |
| Location 51 | 42 | 汉源镇 | 是 | 7 | 5 | 4 | 0.00 | 0.00 | 0.00 |
| Location 50 | 59 | 汉源镇 | | 0 | 0 | 4 | 9.12 | 232.76 | 46551.32 |
| Location 52 | 24 | 汉源镇 | | 0 | 0 | 4 | 6.81 | 70.70 | 14139.32 |
| Location 55 | 15 | 汉源镇 | | 0 | 0 | 4 | 4.10 | 26.59 | 5318.60 |
| Location 743 | 26 | 汉源镇 | 是 | 9 | 7 | 5 | 0.00 | 0.00 | 0.00 |

| 学校位置 | 小学人口数（人） | 乡镇名 | 共享中心 | 电脑数量（台） | 电脑成本（万元） | 计算机分组 | 每人每次共享距离（千米） | 学校学生每次出行成本（元） | 5年各个学校出行成本（元） |
|---|---|---|---|---|---|---|---|---|---|
| Location 114 | 82 | 汉源镇 | | 0 | 0 | 5 | 5.30 | 187.96 | 37592.00 |
| Location 54 | 22 | 汉源镇 | | 0 | 0 | 5 | 6.71 | 63.89 | 12778.65 |
| Location 741 | 17 | 汉源镇 | 是 | 3 | 2 | 6 | 0.00 | 0.00 | 0.00 |
| Location 117 | 20 | 汉源镇 | | 0 | 0 | 6 | 8.23 | 71.26 | 14251.19 |
| Location 744 | 24 | 汉源镇 | | 0 | 0 | 6 | 5.89 | 61.18 | 12236.19 |
| Location 507 | 203 | 汉源镇 | 是 | 23 | 17 | 7 | 0.00 | 0.00 | 0.00 |
| Location 228 | 13 | 汉源镇 | | 0 | 0 | 7 | 7.36 | 41.37 | 8274.76 |
| Location 115 | 576 | 汉源镇 | 是 | 64 | 48 | 8 | 0.00 | 0.00 | 0.00 |
| Location 112 | 1 | 汉源镇 | | 0 | 0 | 8 | 9.09 | 3.93 | 786.81 |
| Location 113 | 2 | 汉源镇 | | 0 | 0 | 8 | 7.34 | 6.35 | 1269.82 |
| Location 756 | 687 | 汉源镇 | 是 | 76 | 57 | 9 | 0.00 | 0.00 | 0.00 |
| Location 116 | 104 | 汉源镇 | | 0 | 0 | 9 | 4.82 | 216.82 | 43363.77 |
| Location 755 | 11 | 汉源镇 | | 0 | 0 | 9 | 6.17 | 29.36 | 5871.25 |
| Location 757 | 6 | 汉源镇 | 是 | 1 | 0.5 | 10 | 0.00 | 0.00 | 0.00 |
| Location 797 | 5 | 汉源镇 | | 0 | 0 | 10 | 7.02 | 15.19 | 3037.45 |
| Location 510 | 2 | 汉源镇 | 是 | 8 | 6 | 11 | 0.00 | 0.00 | 0.00 |
| Location 125 | 2 | 汉源镇 | | 0 | 0 | 11 | 7.44 | 6.44 | 1288.06 |
| Location 511 | 69 | 汉源镇 | | 0 | 0 | 11 | 3.88 | 115.77 | 23154.18 |
| Location 508 | 60 | 汉源镇 | 是 | 7 | 5 | 12 | 0.00 | 0.00 | 0.00 |
| Location 509 | 9 | 汉源镇 | | 0 | 0 | 12 | 6.43 | 25.06 | 5011.26 |
| Location 389 | 3 | 汉源镇 | 是 | 10 | 7.5 | 13 | 0.00 | 0.00 | 0.00 |
| Location 391 | 91 | 汉源镇 | | 0 | 0 | 13 | 5.64 | 221.99 | 44397.28 |
| Location 763 | 20 | 汉源镇 | | 0 | 0 | 13 | 8.74 | 75.60 | 15119.02 |
| Location 512 | 7 | 汉源镇 | 是 | 1 | 1 | 14 | 0.00 | 0.00 | 0.00 |
| Location 387 | 7 | 汉源镇 | | 0 | 0 | 14 | 6.18 | 18.72 | 3744.88 |
| Location 388 | 5 | 汉源镇 | | 0 | 0 | 14 | 8.19 | 17.72 | 3543.35 |
| Location 513 | 8 | 汉源镇 | | 0 | 0 | 14 | 5.65 | 19.55 | 3909.51 |
| Location 386 | 7 | 汉源镇 | 是 | 1 | 1 | 15 | 0.00 | 0.00 | 0.00 |
| Location 385 | 3 | 汉源镇 | | 0 | 0 | 15 | 6.87 | 8.92 | 1784.61 |
| Location 506 | 36 | 汉源镇 | 是 | 4 | 3 | 16 | 0.00 | 0.00 | 0.00 |
| Location 742 | 548 | 汉源镇 | 是 | 61 | 45.5 | 17 | 0.00 | 0.00 | 0.00 |
| Location 53 | 111 | 汉源镇 | | 0 | 0 | 17 | 7.02 | 337.16 | 67431.35 |
| Location 229 | 3 | 汉源镇 | 是 | 1 | 0.5 | 18 | 0.00 | 0.00 | 0.00 |
| | | | | | | | 总计 | | 1774000 |

**图 7.65　汉源镇小学计算机共享路线计算机组别**

　　基于汉源镇小学计算机资源共享和不共享情况的成本对比，发现：如果共享计算机资源，所需总成本为 177.4 万元，而不共享资源的总成本为 184 万元，即共享资源成本小于不共享资源情况下的成本。（见表 7.18）

**表 7.18　计算机资源共享与不共享成本对比**

|  | 计算机成本（万元） | 出行成本（万元） | 总成本（万元） |
|---|---|---|---|
| 共享情况 | 149.5 | 27.9 | 177.4 |
| 不共享情况 | 184 | 0 | 184 |
| 差值 | −34.5 | 27.9 | −6.6 |

　　通过上述两个乡镇的情况，可以看出：计算机共享的情况主要针对小规模的学校，而且规模越小，计算机共享的成本也越小。单独某个乡镇通过共享节约的成本可能不多，但是将这种方法扩大到整个县的范围的话，可以节约的资金就并不是可以忽略的了。

3. 财政资源（资金）共享

在某一个单位区域内，通过各个学校间的资金共享，将各个学校的资金统一分配管理，可以更合理的分配资金，平衡资金富余学校的资金浪费问题和资金不足学校的资金短缺问题。同时，通过资金共享，可以使一个区域内的学校购买到较高质量和更完备的教学设施或设备，使其与附近薄弱小规模学校进行资源共享，使资金短缺的小规模学校学生也能享受到高质量的教育资源。

$$\text{int}[(x_1 + x_2 + \cdots + x_n)/n] \geq \text{int}[x_1/n] + \text{int}[x_2/n] + \cdots + \text{int}[x_n/n]$$

$x_i$ 为某个学校的经费（以生均教育资金为例）

$p$ 为某件（套）教学设施或设备的单价

资金以单项生均教育经费作为标准，计算方法为：每名学生补助 800 元[1]，不满 100 名学生的学校按 100 名计算，根据《太白县中小学灾后重建和"一乡一校"建设内部设施配置规划表》，一套标准内部设施配置包括：计算机教室（15 万元）、多媒体教室（5 万元）、实验室（10 万元）、体育器材（10 万元）、音乐教室（10 万元）、美术教室（5 万元），总计 55 万元每套。

从整个嘴头镇的情况来看，全镇不存在可以单独购买一套设施的学校，在不资金共享的情况下，嘴头镇的购买力其实为 0；通过资金共享，将整个镇的资金共同使用，可以购买 6 套设施，相对于没有一所学校可以购买一套标准设备的情况，通过资金共享即使可能满足不了全镇学生的需求，但可以让学生通过资源共享，享受到整套标准设备，从而提升教学水平和质量（见表 7.19）。

表 7.19　太白县嘴头镇小学经费

| 位置 | 小学学生数 | 经费 | 可购买量 |
| --- | --- | --- | --- |
| 18 | 13 | 80000 | 0 |
| 20 | 159 | 127200 | 0 |
| 21 | 24 | 80000 | 0 |
| 22 | 132 | 105600 | 0 |
| 23 | 73 | 80000 | 0 |

---

● 陕西传媒网：《陕西生均财政拨款和学生资助标准实现两个"全覆盖"》，2015 年 3 月 19 日，http：//www.sxdaily.com.cn/n/2015/0319/c145–5649146.html。

续表

| 位置 | 小学学生数 | 经费 | 可购买量 |
| --- | --- | --- | --- |
| 24 | 9 | 80000 | 0 |
| 25 | 33 | 80000 | 0 |
| 26 | 63 | 80000 | 0 |
| 28 | 5 | 80000 | 0 |
| 46 | 140 | 112000 | 0 |
| 47 | 87 | 80000 | 0 |
| 48 | 202 | 161600 | 0 |
| 49 | 18 | 80000 | 0 |
| 50 | 3 | 80000 | 0 |
| 51 | 161 | 128800 | 0 |
| 52 | 221 | 176800 | 0 |
| 53 | 81 | 80000 | 0 |
| 54 | 13 | 80000 | 0 |
| 55 | 8 | 80000 | 0 |
| 56 | 176 | 140800 | 0 |
| 57 | 44 | 80000 | 0 |
| 58 | 8 | 80000 | 0 |
| 59 | 75 | 80000 | 0 |
| 60 | 18 | 80000 | 0 |
| 93 | 3 | 80000 | 0 |
| 94 | 79 | 80000 | 0 |
| 95 | 59 | 80000 | 0 |
| 96 | 10 | 80000 | 0 |
| 99 | 274 | 219200 | 0 |
| 100 | 245 | 196000 | 0 |
| 117 | 4 | 80000 | 0 |
| 118 | 1 | 80000 | 0 |
| 120 | 4 | 80000 | 0 |
| 19 | 1 | 80000 | 0 |
| 总计 | 2446 | 3368000 | 6 |

以嘴头镇一学校为中心，搜索其周围 5 公里的学校，共有 8 所（见图

7.66），在资金不共享的情况下，没有一所学校可以按标准化设施配置建设；在资金共享的基础上，这个区域可以购买一套（不同学校分开分别购买标准配置中的一项也算一种资金共享），进而通过共享的方式使整个区域都可以共享到资源，同时还余下 65 万元左右资金可以灵活处理，根据各个学校间的供需差异以及留作他用。5 公里的距离代表这 8 所学校是可以到作为中心的学校共享到整套设备的，一定程度上证明了资金共享的实用性（见表 7.20）。由此可以看出，资金共享可以使资金进行最大利用，对实现相对经济不发达县域的教学公平有相当大的贡献。

图 7.66　嘴头镇一学校 5 公里范围内学校搜索结果

表 7.20　嘴头镇 8 所小学办学经费情况

| 位置 | 小学学生数 | 经费/元 |
| --- | --- | --- |
| 20 | 159 | 127200 |
| 46 | 140 | 112000 |
| 47 | 87 | 80000 |
| 48 | 202 | 161600 |
| 51 | 161 | 128800 |
| 52 | 221 | 176800 |
| 99 | 274 | 219200 |
| 100 | 245 | 196000 |
| 总计 | — | 1201600 |

　　由表 7.21 可以看出，在不进行资金共享的情况下，只有 Location756 的学校勉强能购买一整套设施，在不考虑其他资金的情况下，它在购买后就会没有多余经费对这套设备进行维修、保养等必须的工作。同时，在不进行资金共享的情况下，全镇只能有一套设施，按学生数量和设施的数量做一个比值以此对比两者的差别，不共享的情况下为 3206∶1 = 3206，共享的情况为 3206∶9 = 356。由此可以看出两者的差别还是很大的，很明显共享的情况比较有优势。

表 7.21　宁强县汉源镇小学经费及购买教学设备能力

| 学校位置 | 小学人口数 | 乡镇名 | 资金（元） | 可购买量 |
|---|---|---|---|---|
| Location 50 | 59 | 汉源镇 | 80000 | 0 |
| Location 51 | 42 | 汉源镇 | 80000 | 0 |
| Location 52 | 24 | 汉源镇 | 80000 | 0 |
| Location 53 | 111 | 汉源镇 | 88800 | 0 |
| Location 54 | 22 | 汉源镇 | 80000 | 0 |
| Location 55 | 15 | 汉源镇 | 80000 | 0 |
| Location 56 | 38 | 汉源镇 | 80000 | 0 |
| Location 57 | 9 | 汉源镇 | 80000 | 0 |
| Location 58 | 9 | 汉源镇 | 80000 | 0 |
| Location 59 | 16 | 汉源镇 | 80000 | 0 |
| Location 60 | 23 | 汉源镇 | 80000 | 0 |
| Location 112 | 1 | 汉源镇 | 80000 | 0 |
| Location 113 | 2 | 汉源镇 | 80000 | 0 |
| Location 114 | 82 | 汉源镇 | 80000 | 0 |
| Location 115 | 576 | 汉源镇 | 460800 | 0 |
| Location 116 | 104 | 汉源镇 | 83200 | 0 |
| Location 117 | 20 | 汉源镇 | 80000 | 0 |
| Location 125 | 2 | 汉源镇 | 80000 | 0 |
| Location 228 | 13 | 汉源镇 | 80000 | 0 |
| Location 229 | 3 | 汉源镇 | 80000 | 0 |
| Location 385 | 3 | 汉源镇 | 80000 | 0 |
| Location 386 | 7 | 汉源镇 | 80000 | 0 |
| Location 387 | 7 | 汉源镇 | 80000 | 0 |
| Location 388 | 5 | 汉源镇 | 80000 | 0 |
| Location 389 | 3 | 汉源镇 | 80000 | 0 |
| Location 391 | 91 | 汉源镇 | 80000 | 0 |
| Location 506 | 36 | 汉源镇 | 80000 | 0 |

续表

| 学校位置 | 小学人口数 | 乡镇名 | 资金（元） | 可购买量 |
|---|---|---|---|---|
| Location 507 | 203 | 汉源镇 | 162400 | 0 |
| Location 508 | 60 | 汉源镇 | 80000 | 0 |
| Location 509 | 9 | 汉源镇 | 80000 | 0 |
| Location 510 | 2 | 汉源镇 | 80000 | 0 |
| Location 511 | 69 | 汉源镇 | 80000 | 0 |
| Location 512 | 7 | 汉源镇 | 80000 | 0 |
| Location 513 | 8 | 汉源镇 | 80000 | 0 |
| Location 741 | 17 | 汉源镇 | 80000 | 0 |
| Location 742 | 548 | 汉源镇 | 438400 | 0 |
| Location 743 | 26 | 汉源镇 | 80000 | 0 |
| Location 744 | 24 | 汉源镇 | 80000 | 0 |
| Location 750 | 5 | 汉源镇 | 80000 | 0 |
| Location 755 | 11 | 汉源镇 | 80000 | 0 |
| Location 756 | 687 | 汉源镇 | 549600 | 1 |
| Location 757 | 6 | 汉源镇 | 80000 | 0 |
| Location 763 | 20 | 汉源镇 | 80000 | 0 |
| Location 797 | 5 | 汉源镇 | 80000 | 0 |
| Location 836 | 176 | 汉源镇 | 140800 | 0 |
| 总计 | 3206 | 汉源镇 | 4964000 | 9 |

以 Location756 为中心，搜索最近 5 千米内的服务点，搜索到四个学校（见图 7.67），图中，圆点代表中心，方块代表其他学校，黑色粗线代表沿路网的路径，灰色粗线表示汉源镇的境界线。上述五所学校学生数量、经费及购买能力情况如下（见表 7.22）：

表 7.22　以 location 756 为中心的 5 千米范围内学校的学生数量和经费情况

| 学校位置 | 小学生数 | 乡镇名 | 资金 | 可购买量 |
|---|---|---|---|---|
| Location 116 | 104 | 汉源镇 | 83200 | 0 |
| Location 508 | 60 | 汉源镇 | 80000 | 0 |
| Location 755 | 11 | 汉源镇 | 80000 | 0 |
| Location 756 | 687 | 汉源镇 | 549600 | 1 |
| Location 757 | 6 | 汉源镇 | 80000 | 0 |
| 总计 | 868 | 汉源镇 | 872800 | 1 |

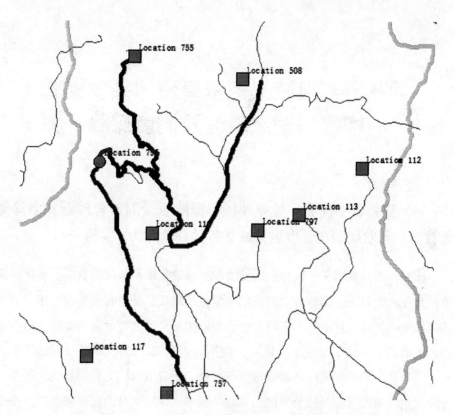

**图 7.67　以 Location756 为中心搜索 5 千米之内的学校结果**

因此，由表 7.22 可以看出，在这个 5 千米的路网范围内，通过资金共享并不能使这个区域多购买一整套标准设施，但是，相比原来的情况，即 Location756 学校自己购买一套但是没有剩余资金进行维护的情况，共享之后还剩余 32 万元的资金，可以用作保养维护的费用，也可以用于他处。

所以，资金共享的意义不仅仅在于可以买到更多教育设备，也在于可以使资金得到充分的利用，从而提升教育资源利用效率和质量。

# 第八章 县域义务教育资源共享模式
# 构建的理念转变及制度保障

## 一、坚持公平优先、效率兼顾、保障质量的教育理念，完善义务教育均衡发展制度，推进县域义务教育资源共享实施

长期以来，我国义务教育发展面临教育财政短缺及地区间发展不平衡的困境，而在此背景下，教育决策者、广大学生、家长、社会对义务教育质量的需求却从未降低过。从本质上来说，社会各群体对义务教育的需求实际上蕴含了三大价值追求：公平、效率和质量，这同时也是义务教育发展改革的三重定向，义务教育均衡发展的话题必然绕不开这三重价值取向。也就是说，义务教育的城乡均衡发展应坚持公平优先、兼顾效率、保障质量的教育理念，其核心应该在公平、效率与质量的三角张力框架中达到平衡。我国城乡二元教育的差异之所以长时间无法消除，很多原因与教育政策的价值取向有关。长期以来，由于教育资源的短缺和有限性，我国教育政策和制度的构建往往是效率优先，而以损伤公平和质量为代价的。因此，推进城乡一体化的义务教育发展，必然要将转变教育价值取向作为前提和基础。

第一，公平优先。公平的概念和理论具有极其久远的历史，在哲学和教育哲学领域都是一个复杂的课题。在教育政策领域，我们应用公平的理念亦是吸取哲学领域公平理论的精髓以及现实中教育决策者对公平的经验阐释。在哲学领域，著名哲学家罗尔斯提出的公平含义最为经典：作为公平的正义理论包括两个核心原则，一是"最广泛的平等基本自由原则"，二是"公平的机会平等原则"以及"差异原则"[1]。其一，最广泛的平等基本自由原则。在教育领域，

---

[1] 贾玉超. 罗尔斯与作为公平的教育正义理论 [J]. 教育理论与实践, 2013 (7): 3-7.

即要求教育制度的安排以及学校教育的实施能够使每个公民都拥有平等的基本自由去追求适合于个人的且相容于他人和民主社会要求的优良生活观。其二，公平的机会平等原则。该原则要求教育制度的安排要为所有的人提供接受教育的平等机会，从而使其有能力追求个人的优良生活观，并且使那些具有相同天赋和才能且愿意运用这些天赋和才能的人获得同样成功的机会。同时，公民受教育机会的获得不受道德角度的偶然和任意因素的影响，这些因素可以分为两类：一类属于人的社会禀赋，如社会地位、阶级、财产状况等；另一类属于人的自然禀赋，如先天资质、智力和身体健康情况等。其三，差异原则。要求教育制度的安排和学校教育的实施应当通过对基本善物（The Primary Goods）的分配，以实现对最不利者（不管他们是出于自然禀赋的劣势还是社会禀赋的劣势）的补偿，从而最大限度地增进其利益，促进人们在受教育起点上的机会平等，实现个人的优良生活观。在罗尔斯的理论中，这些基本善物主要包括两类：一是社会基本善物（Social Primary Goods），如自由与权利、权力与机会、收入与财富以及自尊等；二是自然基本善物（Natural Primary Goods），如健康、智力、精力以及想象力等。这两类基本善物分别对应于人具有的上述两类境况，即社会禀赋和自然禀赋。

在教育哲学领域，瑞典著名教育家胡森提出：教育机会公平在三个不同时期有不同的含义：（1）起点公平论，指入学机会公平。（2）过程公平论，指教育条件公平。（3）结果公平论，强调学业成功机会公平。❶ 教育机会公平是受教育者入学机会的公平，拥有的教育内容与教育资源的公平，即受教育者不但应有相同的机会入学，而且也应在相同条件下接受教育，这些条件主要指经费、师资、设备，同时还应包括家庭、社会环境，以及其他足以影响学业成就不利因素的合理改善。

在现实的教育发展改革中，联合国教科文组织在 1960 年 12 月的大会上，对教育机会公平的含义作了详尽的阐述：（1）入学机会公平，或入学不受歧视（在社会、经济文化、阶级、民族、种族、性别、地理等方面）；（2）受教育过程中的机会公平；（3）取得学业成功的机会公平（其标志是社会保证各社会阶层的子女在各级各类教育中所占比例，与其家长在总人口中所占比例大

---

❶ 张人杰. 国外教育社会学基本文选［M］. 华东师范大学出版社, 2009.

致相当）；（4）受教育者在获得本领方面的机会公平。之后，美国教育家伯恩和施蒂费尔于 1984 年根据美国教育改革的现实问题又提出："教育公平应包括横向公平、纵向公平和机会公平，其中，横向公平是指公平地对待同等事物，即教育领域同样的学生应该受到公平的对待；纵向公平是指对不同事物的差别对待，如学习障碍者、弱势儿童应受到特别待遇；机会公平是指应根据个人的收入、财富、地区及种族进行评定，即抛开上述因素，每个人都有同样的机会获得成功。"约翰斯、莫费特和亚历山大又进一步将教育公平的定义深化，提出所有人的机会公平并不意味着每个学生拥有同样的教育，也不意味着所有学生获得等量教育经费。确切地说，它意味着每个人应该拥有接受相同质量教育的机会，这种教育能最大化地满足他们作为个体或社会成员的需要。

综上所述，不论是教育哲学研究者还是教育改革者，他们提出的对于公平、教育公平的概念都具有十分重要的借鉴意义，而且这些观点也依然成为各国教育决策者参考的重要教育理念。因此，对于我国义务教育的均衡发展来说，教育公平优先必然也应成为首要的价值取向。在义务教育领域，教育公平重点体现在，所有适龄儿童，不因其经济、社会、性别等背景差异，都有平等接受义务教育的权利，他们在接受义务教育过程中，应享受到教育机会的起点均等、过程均等和结果均等。以这一理念为基础，我国的《义务教育法》相关规定也鲜明地体现了教育公平的理念："凡具有中华人民共和国国籍的适龄儿童、少年，不分性别、民族、种族、家庭财产状况、宗教信仰等，依法享有平等接受义务教育的权利，并履行接受义务教育的义务。国务院和县级以上地方人民政府应当合理配置教育资源，促进义务教育均衡发展，改善薄弱学校的办学条件，并采取措施，保障农村地区、民族地区实施义务教育，保障家庭经济困难的和残疾的适龄儿童、少年接受义务教育。国家组织和鼓励经济发达地区支援经济欠发达地区实施义务教育。"可见，在义务教育均衡发展过程中，促进教育公平，努力消除城乡二元差距，应成为义务教育发展改革过程中始终不变的价值追求。要保证所有适龄儿童无论来自城市还是农村，都应该有接受义务教育的权利，同时，在进入义务教育学校之后，都应该享有同等水平的教育条件，包括教育设施、教师资源、教育质量等；在此基础上，所有儿童都应拥有同等的获得成功的机会。

第二，兼顾效率。效率是指支出或投资所带来的最大可能的回报，与任何投资中得到的最大收益与期望相联系。在资本主义社会，效率有着重要的价值，对政策制定和立法发挥着重大的作用，它也是企业界变革中的主要驱动力，同时，它在教育领域亦具有重要的影响。如果花费相当少的资源能使学生获得较高的学习水平，那么教育系统就是有效率的。资源不仅仅是花在教育孩子身上的经费数量，而且还包括那些经费所买的时间、材料、服务及教学环节。在政府层面，政策制定者关注的是要投入多少教育成本，以及特定的改革和改进工作是否物有所值。从本质上看，这是一种经济学效率思维在教育领域的反映。迄今为止，从学术研究范畴来看，学术界关于教育效率主体的相关研究主要关注三类问题：教育经费投入数量、学生能力是否提高以及资金是否得到合理的利用（是否用在教学领域），这三个方面可以说是教育效率的三个层次，即教育成本、教育结果及资源利用方式。已有的研究结果表明，随着各国社会经济发展，教育经费持续增长是多数国家的共同趋势，但与决策者期望相反，教育经费增加并没有必然带来教育质量的提高。但是，事实也表明，虽然没有教育经费的增加，教育质量也可以提高，但如果教育经费减少，或者在教育经费很少的教育系统，教育质量会更差，经费少意味着较少的领导队伍、更大的班级规模、低水平的教师和教学方法以及其他导致教育质量低劣的因素。

由此我们可以看出，效率的提高并不以教育经费的减少为前提，而是要以保证教育经费的充足和公平分配为前提，通过变革教育资源配置方式来提高教育质量。其中，变革教育资源配置方式的策略主要有四种：一是通过改变数量、质量或者收入的比例，如教师、学生、教学器材、课程、设施、设备、后勤等的数量或资金投入比例，而不改变教育系统的现有模式来提高效率；二是大幅度地修改系统的基本设计，如对新技术和新设备的引进（在线课程、视频会议、电脑等）；三是设计一个全新的、明显区别于先前的教学和学习系统，如以学习为中心的教学系统设计等，也是最快提升效率的方法。四是创建学区教育资源共享方式，如学校合作联盟、教师资源共享、课程教学共享等。

那么，基于教育效率的理论与实证研究，我国义务教育均衡发展的价值取向也必然从中得到启示，即在教育公平优先的基础上，教育效率提升是处于第二位的，因为如果教育效率提高，根据其衡量标准（教育收益/教育成本），要么缩减成本，要么在教育成本不变的前提下变革教育资源配置方式，提高教育收益。实证研究表明，缩减成本必然会带来教育公平和质量的损伤，那么，教育效率就成为一个伪命题。因此，我国义务教育均衡发展也必然应以教育公平为首要目标，以教育资源的充足与公平分配为前提，探求教育资源配置方式的变革，以求带来教育效率的提升。具体策略包括四种：其一，将更多的教育资源投入到与教育教学直接相关的领域，如教师工资（津补贴）发放、教学器材购置、课程改革所需资源、教育设施、设备更新维修等，而对于行政管理、后勤、日常开销、公务招待等相关费用比例适当减少，这样，能将教育经费最大化地投入到与教育教学直接相关的领域，提升教育效果。其二，采用创新性的教育技术、教育设备提升教育质量，如教育信息化、远程教育资源全覆盖、在线课程、视频会议、电脑教学等方式，变革教育教学手段和方式，提升教育效果。其三，创建符合时代发展要求的教学系统或教育系统，如在农村学校创建以学习为中心的、以农村生活联系紧密的新的教学系统，促进农村学生在学校实现知识的生成和生长，促进自我的完善和发展，让学生不在离农与为农之间徘徊，而是寻求自由发展的路径，具备自由选择的空间和能力，过自己满意的生活。其四，从县域、学区整体范围来看，应探寻学校间教育资源共享的实现路径，通过教育财力、物力、人力资源的共享，在教育成本不变甚至暂时缩减的情况下，能最大限度地确保教育质量不降低或得到提升。

总之，教育效率提升的目标必然应以教育公平为前提和基础，而且，与经济学领域的成本缩减、提高产量策略不同，教育领域的教育成本缩减会导致教育公平受损和教育质量的下滑，因此，教育效率提升必须要在教育经费充足且公平分配的基础上，寻求教育资源配置方式的变革，才能达到目的。

第三，追求质量和卓越。质量和卓越可以说是教育发展的高层次追求，二者的联系十分紧密。加德纳把卓越定义为社会所有领域为质量所做的努力。在教育领域，托马斯·杰斐逊提出，教育应该培养出在艺术、文学和自然科学方面能够做出成就的学生，以引领社会的发展。在实践领域，多数教育领导者提出卓越可以定义为学生的成功，卓越既是定量的，也是定性的，它不只是通过测试得分或出勤率来加以量化的因素，还包括那些比如学生与学校的联系、学习承诺、社区参与以及学校获得设施的能力等。之后，福勒又指出，在当今时代，卓越作为一种价值观来源于质量的需求，包括充足且高水平的教师资源、学习时间充足、学生的个性化发展、入学率提高、学习成绩提高等。但实际教育改革过程中，人们对教育质量评测的标准一直存在争议，因为现实中很多学区采用学习成绩作为可量化的指标，简便易行，但其代表性问题遭到各界质疑。因此，关于教育质量标准体系的构建是各国教育决策者关注的焦点。但总的来说，教育质量提升、卓越学校的建设是在公平与效率基础上的高层次追求，也是义务教育发展的终极目标。为此，联合国教科文组织在 2005 年世界全民教育监测报告中特别指出，教育质量驱动应成为全球教育发展改革的重点，并提出了全民教育质量监测框架。

为此，基于教育质量和卓越的理论含义，我国义务教育县域均衡发展改革也应以此为驱动，在公平与效率提升的基础上，努力探索提升县域内学校教育质量的路径和机制。现实中，我国县域内学校教育质量的困境是极其复杂的，既有县城大规模学校、大班额的教育质量下滑，也有乡镇寄宿学校教育条件落后，还包括偏远小规模学校教育质量难以保障等诸多问题。其中，小规模学校教育质量困境直接关系到我国农村贫困人口，即后 20% 的贫困儿童，是农村教育发展的最薄弱环节。因此，对于当前县域内三类学校的教育质量困境，各级政府应具有针对性地提出改革对策：其一，对于县城大规模学校、大班额问题，应出台相应的政策文件，并切实规范办学规模和班级规模，将规模控制在合理范围之内，同时，还应配套充足的教师资源、教育设施，提升教育质量；其二，对于乡镇寄宿制学校，应重点加强生活设施，如宿舍环境、床位配置、洗漱条件改善、厕所环境、食堂设备和饭菜营养、生活老师配备等多方面建设，保证学校教育质量；其三，对于农村小规模学校，应从教育经费投入、办学条件改善、教师资源供给、教育信息化、远程教育资源覆盖、建立学校合作联盟、课程与教学改革、管理模式创新等多层面做出政策和实践探索，全面提升小规模教育质量。假如各级政府在未来决策和改革中处理好县域义务教育均衡发展的整体办学质量问题，便是对质量与卓越目标的有力回应。

那么，基于公平、效率和质量的三角张力框架，从县域义务教育均衡发展的整体视角来看，我国义务教育均衡发展和教育资源共享的路径应为：首先，打破城乡教育管理体制上的"二元结构"，实现城乡教育一体化。发挥优质教育资源的示范、辐射和带动作用，鼓励、支持各区县与学校深化名校办分校、集团化办学、城乡一体化办学、学区制管理、教育联盟、校际联盟等改革试点工作，以强带弱、以城带乡，积极探索以多种形式扩大和延伸优质教育资源。鼓励、支持优质中小学通过接管周边相对薄弱学校或改扩建的方式办成九年一贯制学校，同时利用社会资源促进学校特色发展。其次，在教师管理制度方面，建立校长、教师城乡校际常态流动机制，促进校长、教师合理流动。进一步推进义务教育学校校长、教师交流轮岗，有效利用绩效工资、职称评定、职务晋升等激励机制，采取挂职交流、定期支教、县域内流动、城乡一体化管理等方式，引导义务教育学校校长、教师在城乡间、校际间合理流动，并逐步实现制度化和常态化。对农村学校和城区一般中小学在教师岗位设置、职称评定、评优评先等方面给予政策倾斜，建立农村学校特设岗位制度，吸引优秀教师任教。探索建立优秀教师跨校兼职制度，鼓励教师多劳多得、优绩优酬。再次，建立教育信息化辅助课程改革机制，依托信息化手段扩大优质教育资源覆盖面。加大市、区县、学校各级各类教育信息平台整合力度，推进信息资源共享。加强数字学校建设，开发"微课程"资源，推广义务教育阶段全科数字化名师同步课程，加大一对一在线指导服务力度。逐步建立教师研修信息化平台，实现优秀教师课堂教学视频、教学案例、教学反思、习题资料等教育资源互通共享。针对城乡一体化的义务教育制度均衡构建问题，2015年11月25日《国务院关于进一步完善城乡义务教育经费保障机制的通知》中也在相关问题方面给予了明确导向："优化教育布局，深化教育改革。各地要结合人口流动的规律、趋势和城市发展规划，及时调整完善教育布局，将民办学校纳入本地区教育布局规划，科学合理布局义务教育学校。加快探索建立乡村小规模学校办学机制和管理办法，建设并办好寄宿制学校，慎重稳妥撤并乡村学校，努力消除城镇学校"大班额"，保障当地适龄儿童就近入学。加强义务教育民办学校管理。深化教师人事制度改革，健全城乡教师和校长交流机制，健全义务教育治理体系，加强留守儿童教育关爱。❶"

## 二、继续完善义务教育财政管理体制，为县域义务教育资源共享提供保障

义务教育财政管理体制的完善是推进义务教育均衡发展、促进教育资源共享的重要保障。它有助于从制度上解决长期以来我国义务教育财政经费短缺的

---

❶ 新华网. 国务院关于进一步完善城乡义务教育经费保障机制的通知［N］2015.11.28，http://news. xinhuanet. com/politics/2015 – 11/28/c_ 128478201. htm.

困境，特别是对于农村地区薄弱学校、村小和教学点办学经费短缺、教育设施落后、师资短缺等瓶颈问题。只有不断完善财政管理体制，才能克服上述困境。那么，义务教育财政管理体制应如何改进和完善，应按照什么标准加以完善？教育经济学理论指出："对教育财政的判断有三条主要标准——教育经费是否充足、教育资源的分配是否有效、教育资源的配置是否公平。"❶ 因此，各级政府作为义务教育的主要投资主体，也应从上述三个标准进行财政体制改革。具体来说，应做到以下三点。

第一，应确保我国义务教育发展所需经费的充足。为确保经费充足标准具有普适性，世界银行主导提出了基于教育结果的教育财政经费充足的三条标准：一是使小学的入学率达到一个一般的标准；二是在中学阶段学生规模和性别比例的合理性；三是使所有人群获得终身学习的教学质量。为了达到这三个目标，就必须在城市和乡村的所有学校中具有充足的教师和教室资源，也包括对最低水平教师数量和教育经费的需求。因此，就上述标准来说，我国义务教育阶段教育财政体制改革应首先以满足所有地区义务教育经费的基本需求作为首要目的，而为了达到这一目的，政府应通过制定全国义务教育最低保障线作为基本途径，其内容应包括：义务教育教职工编制标准以及工资标准、义务教育学校基本建设标准（场地、校舍、建筑物、教学仪器设备、图书资料等具体标准）、保持学校正常运转的生均公用经费标准。由于我国长期存在公共教育经费不足的问题，所以以上标准不应制定过高。但省级政府可根据自身的实际情况，制定不低于国家标准的省级最低标准。而且，义务教育最低保障线应根据经济和社会发展情况及时调整。

第二，教育资源配置公平标准，是指资源动员和配置过程的公平。具体来说，它包括三层概念：一是水平公平，是指处于类似状况下的群体或个人应该受到类似的待遇；二是垂直公平，是指情况不同的人应受到不同的待遇，现实中，如果弱势群体因为获得了更多的教育而使得其自身不利状况得到了改善，那么就促进了垂直公平；三是机会均等，即每个学生都应该被给予获得成功的均等机会，能否成功仅取决于个人特性，如动机、努力程度和能力等方面。因此，实

---

❶ ［瑞典］T. 胡森.［德］T. N. 波斯尔斯韦特主编. 教育大百科全书·教育经济学［M］. 杜育红，曹淑江，孙志军译. 重庆，西南大学出版社，2011：290.

现教育公平要求教育资源的分配不依赖于地区间经济和财政能力的差异❶。

那么，对我国义务教育财政的现行体制——以县为主的财政体制来说，其根本问题就在于义务教育经费投入主体重心仍然过低，其本质上体现了教育资源的分配事实上是依赖于地方——县一级政府，而恰巧我国东、中、西部地区的县级政府财政能力差异悬殊，这严重违背了教育财政的公平性原则。因此，我国应该进一步完善各级政府在义务教育经费上的分担机制，逐步建立以省为主的义务教育经费投入机制。即义务教育经费投入责任主体应上移，加大省级以上财政对农村义务教育转移支付力度。省级以上政府应是义务教育资源配置的主要承担者。从全世界范围来看，日本、澳大利亚、法国、英国等国的中央政府投入占义务教育经费总投入的比重约为 20%～80%，而韩国、意大利、荷兰等国义务教育投入中超过 80% 的资金来源于中央政府，有的甚至完全依赖于中央政府。与这些国家相比，我国中央政府的义务教育经费投入份额偏低。另外，从我国省级政府财政能力的现实情况而言，就全国大多数省级的情况而言，以人均财力为标准，省级财力远远高于县级，实行省级统筹，不会对省级财政构成太大压力❷。此外，省级政府管辖范围内的县级政府数量不算太多，长期以来，大多数省份省以下的政府间财政关系也都直接到县，特别是省直管县制度的推行，使省级政府有比较可靠的信息和预算基础。因此，无论从教育财政的公平性原则来看，还是从世界其他国家的经验来看，抑或是从我国省级政府的财政能力来看，我国义务教育建立以省为主的财政体制都具有必要性和可行性。

在义务教育财政体制改革过程中，我国政府做出了相应的努力，2015 年11 月国务院印发的《关于进一步完善城乡义务教育经费保障机制的通知》（国发〔2015〕67 号，以下简称《通知》）便是推动我国义务教育均衡发展的重要里程碑。《通知》决定从 2016 年起进一步完善城乡义务教育经费保障机制，继续加大农村义务教育投入，在落实好城乡义务教育经费保障机制的同时，继续实施农村义务教育薄弱学校改造计划、中小学教师国家级培训计划、乡村教

---

❶ 曾满超，丁小浩. 效率、公平与充足：中国义务教育财政政策 [M]. 北京：北京大学出版社，2010：11.

❷ 范先佐，郭清扬，付卫东. 义务教育均衡发展与省级统筹 [J]. 教育研究，2015（2）：67－74.

师支持计划等，重点向革命老区、民族地区、边疆地区、贫困地区倾斜，着力解决农村义务教育发展中存在的突出问题和薄弱环节。《通知》明确，在落实生均公用经费基准定额的基础上，从 2016 年起，国家对城乡寄宿制学校按照寄宿生年生均 200 元的标准增加公用经费补助，支持办好寄宿制学校。继续对农村地区不足 100 人的规模较小学校，按照 100 人核定公用经费，支持办好乡村规模较小学校和教学点。对城乡特殊教育学校和随班就读残疾学生按年生均 6000 元标准补助公用经费，进一步保障残疾学生平等接受义务教育的权利。同时，在政府责任承担上，《通知》规定：统一中央与地方经费分担机制。国家规定课程免费教科书资金由中央全额承担，地方课程由地方承担；家庭经济困难寄宿生生活费补助资金由中央和地方按照 5:5 比例分担，贫困面由各省重新确认并报财政部、教育部核定；落实生均公用经费基准定额所需资金由中央和地方按比例分担，西部地区及中部地区比照实施西部大开发政策的县（市、区）为 8:2，中部其他地区为 6:4，东部地区为 5:5。❶ 上述规定均体现了教育财政的充足和公平原则，但对于政府财政责任的划分仍然缺少对省级政府统筹的确定，因此，这仍是未来我国义务教育财政改革的核心问题。

第三，教育资源配置的效率准则，是指资源的投入与产出的关系。一般认为，政府对资源配置的不当干预，会使经济活动运行偏离原来的轨道，降低资源配置效率。教育资源配置效率是指在一定的资源条件下，教育产出的最大化。在一定的资源条件下，当教育带来更高的劳动生产率和较高的收入时，教育资源配置被认为是有外部效率的；当教育带来更大的教育产出时，比如使受教育者获得更好的学习与认知能力，则被认为是有内部效率的。管理不善和腐败行为一般会导致教育资源配置和使用的效率降低。❷

对于我国义务教育财政管理体制来说，改善教育资源使用效率是目前面临的一个棘手问题，各级政府对教育资源管理不善，是教育决策者长期以来难以控制的问题，这就需要进一步加强教育财政管理、监督和评估机制，从制度上约束教育财政的低效率行为。具体来说，首先，要建立义务教育经费审计制度。义务教育经费由公民交纳的税款形成，对义务教育经费的投入方向、使用

❶ 中国教育新闻网. 财政部教育部就进一步完善城乡义务教育经费保障机制答记者问 [N].
2015 - 12 - 7，http：//www.jyb.cn/basc/jd/201512/t20151207_645779.html.

及效果实施严格的监督管理是政府义不容辞的责任。为此，关键是要完善义务教育经费的审计制度。对义务教育经费的分配和使用进行审计，建立学校内部审计与国家审计、社会审计相结合，以国家审计为主导的审计体系。对学校的审计要经常化、制度化。对教育部门和学校的审计结论要向政府和人大报告，向社会公众公开，将义务教育经费的投入、分配和使用置于公共监督之下，对违法违纪者要追究其经济和行政乃至法律责任。[1] 其次，应加强对义务教育经费使用的监督检查。根据《财政部门监督办法》（财政部令第 69 号）的规定，财政部门要发挥专职监督机构和业务管理机构作用，加强对义务教育经费管理使用的监督。有条件的地方，乡镇财政所可以发挥"就近监管"的优势，加强对中小学校经费使用的监管。教育督导部门应加强对县级教育部门及学校经费使用情况的督导检查。中小学校要建立健全财务信息公开制度，及时公开本校财务收支状况，加大专项资金管理使用、政府采购等情况的公开力度。省级财政和教育部门每年要选择若干个县（市）开展义务教育经费管理使用专项检查，并将检查情况报送财政部和教育部。财政部和教育部将视情况对各省（自治区、直辖市）义务教育经费管理使用情况进行抽查。[2]

在遵循义务教育财政公平、充足与效率原则的基础上，义务教育财政管理体制的完善是推进县域学校间教育资源共享的重要基础。首先，各级政府要通过完善体制确保县域内各类学校特别是农村小规模学校、教学点的经费充足并能得到有效利用，从而促进义务教育优质均衡发展。其次，在配置教育资源特别是财力资源时，要充分考虑到各个学校教育经费的需求水平，并综合考虑教育资源配置公平和效率准则，促进优质学校与薄弱学校共同使用经费购买教育设备，以最大程度上提高教育效益。

### 三、制定义务教育资源共享专项政策和制度，促使县域内人力、物力、财力资源共享常态化

2012 年《国务院关于深入推进义务教育均衡发展的意见》中明确提出

---

[1] 张侃. 制度视角下的我国义务教育均衡发展 [J]. 教育科学, 2011, 27 (03)：1-5.
[2] 中央政府门户网站. 财政部、教育部关于切实加强义务教育经费管理的紧急通知 [N]. （财教 [2012] 425 号]）, 2012-11-26, http：//www. gov. cn/zwgk/2012-12/07/content_ 2285019. htm.

"要推动优质教育资源共享，扩大优质教育资源覆盖面"。近年来，我国各地区也切实在实践中探索、努力践行了诸多教育资源共享的实际策略，如集团化办学、学校联盟、学区化管理、优秀教师对口帮扶、校长教师交流轮岗等。但诸如前文所述，西北多数地区在教育资源共享方面仍然处于探索尝试阶段，尚未形成的专项政策和配套政策，以保障教育资源共享的实效性。因此，未来探索义务教育资源共享的改革方向必然应从完善政策和制度建设入手，使教育资源共享具备政策和制度保障，才能可持续推进。具体来说，应从以下几个方面努力。

第一，建立绩效管理制度，明晰各级政府的责任。各级政府在教育资源共享平台的搭建中应充分发挥主导作用，可以政府为主导，寻求城乡学校、县域内不同校际之间的联系与合作。县级政府可以通过财政拨款、制定发展规划、加强督导评估及调节引导等方式来直接促进教育资源的发展，还可以通过多种形式推动名校与薄弱学校之间的互动，如教师交流、公开课评比、名师共享等。❶

第二，建立学校集团化办学、学校合作联盟制度，采用科学合理的规划方案确定学校合作网络，即在多大范围内、有多少所优质学校和薄弱学校组成一个合作网络，形成学校联盟，并对参与合作的优质学校、薄弱学校的责任范围、权利和义务等进行明确规定，对学校间合作的内容、方式、时间等也要做出一个大致的规定，以确保学校教育资源共享的可持续运行。

第三，建立县域内教育资源共享制度，对具体的教育资源共享内容要做出相应的制度安排。首先，在财力资源共享方面，应对优质学校与薄弱学校间共同使用资金的数额、采购项目范围、激励机制、成本效益评估等方面做出具体安排。其次，在物力资源共享方面，要对共享教育设施的类型、频率、时间等做出明确规定。再次，在人力资源共享方面，应从教师编制、教师流动、工资待遇、绩效奖励等多方面进行制度改革，资源配置的均衡化有十分重要的作用。在制度上，应按照"总量控制、统筹城乡、结构调整、有增有减"的原则，探索更加科学的编制管理办法，逐步建立教师编制县级"总量控制、动

❶ 雷晓云. 政府的责任及其实现：关于义务教育阶段教育资源合理配置的探讨 [J]. 教育研究与实验, 2013 (1): 54-58.

态管理"机制,具体包括:完善岗位设置标准,实行"县管岗位结构、学校按岗定员";调整教师聘任方式,实行"县管人员身份、学校合理使用";加大教师交流力度,实行"县管全局统筹、学校择优选派"。此外,还应建立教师退出机制,实行"县管体系标准,学校考评执行"❶。对于教育资源共享机制的建立,与前文背景、原因分析、政策分析等内容存在较多重复 2012 年《国务院关于深入推进义务教育均衡发展的意见》也提出了具体的要求:"发挥优质学校的辐射带动作用,鼓励建立学校联盟,探索集团化办学,提倡对口帮扶,实施学区化管理,整体提升学校办学水平。推动办学水平较高学校和优秀教师通过共同研讨备课、研修培训、学术交流、开设公共课等方式,共同实现教师专业发展和教学质量提升。大力推进教育信息化,加强学校宽带网络建设,到 2015 年在有条件的地方解决学校宽带接入问题,逐步为农村学校每个班级配备多媒体教学设备。开发丰富优质数字化课程教学资源,重点开发师资短缺课程资源、民族双语教学资源。帮助更多的师生拥有实名的网络空间环境,方便其开展自主学习和教学互动。要调动各方面积极性,在努力办好公办教育的同时,鼓励发展民办教育"❷。

在教育人力资源共享的制度构建方面,目前西北部分省份已经提出一些方案,如甘肃省教育厅、财政厅等部门于 2015 年 11 月 30 日出台措施,力争用 3~5 年时间实现县(区)域内义务教育学校校长、教师交流轮岗的制度化。其方案规定:凡男 55 周岁、女 50 周岁以下的校长、副校长在同一所学校连续任职两届或任满 8 年的均应交流。同一所学校班子成员每次交流人数一般不超过班子成员的 30%。新任校长应有 2 所以上学校工作经历,或有 3 年以上农村学校或薄弱学校工作经历。凡男 50 周岁、女 45 周岁以下,且在同一所学校连续任教满 6 年的专任教师均应交流。全省各县(区)要根据当地教师队伍实际情况合理确定每学年教师交流的比例,一般不低于符合交流条件教师总数的 10%,其中各级各类名优骨干教师应不低于交流教师总数的 30%。而且,在职务(职称)评聘工作中,甘肃省将对农村学校、薄弱学校教师给予政策倾

❶ 翟晓磊,姚松. 义务教育均衡化发展的制度保障与创新[J]. 教育科学,2014.
❷ 中华人民共和国教育部. 国务院关于深入推进义务教育均衡发展的意见(国发〔2012〕48 号) 2012. 09. 05,http://www. moe. edu. cn/publicfiles/business/htmlfiles/moe/moe_ 1778/201209/141773. html.

斜。甘肃将城市教师到农村学校、薄弱学校任教累计 2 年以上的工作经历作为申报评审高级教师职务（职称）、陇原名师、特级教师的必备条件；县域内教师到农村学校任教累计 3 年以上的工作经历作为申报评审中级以上职务（职称）的必备条件。在乡村学校任教连续 3 年以上的教师，同等条件下优先评聘。❶

又如，宁夏教育厅等部门日前联合印发《关于推进县（区）域内义务教育学校校长教师交流轮岗的实施办法》，提出将用 3～5 年时间实现县（区）域内校长、教师交流轮岗工作制度化和常态化。《办法》规定，校长、教师交流轮岗的人员范围为义务教育阶段公办学校在编在岗人员。城镇学校、优质学校每学年教师交流轮岗的比例不低于符合交流条件教师总数的 10%，其中骨干教师交流轮岗的比例应不低于交流总数的 20%。校长、教师交流轮岗可采取定期交流、跨校竞聘、学区一体化管理等多种途径和方式。新任义务教育学校校长应有在 2 所及以上学校（含教学点）工作经历，且每所学校工作时间不少于 3 年。评选特级教师、名师（名校长），须有 2 所及以上学校工作经历，或在农村（薄弱）学校有连续 6 年及以上工作经历。教师到农村学校、薄弱学校任（支）教 1 年以上的工作经历，将作为申报高一级教师职务（职称）和特级教师的必备条件。❷

---

❶ 程楠. 甘肃：中小学校长教师交流轮岗将实现制度化［N］. 中国教育新闻网，2015 - 11 - 30，http：//www. jyb. cn/basc/xw/201511/t20151130_ 644968. html.

❷ 陈晓东. 宁夏推进县域义务教育校长教师交流轮岗常态化［N］. 中国教育报，2015 - 12 - 15（1），http：//www. jyb. cn/basc/xw/201512/t20151215_ 646582. html.

# 附　录

西北农林科技大学"西北县域义务教育均衡发展与教育资源共享模式的构建研究"课题组与华中师范大学"我国义务教育均衡发展改革研究"课题组，在国家自然科学基金青年基金项目和教育部哲学社会科学重大课题攻关项目的资助下，从 2010 年开始，对中西部地区的湖北、河南、江西、湖南、陕西、甘肃、宁夏等 7 个省（自治区）、36 个县的义务教育均衡发展情况进行了深入调研，对其中 100 多所农村中小学的教育人力、物力、财力资源配置及共享情况进行了深入、细致的调查研究，发表了 40 余篇论文，这里收录的是作者与该书有关的 5 篇论文，在收录本书时有所改动。

## 促进教育资源共享：国外发展中国家学校合并的重点和启示

### 赵　丹

**摘要：**农村学校合并是各发展中国家为应对财政紧张和教育需求扩大的双重压力而采取的一项重要改革措施。在这一过程中，各国以提高教育质量和促进学校均衡发展为主要目标，依据中心学校拥有的资源数量，通过将各学校进行分组，设计了学校资源共享的不同模式。学区内所有学校均能享用到优质教育资源，极大地促进了教育公平，这为我国新一轮的农村学校布局调整工作提供了经验，值得借鉴。

**关键词：**教育资源共享　发展中国家　学校合并　经验启示

20 世纪 80 年代，世界上大多数发展中国家的教育体系都面临着巨大压力。一方面，这些国家由于本国和世界范围的经济大萧条，国家财政紧张；另一方面，由于人口急剧增加以及人们对提高教育质量的呼声越来越高，广大发展中国家必须满足不断增长的教育需求。● 基于财政紧张状况下的教育数量和质量上的需求，这些国家政府积极寻求改革措施以促进教育发展。而学校合并正是这些改革措施中的一种。学校合并最先被拉美国家广泛推行，如哥伦比亚、秘鲁等国；而在发展中国家，包括缅甸、印度、尼日利亚、巴布亚新几内亚、菲律宾、泰国以及斯里兰卡，学校合并措施也开始被引入，成为发展中国家的重要教育改革举措。在学校合并过程中，保证学校间资源共享以提高整体教育质量是各国追求的主要目标。本文通过介绍国外发展中国家学校合并后学校间的资源共享模式，得出启示；并结合我国农村中小学布局调整的现实情况，探索有哪些经验可以借鉴。

## 一、学校合并与学校组合

当"学校合并"（school incorporation）刚刚在发展中国家开始推行的时候，很多人都感到陌生和新鲜。文中的学校合并是指"为促进教育资源集中和教育质量的整体提高而进行的学校重新分组和组合"●，分组后形成的新的学校群就是"学校组合体"（school cluster），"学校组合体"中各学校通常由其中占有资源最多的中心学校（core school）管理。在拉美，合并后的中心学校被称为"核心学校"。在发展中国家，如印度把合并后的学校叫做"学校集合体"，巴布亚新几内亚把它叫做"区域化学校"，菲律宾称其为"区域性的学校学习中心"等。尽管各国对学校合并的称谓各具特色，但事实上，各国在学校合并过程中均以促进教育资源共享和提高教育质量为主要目的。教育资源共享的各种模式是这些国家促进学校均衡发展的重要手段，也体现了学校合并为促进教育进步而发挥的积极作用。

图 1 是学校间资源共享的最理想模式示意图，图中学校 A（core school）代表"中心"学校机构，而且它是周围"卫星"学校（satellite school，学校 B – F）的领导者。图中的单向箭头联系着中心学校和布点学校，表明中心学

---

● ［美］菲利普·库姆斯著，赵宝恒、李环等译，王英杰校. 世界教育危机［M］. 北京：人民教育出版社，2001. 9.

● Mark Bray. School clusters in the third world: making them work, Unesco – unicef co – operative programme Paris, 1987. 7.

校向它们出借优质教育资源；虚线双向箭头联系着各个布点学校，表明这些学校共享教育资源。中心学校行政人员同时负责学校合并的各项工作，及时关注各学校资源共享的有序性。这种最理想模式对中心学校所拥有的资源数量和行政人员的管理能力及工作量要求很高：中心学校需要拥有充足的教育设备以保证在各学校间随时轮流或调换，行政人员要具备很强的协调管理能力以安排和监督资源共享的有序

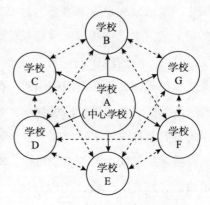

**图1　教育资源共享的理想模式**

性，需要花费大量的时间和精力。但在实际中，发展中国家农村学校的教育资源比较有限，行政人员也难以保证时间和精力，所以，教育资源共享模式因学校及资源的具体情况而存在不同。

## 二、学校合并的目的及资源共享模式

### （一）学校合并的目的及各国的侧重点

学校合并的目的是指学校在集中过程中要达到的目标。当时，各国面临着财政紧缺和教育需求高涨的双重压力，学校合并自然就成为缓解这些压力的手段之一，同时也有利于防止教育权利过于分散。那么，学校合并的目的涉及到经济方面、教育教学方面、管理方面和政治方面的多重目的。如表1所示，表中第一列是学校合并目的的不同方面。这也是各国在学校合并中共同认可、并争取努力达到的目的。但由于各国各地区在财政、教育资源等方面的水平不同，他们在学校合并过程中针对不同的目的存在不同的侧重点。对各国侧重点的测量以5分为最高值，即5分代表最为重视，随着分值的递减，重视程度也随之降低。如斯里兰卡主张学校合并主要是为了改善学校的教育教学质量，其他三个方面起辅助作用；泰国更加注重管理方面的目的，认为学校合并更多的是为了方便管理，教育教学目的紧随之后；印度三个城邦的学校合并均把教育教学目的放在首位；哥斯达黎加的学校合并更注重教育教学和政治两方面的目的。

上述四种学校合并的目的分类并非绝对，它们之间是相互统一、互相包容的。从表1我们看出，发展中国家虽然面临财政压力，但各国学校合并的最主要目的还是集中在"教育教学方面"❶，力求保证并提高教育质量；当然，教育教学方面目的的实现离不开其他方面工作的辅助和相互协调。

**表1　斯里兰卡等国学校合并的目的分类以及各国的侧重点（最高值为5分）**

| 目的<br>国家及侧重点 | 经济方面：降低成本、提高规模效益 | 教育教学方面：教师发展；课程改革；校际教师合作，缩小校际差距等 | 管理方面：加强管理的计划性；方便检查督导 | 政治方面：履行政府责任；社区积极参与；提高教育质量；促进社会和谐 |
|---|---|---|---|---|
| 斯里兰卡 | 2 | 5 | 3 | 2 |
| 泰国 | 3 | 3 | 4 | 0 |
| 印度　比哈尔绑 | 3 | 3 | 2 | 1 |
| 印度　哈里亚纳邦 | 0 | 3 | 1 | 0 |
| 印度　拉贾斯坦邦 | 1 | 3 | 1 | 0 |
| 哥斯达黎加 | 2 | 5 | 1 | 3 |

注：5分表明在学校合并过程中"非常强调"此目的，分值大小表明对该类目的的重视程度。

资料来源：ACEID："Clustering of primary schools：A growing trend in Asia and the Pacific"，ACEID newsletter，Asian Cent for Educational Innovation and Development，Bangkok. 1984

## （二）教育资源共享的不同模式

在学校合并的实际工作中，经济方面的目的与学校合并的具体计划和实施过程联系最为紧密，因为经济条件中涉及到教育资源、教学设备、师资等因素，经济目的是实现教育教学目的的基本前提。鉴于各国财政紧张，经济目的中最为主要的是追求教育投入—产出（教育效益）的最大化❷。这一目的可以通过三个主要途径来实现：（1）共享教育教学设备；（2）师资共享；（3）保证各学校资源共享的秩序性。此外，一些研究者也提出了其他途径，主要包括：（4）提高教育质量；（5）简化管理，提高教育资源的利用效率。那么，

---

❶ Kaewdaeng, Rung. "The school cluster system – Thailand", in Asia and the Pacific Programme of Educational Innovation for Development, Grass roots networking for primary education, Unesco, Bangkok, 1985. 23.

❷ ［美］Martin Carnoy. 教育经济学国际百科全书［M］，北京：高等教育出版社，2000：360 – 368.

在这个过程中，必然涉及到中心学校与布点学校之间教育资源的分配问题。中心学校拥有教育资源的数量多少直接决定了各学校之间的共享方式。

除图1代表的最理想模式外，现实中受到中心校资源数量的影响，主要还有4种资源共享模式：（1）一组轮换享用模式（图2），如果中心学校只有一套先进教学设备或设施（如实验器材、图书等），就采取各学校轮流使用的模式。图中箭头均为单向，先从学校A出发，经由学校B一直到G最后又回到A，这表明中心学校把一套设备在B—G各学校间按固定顺序传递使用，形成循环。（2）两组轮换使用模式（图3），图三表明中心学校A拥有两套设备，那么右侧箭头开始分成两组，一个向学校G出发，经由学校B—C回到A；另一个向学校F出发，经由E—D回到A，完成循环。（3）三组轮换使用模式（图4），与图三所示模式类似，即中心学校将三套设备在三组学校中轮换使用。以上三种模式主要是针对可移动的教学设备而言，只有设备可移动，才可以在学校之间流动。

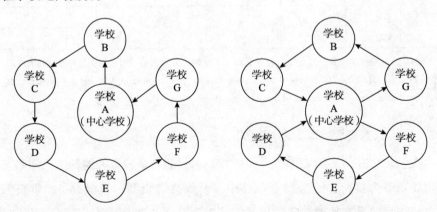

图2　一组轮换享用模式　　　　　图3　两组轮换享用模式

而第四种模式是针对不可移动的教育设施来说的，比如图书馆、实验室及精密仪器、体育馆、剧场等。这些设施是固定于中心学校的，因此，采纳第四种模式，即周围附属学校的学生到中心学校来听课、参加大型活动或进行体育锻炼等多种形式，享用优质的教育资源（见图5）。除了物质性的教育资源以外，人力资源即教师也是学校合并后各学校共享的资源。尤其是特殊科目（如语言、美术、音乐、体育、计算机等）的教师，以及非教学人员如园艺、打字员、保管员等。一些中等规模和小规模学校往往是一位老师同时教几门课程，这不利于他们专业素养的提高、浪费这些专业教师的资质。因此，学校合并后，中心学校为较小规模的学校建立"教师储备"❶制度。这样，如果小规模学校的教师在某段时间出去参加培训或由于私人事务请假，中心学校就从储备的教师中下派教师到小规模学校任教。这既可以避免小规模学校间断性的关闭，也可以避免师资的浪费。

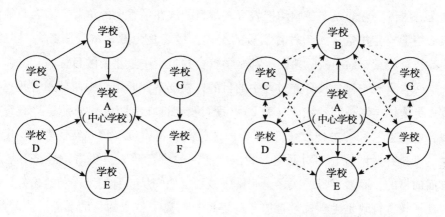

图 4    三组轮换享用模式                 图 5    附属学校学生到中心校
                                        享用不可移动的教育资源

## 三、发展中国家学校合并后的资源共享方式对我国的启示

发展中国家学校合并后对教育资源的配置确实花费了不少心思。在财政紧张、教育资源有限的压力下，大多数国家坚持以"教育教学"目的为主，努力促进教育资源在所有学校间的有序流动，并突出中心学校在管理上的责任。我国自20世纪90年代开始的新一轮农村学校布局调整的背景与这些国家相类似，在农村义务教育"以县为主"的财政体制下，广大中西部农村也面临着县级财政紧张、教育资源相对短缺的困境。学校合并的目的在于通过克服农村学校布局过于分散、规模小、质量低的矛盾，促进教育资源的合理配置和农村教育的均衡发展❷。因此，斯里兰卡等发展中国家关于教育资源共享模式的探

---

❶ Abitong, Dionisio V. "The school learning action cell：An experience in networking", in Asia and the Pacific Programme of Educational Innovation for Development, Grass roots networking for primary education, Unesco, Bangkok, 1985：35.

❷ 范先佐. 农村学校布局与教育的均衡发展［J］. 教育发展研究, 2008（12）：55.

索对我国中西部农村学校布局调整工作提供了有益的经验和启示。

1. 学校合并的目的多元综合，以"教育教学"目的为主。

斯里兰卡等发展中国家学校合并的目的是多元的，既包括经济方面，也包括教育教学方面；既有管理方面的，也有政治层面的目的。这些目的虽然从不同维度进行了划分，但在实际工作中，各国还是尽量寻求各方面目的的综合与均衡。值得注意的是，各国均把教育教学目的放在最重要的位置，这表明他们很清楚学校合并是从属于教育领域的工作，最终是为教育本身服务[1]，因此，提高教育质量、缩小校际差距等都是学校合并过程中最重要的目标。

回看我国农村学校合并过程中的目的，根据本课题组对中西部六省教育行政人员的抽样调查问卷统计（表2），我们看到排在前两位的分别是"教育资源合理配置"和"方便教育管理"，而"提高教育质量"和"实现教育均衡发展"却排在后两位。相对而言，我国中西部教育行政人员更看重经济和管理方面的目的，而教育目的次之。此排序显示出他们从自身的工作利益出发，而忽视了教育行政是为学校教育服务的宗旨，偏离了教育的目的和方向。因此，我国的农村教育行政人员应该进一步转变观念，明确农村中小学布局调整的最终目的应该是提高教育质量和促进学校均衡发展，最终促进农村教育的公平。

表2： 农村中小学布局调整的目的（行政卷） $n=176$

| 布局调整的目的 | 权重位次 | 频数（人） | 人次百分比（%） | 样本百分比（%） |
| --- | --- | --- | --- | --- |
| 实现教育资源合理配置的需要 | 1 | 160 | 31.4 | 90.9 |
| 方便教育管理的需要 | 2 | 138 | 27.1 | 78.4 |
| 提高教育质量的需要 | 3 | 113 | 22.2 | 64.2 |
| 实现教育均衡发展的要求 | 4 | 95 | 18.7 | 54.0 |
| 其它 | 5 | 3 | 0.6 | 1.7 |
| 合计 | — | 509 | 100.0 | 289.2 |

资料来源：由华中师范大学"中西部农村中小学合理布局结构研究"课题组调研一手数据统计所得

2. 教育资源共享覆盖所有学校，注重各学校均衡发展

各发展中国家在学校合并后将当地的中心学校作为一个管理中心，也作为

---

[1] Mark Bray: School clusters in the third world: making them work, Unesco – unicef co – operative programme Paris, 1987.7.

整个区域教育资源的集中地，再根据所拥有的资源数量和布点学校的数量情况进行学校分组，使教育资源在各组学校内部进行有序的轮换使用。特别是他们对偏远地区的小规模学校建立了"教师储备库"，以保证小规模学校教师在外出培训或休假期间能够照常开展教学活动；同时，为小规模学校短缺学科提供优秀教师进行轮流授课。这样，无论是可移动的物化教育设备，还是不可移动的教育设施，中心学校和其他布点学校都可以享用到优质资源。发展中国家在财政紧缺、教育资源有限的情况下，仍努力促进教育资源在所有学校间的配置和流动使用，这在很大程度上促进了各学校的均衡发展，学校合并确实为农村教育的发展起到了强有力的助推作用。

反思我国的农村中小学布局调整工作，在教育资源共享和学校均衡发展方面仍存在诸多问题。调研期间我们发现，中西部农村学校合并过程中，主要形成了四种办学形式：中心小学、完全小学、初小和教学点。各中心学校具有统筹管理服务区内其他学校的职能，教育资源也集中于中心学校，但其它学校却很难共享到中心学校的教育资源。中心学校往往利用其管理、资源上的优势，在办学条件、教学质量等方面领先于其他学校；而越是偏远地区，许多初小和教学点的教育资源越是短缺，办学条件最为落后。教育资源无法共享导致了巨大的校际差距，阻碍了农村教育的均衡发展。因此，在学校布局调整过程中，如何促进教育资源在所有学校间的共享，特别是保证偏远地区初小和教学点的办学条件，都是各地政府及相关行政人员应该引起重视的问题。学校布局调整工作应为促进学校的均衡发展和提高教育质量发挥推动作用，而绝不能牺牲大部分学校的教育质量反过来只关注一所中心校的发展，这严重损害了教育的公平性❶。

3. 突出中心学校管理人员的协调职能

学校合并最直接的涉及到社区内所有学校，而直接管理各个学校的就是中心学校行政人员，他们既负责本学校的日常行政工作，也负责学区内所有学校的管理工作。上述发展中国家在学校合并后十分注重中心学校行政人员的协调职能，尤其在各学校间教育资源配置方面，中心学校领导必须确保所有的学校都能享用到优质教育资源，并制定时间表保证教育资轮流使用的及时性和有序

❶ 杨东平. 中国教育公平的理想与现实［M］. 北京：北京大学出版社，2006：74.

性。中心学校虽然处于管理中心地位，但这种协调职能（而非行政指令）突出有效地保证了各学校发展的均衡和教育公平性。而在我国农村学校布局调整过程中，中心学校的职能仍侧重于对其下属学校的行政指令。相关行政人员通常利用这种行政指令的刚性，将财力和物力资源均集中于中心校；教师的调配也往往是由于中心校领导的主观性而形成一种"梯度效应"，即中心学校拥有大部分优秀年轻教师，而越往下分配，教师水平素质越低。中心学校行政人员的协调职能基本处于缺位状态，他们把更多精力花费在本校的建设和发展上，而很少关注其它布点学校的情况。特别是我国中西部偏远农村的教学点，很多老师反映中心学校领导很少来教学点走访、了解情况，学校越是偏远，办学状况越是得不到关注。可见，这种协调职能的缺位直接导致了偏远地区的学校得不到优质教育资源，甚至无法保证基本的办学条件。因此，中心校协调职能的加强和切实履行对于保证学校均衡发展是极其必要的。

（本文原发表于《外国教育研究》2010年第2期）

## 教育资源共享与均衡：基于美国农村学校合并的相关经验

赵 丹 曾 新

**摘 要**：学校合并是将重复布局的学校重新组合或合并的过程。很长时期内，我国地方政府效率至上的价值观主导农村学校合并政策的实施，导致学校发展陷入不均衡的困境、教育质量受到负面影响。究其原因，在于政策实施者过分追求教育效率、而忽视了教育供给的质量。因此，学校合并政策的取向应得到重新整合，即以"提高教育资源利用效率"为目的，兼顾教育成本节约与质量提升。而在教育资源有限性的前提下，教育资源共享和均衡应成为关键策略，其实现路径包括：创建学校联盟、促使各联盟学校共享教育服务、物力和人力资源，并提供有力的财政支持。该项举措在美国得到有效运用，为提升学校合并绩效、促进教育均衡发展发挥了重要作用。这对我国农村学校合并具有重要的借鉴意义。

**关键词**：学校合并 教育资源共享与均衡 政策重点 经验和启示

学校合并（school incorporation）是指"为促进教育资源集中和教育质量

提高而进行的学校重新分组和组合"❶。20 世纪初，为适应地区人口变化和节省教育成本，很多发达国家逐步开始实施学校合并政策；随后，部分发展中国家也通过学校合并运动来克服适龄人口减少和教育资源短缺的困境。作为世界范围的一项教育发展政策，学校合并在各个国家的实施均有其不同的背景和侧重点。其中，作为发达国家的典型代表美国，其基础教育发展起步较早，各项改革措施紧随时代变迁，学校合并的政策重点也从早期的"追求教育效率"转向"教育资源共享和均衡"。那么，当前我国农村学校合并面临怎样的问题？其症结何在？"教育资源共享和均衡"作为改进学校合并政策实施的关键策略，其实现路径有哪些？针对上述问题，本文分析了我国农村学校合并过程中的困境及其深层次原因，并结合美国学校合并的相关经验，探讨了教育资源共享和均衡的实现路径及启示。

## 一、农村学校合并的背景和问题

20 世纪 90 年代中后期开始，随着计划生育政策的落实，农村学龄人口不断减少和城镇化水平不断提高。我国农村地区，特别是中西部农村不少中小学学生源不足，学校布局分散，规模小，质量低的矛盾日益突出。一些农村地区开始陆续对规模过小的中小学和教学点进行撤并，在一定程度上促进了农村教育的整体发展；但同时也暴露出一些问题：地方教育行政人员效率至上的价值观导致大量学校被盲目撤并，而合并后学校的教育质量却被忽视；教育资源过度集中于中心学校，导致县域内学校发展不均衡；学校合并缺乏配套资金，教育资源难以均衡配置。

### （一）"效率至上"成为主流价值观，使学校合并偏离了政策初衷

学龄人口下降、学校重复布局、以及税费改革直接导致的农村教育经费缩减，这些客观现实因素都是促使学校合并的动力所在。由此，学校合并政策的实施也承载着多重责任和目的，主要包括：降低教育成本、方便管理、提高教育质量以及促进教育均衡发展。其中，提高教育质量和教育均衡发展是核心。

---

❶ Mark Bray: School clusters in the third world: making them work, Unesco – unicef co – operative programme Paris 1987: 7.

但是，在学校合并的实际过程中，很多教育行政人员以"效率至上"的价值观为主导，将"学校撤并"作为降低教育成本和方便管理的途径；而合并后学校的教育质量却被忽视，偏远农村学生上学远上学难问题凸显。课题组对中西部教育行政人员的调查结果表明（见表1）：在学校合并的各种目的中，排在前两位的为"节省教育资源"和"方便管理"，而"提高教育质量"和"教育均衡发展"位居其后。相对而言，我国中西部教育行政人员更注重经济和管理方面的目的，而教育目的次之。他们从自身的工作利益出发，忽视了教育管理是为学校教育服务的宗旨，偏离了教育的目的和方向。

表1　农村中小学布局调整的目的（行政卷）　　　　　　　　　　　$n=176$

| 布局调整的目的 | 权重位次 | 频数（人） | 人次百分比（%） | 样本百分比（%） |
|---|---|---|---|---|
| 降低教育成本 | 1 | 160 | 31.4 | 90.9 |
| 方便教育管理的需要 | 2 | 138 | 27.1 | 78.4 |
| 提高教育质量的需要 | 3 | 113 | 22.2 | 64.2 |
| 促进教育均衡发展的要求 | 4 | 95 | 18.7 | 54.0 |
| 其它 | 5 | 3 | 0.6 | 1.7 |
| 合计 | — | 509 | 100.0 | 289.2 |

### （二）学校合并中教育资源配置不均衡问题凸显

学校合并政策的实施旨在通过学校的撤并或重组，促进教育资源的均衡配置。但是调研中我们发现，合并后的农村学校主要形成了四种办学形式：中心小学、完全小学、初小和教学点。其中，各中心学校具有统筹管理服务区内其他学校的职能，教育资源也集中于中心学校，而其它学校却很难共享到中心学校的教育资源。而且，中心学校往往利用其管理、资源上的优势，在办学条件、师资等方面领先于其他学校；而越是偏远地区，许多初小和教学点的教育资源越是短缺，办学条件最为落后。以调研地陕西省石泉县迎风镇学校办学情况为例，在师资平、生均校园面积、危房面积和图书资源等方面，迎风中心小学的办学条件均优于其它三个教学点（见表2）。可见，教育资源无法共享导致了巨大的校际差距，大部分学校的教育质量被忽略而反过来只有中心学校的发展受到重视，这阻碍了农村教育的均衡发展，也严重损害了教育的公平性❶。

表2　陕西省石泉县迎风镇学校办学条件情况

| | 教师数（人） | 教师平均年龄 | 生均校园用地面积 | 生均校舍建筑面积 | 危房面积 | 生均图书册数 |
|---|---|---|---|---|---|---|
| 迎风中心小学 | 20 | 41 | 47 | 13 | 0 | 15.12 |
| 红花教学点 | 3 | 55 | 21 | 7 | 100 | 0 |
| 迎兴教学点 | 1 | 50 | 25 | 5 | 136 | 0 |
| 香炉沟教学点 | 1 | 57 | 33 | 8 | 120 | 0 |

### （三）合并后的学校发展缺乏配套资金，阻碍教育质量的提高

农村学校合并在现实中面临配套资金短缺的困境，导致合并后的农村学校存在不同程度的经费短缺问题。6省区的调查显示，经费不足仍是布局调整后的主要障碍，同时由于缺乏后续配套资金，布局调整后一些地方的学校又增添了新的债务。其中，有76.8%的教育行政人员、64.2%的中小学校长、65.9%的学校中层干部、52.9%的教师和55.6%的教辅及工勤人员认为布局调整中存在的问题是缺乏后续配套资金，学校的工作难度加大（见表3）。实际上，以县为主的财政管理体制背景下，很多中西部县级财政紧张的情况致使学校合并成为提高教育效率的重要手段。但是，地方教育行政人员过分看重教育成本的缩减，在没有做好科学规划的情况下，盲目撤销学校，导致相当部分的学校难以获得资金改善办学条件。如中西部很多中心学校规模扩大后，没有能力提供足够的宿舍、食堂、教室等基础设施。在这种情况下，中心学校尚不能达到标准，学校之间的优质资源共享更无从谈起。

表3　农村中小学布局调整中存在的问题　　　　　　（单位:%）

| 人员类别 | 有效问卷（份） | 缺乏后续配套资金 | 学生上学路程太远 | 家长负担加重 | 班级规模过大 | 教师工作负担加重 | 教育质量下降 | 学生生活压力加大 | 其它 |
|---|---|---|---|---|---|---|---|---|---|
| 行政人员 | 177 | 76.8 | 74.0 | 40.7 | 13.6 | 22.0 | 4.0 | 24.9 | 7.3 |
| 学校校长 | 901 | 64.2 | 77.5 | 34.0 | 27.7 | 33.7 | 8.8 | 26.1 | 2.4 |

---

❶　杨东平. 中国教育公平的理想与现实［M］. 北京：北京大学出版社，2006：74.

| 人员类别 | 有效问卷（份） | 缺乏后续配套资金 | 学生上学路程太远 | 家长负担加重 | 班级规模过大 | 教师工作负担加重 | 教育质量下降 | 学生生活压力加大 | 其它 |
|---|---|---|---|---|---|---|---|---|---|
| 中层干部 | 739 | 65.9 | 70.5 | 34.8 | 36.9 | 50.3 | 10.3 | 31.4 | 1.6 |
| 教师 | 9018 | 52.9 | 69.8 | 33.9 | 39.8 | 56.8 | 12.8 | 32.9 | 1.7 |
| 其他 | 124 | 55.6 | 62.1 | 33.9 | 30.6 | 57.3 | 8.1 | 37.1 | 4.8 |

## 二、教育资源共享与均衡：提升学校合并绩效的关键策略

农村学校合并之所以面临上述诸多问题，主要在于：长期以来，教育决策者一直没有处理好"缩减成本"与"质量提升"之间的关系。即一方面，管理者对教育效率的盲目追逐。他们认为学校数量的减少能够缩减管理成本、应对教育财政短缺的困境。农村学校的急剧减少有力地证明了这一点：如我国农村小学学校由 1995 年的 55.9 万所减少到 2010 年的 21.1 万所；农村教学点从186065 个减少到 65003 个（减少 65.1%）❶。又如美国农村学校适龄人口下降趋势明显，70%的学区入学人数低于 1000 人，导致各州和联邦政府对教育财政施加压力，学校合并便成为避免财政困扰的重要手段。1920—1980 年代的60 年间，美国农村学校从 21.7 万所减少至 18.3 万所（减少 40.6%）；一师一校型小规模学校从 13 万所减少至 1.2 万所（减少 90%）❷。学校合并确实取得了很大成效，提升了教育效率。

而另一方面，地方政府在学校合并中忽视了学生及家长对教育质量的更高需求。教育的核心作用是培养人，通过不断提升教育质量而赋予受教育者更多的知识和技能。因此，作为受教育者的学生，他们更关注教育质量及其自身的人力资本提升；同时，对教育事业具有投资贡献的学生家长，也更关注教育投资所带来的回报，即子女应接受更高质量的教育。但是现实中，教育质量却受到学校合并的不利影响：如合并后学校规模和班级规模扩大，导致学生课堂表

---

❶ 中华人民共和国教育部发展规划司. 中国教育统计年鉴 1999—2010 [M]. 北京：人民教育出版社，255，154.

❷ C. R. Berry, M. R. West Growing Pains：The School Consolidation Movement and Student Outcomes, Journal of Law Economics & Organization – J LAW ECON ORGAN, 2010. 26（1）：1 – 29.

现不佳、家长和教师直接参与决策的机会减少、教师和学生愈发疏离、更多的时间和资源都用于维持课堂秩序而非教学质量上❶。这导致合并后很多学校的教育质量下滑，学生、家长以及民众对学校合并提出质疑和反对之声。

那么，如何克服"成本缩减"与"提高教育质量"之间的矛盾、提升学校合并的政策绩效？这一问题应成为农村学校合并的政策重点。从教育经济学理论来看，成本缩减和质量提升正是"教育资源利用效率"的两大关键问题：即一方面节省教育成本，提高教育效率；另一方面，努力提高教育质量，确保教育资源利用的有效性。而由于教育资源的供给并不是无限的，提高教育质量的重要策略之一，便是促进学校之间的教育资源共享与均衡。❷可见，提高教育资源利用效率是一种兼顾"成本节约"与"质量提升"的政策取向，教育资源共享与均衡则是践行这一政策取向的突破口。由此，在政策设计层面，教育决策者应重新界定学校合并的目的，将"提高教育资源利用效率"作为政策驱动力，即"提高教育管理的效率、为纳税人节省教育资金；同时，建立学校联盟以提供更高水平的教育服务，使教育资源在各学校间共享，促进教育均衡发展"❸。这一理念在美国得到了运用，成为美国学校合并政策的目的，亦是整个农村教育发展的理念。美国各州教育当局颁布并实施了相关法案，以此促进学校合并政策的实施及绩效提高（见表4）。

表4 美国各州学校合并的相关政策及法案（2006—2007）

| 州 | 编号/时间 | |
|---|---|---|
| 印第安纳州 | H. B. 1001/07 年 5 月 | 财政立项 10 万美元用于 2007. 08—2008. 09 期间的学校合并及创建联盟学校可行性的研究及实施工作。 |
| 爱达荷州 | S. B. 1067/07 年 3 月 | 修改学校合并规划方案，加入可行性研究方案以及合并后学校重建的财政补偿方案 |
| 堪萨斯州 | S. B. 481/06 年 5 月 | 联盟学校共同使用各学校的教育经费，追加资金投入用于合并后学校的建设 |

---

❶ Charles Jacques, B. Wade Brorsen, andFrancisca G. C. Richter Consolidating Rural School Districts: Potential Savings and Effects on Student Achievement.

❷ 埃尔查南·科恩，特雷.G. 盖斯克著，范元伟译. 教育经济学，上海：上海人民出版社，2009：170－173.

❸ Bard, J., Gardener, C., & Wieland, R. Rural school consolidation report. Norman, OK: National Rural Education Association, 2005.

续表

| 州 | 编号/时间 | |
|---|---|---|
| 阿肯色州 | AAC005. 23. 06/06 年 4 月 | 确立规则和标准体系，监督学校合并及相关管理人员在联盟学校间轮流工作，实现人力资源共享 |
| 南达科他州 | H. B. 1243/06 年 2 月 | 财政立项 55. 2209 万美元作为各学区学校合并的财政激励 |

资料来源：Jonathan Plucker，Terry Spradlin. Assessing the Policy Environment for School Corporation Collaboration，Cooperation，and Consolidation，Center for evaluation and education policy，2007（5）：1 – 16.

## 三、教育资源共享与均衡的实现路径

教育资源共享的实现路径是通过建立"学校联盟"，并由其中的"联盟中心委员会"负责各学校的管理事务；在此基础上，各联盟学校共享优质教育服务、物力和财力资源。

### （一）合理布局学校、创建学校联盟

教育资源利用效率的提高一方面要以节省教育成本为前提，另一方面，也是更关键的，要确保教育质量的提升。由此，创建学校联盟、促进教育资源共享应成为教育决策者采取的重点策略。具体来说，首先，应按照一定的上学距离标准，合理布局学校，形成以中心学校为核心的学校群，其中包括规模较大、办学条件较好的中心学校以及规模较小、办学条件相对落后的卫星学校。其次，为了均衡不同规模

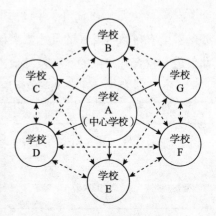

图1　教育资源共享模式

学校的办学条件，将各学校组成联盟，并建立"联盟中心委员会"（一般在中心学校内）负责各学校的管理事务❶。再次，各联盟学校共享优质教育资源，促进教育质量的提升及均衡发展（见图1）。

---

❶ Jonathan Plucker，Terry Spradlin. Assessing the Policy Environment for School Corporation Collaboration，Cooperation，and Consolidation，Center for evaluation and education policy，2007（5）：1 – 16.

这种方式一方面能有效地节省教育管理成本，又能够将优质教育资源覆盖到所有学校，特别是有助于薄弱学校教育质量的提高、促进各学校均衡发展。如美国教育决策者在学区适龄人口下降、教育财政缩减的压力下，采用了教育资源共享的新模式，为提升学校合并绩效及教育均衡发展发挥了重要的作用。

### （二）教育服务、物力、人力资源共享，促进教育资源均衡配置

教育资源共享的内容主要包括教育服务、教育物力资源以及人力资源的共享，在此过程中，各学校拥有均等的机会享用同等质量的教育资源，从而促进教育资源的均衡配置。

第一，教育服务共享。根据各学校的需求，联盟中心委员会对教育服务项目进行总体策划和协调，其工作流程包括评估需求、与工作人员和投资者定期沟通、制定工作步骤、建立项目管理小组和实施项目[1]。从具体策略来说，各学校共享专业发展、技术更新、联合采购、设备维修以及快递/邮政等服务项目。如美国印第安纳州共有 9 个联盟中心委员会，为 262 个学区、64.77 万所学校提供入学前教育、健康教育、个性教育、武术培训等项目[2]。通过共享服务，各学校节省了各自联系业务的时间和资金成本，同时，中心委员会严格的质量监控体系能够保证高质量的教育服务，避免各学校教育服务水平的参差不齐。此外，学校和社区之间也共享教育服务，主要包括社区与学校联合提供交通、餐饮、运动和健康医疗等服务，为教学活动提供后勤保障。

第二、物力资源（教育设施、教学设备、场地等）共享。具体来说：首先，联盟学校间达成协议，共同建造图书馆、健身房、水生物馆、计算机中心等，由各学校学生定期轮流使用。其次，各学校间共享或互相租借场地，以供学校大型活动所用。如位于华盛顿的塔克马港学校面积较大，它与本学区其他学校共享其体育场和剧场；而该学校又借用其他学校的雕塑场供学生实践课程所用。再次，学校与社区之间也存在共享物力资源的机会和条件，如学校和社区共享社区图书馆、计算机中心或场地等。如马萨诸塞州波士顿市的 MATCH

❶ Eggers, W. D., Snell, L., Wavra, R., &Moore, A. T. Driving more money into the classroom：The promise of shared services. Los Angeles：Reason Foundation and Deloitte Research. 2005.

❷ Eggers, W. D., Snell, L., Wavra, R., &Moore, A. T. Driving more money into the classroom：The promise of shared services. Los Angeles：Reason Foundation and Deloitte Research. 2005.

学校向当地教堂出租学校场地每年能获得 1.7 万美元的额外收益，用于教育教学活动。❶ 可见，物力资源共享有效地避免了部分学校因资源不足而导致教育质量下滑的风险，而且也无需投入更多成本去购买新的教育资源。

第三、人力资源共享。首先，管理人员共享。在美国，管理成本长期占据教育投资的很大比例，也是学校合并中的难点问题。在各学区特别是小规模学校比例较大的学区，一位校长或督导者负责几个学校的管理工作是普遍现象，这能为学区节省 1.5～5 万美元/年的管理开支。如爱荷华州一名校长同时负责两个学区（方圆 400 平方英里，约 1300 名学生）的管理工作，每周一至周四分别在两个学区各工作两天，周五按照相关约定选择在其中一个学区工作。两个学区共支付其 11.5 万美元的年薪，每年能够节省 6.5 万美元的薪酬支出。其次，师资共享。优秀教师或者短缺学科（音乐、美术、计算机等）教师会在学校之间轮流授课，或者采用远程教育平台同时向多所学校的学生授课；还有部分特殊项目的工作人员，如保安主任、治疗师、护士等会在各学校间轮流工作❷。再次，管理人员与教师岗位的职责兼任也是一种特殊方式。如管理者同时兼任教师、教师也承担管理工作、聘用具有多种资格证书的兼职教师、年轻教师、退休人员、志愿者等从事教辅工作。上述措施在很多学区特别是小型学区得到采纳，有效地避免了因师资不足而导致的学校发展滞后。

### （三）实施财政计划，为"教育资源共享"提供充足的资金

农村学校合并过程中的教育资源共享并非在既定条件下共享原有的教育资源，它是一个多重动态过程，即一方面重组和整合现有的教育资源、另一方面通过教育成本的追加提高教育资源的数量和质量，提升联盟学校整体办学水平。因此，实施配套财政计划、提供充足的资金应成为促进教育资源共享的保障性措施。❸

---

❶ Jonathan Plucker, Terry Spradlin. Assessing the Policy Environment for School Corporation Collaboration, Cooperation, and Consolidation, Center for evaluation and education policy, 2007 (5): 1 – 16.

❷ Rural School and Community Trust. The fiscal impacts of school consolidation: Research based conclusions. 2003. http://www.ruraledu.org/site/c. beJMIZOCIrH/b. 2815995/apps/nl/content3. asp? content_ id = {08B2E7CDE2E3 – 43FE – B9BF – 90BD4D078C2C} &notoc =1

❸ 曾满超、丁小浩主编. 效率、公平与充足——中国义务教育财政改革 [M]. 北京：北京大学出版社 2010. 297.

第一，实施专门财政计划，负责规划、跟踪评估和拨付相关款项。如美国印第安纳州于 2007 年底颁布并实施了 FinMars 计划，主要从数据信息收集、存储和获得、教育投资项目划分、财政报表制定以及财政人员培训等方面，对原有的州财政体制进行修订和补充，增加针对于学校合并和资源共享的投资项目及预算内容。其他各州也实施了类似的财政计划，主要包括：评估继续撤并学校的可能性；成立州绩效委员会附属委员会，评估 K - 12 学校的教育成本与收益；针对学校合并工作，立法成立专门的财政报告管理系统。❶ 上述措施在很大程度上提高了学校合并的绩效、为教育资源共享提供了强有力的政策支持。

第二，增加财政拨款。经费保障是教育政策顺利实施的必要条件，学校合并政策也不例外。特别是学校合并后学校之间资源的整合和共享，以及部分学校重建，都需要一定的经费作为保障。由此，美国各州政府在改革教育财政管理体制的基础上，将学校合并与教育资源共享方面的经费单列。如印第安纳州于 2004 年拨款 104 亿美元用于学校合并中的教育资源整合和共享。该州的蒂珀卡县获得 380 万美元的财政拨款，这意味着该县每个学区的生均公用经费提高了 200 美元，有效地改善了合并后学校的办学条件和教育质量❷。

第三，提高财政分配的透明度，确保各项资金有效利用。除教育资源共享相关经费单列之外，相关经费的具体去向、透明度以及是否合理利用，应该成为教育决策者关注的问题。如美国各州政府制定学校合并专项经费的类别明细，并确保更多的经费用于教育教学领域，而非管理领域。印第安纳州 2004—2006 年间两个阶段针对学校合并计划的资金划拨，其中用于"学业成就支持"项目的经费分别为 56% 和 54%，其次才是日常管理费用（21%）、非管理费用（17% 和 19%）以及教学支持项目资金（6%）（见表 5）。可见，学业成就支持和非管理费用的比例占据项目资金的绝大部分，体现了教育当局重视教育质量的财政策略。因此，在未来我国农村学校合并进程中，教育决策者也应根据各学校发展的资金需求，提供充足的配套资金；同时，除保证学校

❶ Indiana Department of Education. FinMARS improvement plan: A plan toup grade the financial management, analysis, and reporting system for Indiana school corporations and schools. Indiana polis, IN. 2006.

❷ Boyd, R. L. & Ulm, G. R. Tippecanoe county school consolidation study. Indiana State University, Educational Services Company, and Church, Church, Hittle & Antrim. 2006.

管理效率外，应将更多的资金比例投入到与教育质量提升直接相关的项目中，以促进农村教育整体质量提升和均衡发展。

表5 印第安纳州学校合并项目经费的支出类别

| 支出类别 | 2004—2005 年 | | 2005—2006 年 | |
|---|---|---|---|---|
| | 经费额度（美元） | % | 经费额度（美元） | % |
| 学业成就支持 | 5815193231 | 56 | 5768081069 | 54 |
| 教学支持 | 664244435 | 6 | 677337779 | 6 |
| 日常管理费用 | 2171233350 | 21 | 2267148595 | 21 |
| 非管理费用 | 1792142174 | 17 | 1913451219 | 19 |
| 总计 | 10442813189 | 100 | 10626018662 | 100 |

资料来源：Indiana Department of Education.（2006）. FinMARS improvement plan：A plan toupgrade the financial management，analysis，and reporting system for Indianaschool corporations and schools. Indianapolis，IN.

（本文原发表于《教育发展研究》2013 年第 8 期）

# 县域义务教育均衡发展：公众满意度评价及问题透视

——基于西北五县的实证调查

赵　丹　吴宏超

**摘　要：**公众满意度是公众群体对公共政策执行的主观体验和态度意愿，它日益成为评估政府教育管理绩效的重要标准之一。在我国县域义务教育均衡发展进程中，公众满意度测评同样具有重要的价值。它通过测度受教育者及相关群体的满意程度，来反映县域义务教育均衡发展的水平和问题，有助于政策的公民参与和有效改进。本研究针对西北五县的实证调查表明：目前县域义务教育均衡发展的公众满意度总体合格率和评价分值较高，但部分群体评价不合格；教育资源均衡、布局规划和就近入学的满意度较低；贫困学生和留守儿童家长的满意度较低。由此，义务教育均衡发展的相关政策应针对上述问题进行完善和改进。

**关键词：**县域义务教育均衡发展　公众满意度　西北五县　实证调查

## 一、问题的提出

政府教育管理公众满意度是"在政府履行教育管理职能过程中，社会公众对政府教育政策制定、公共财政供给、教育督导、教育公平保障等行为的受用效果的感受与经验"❶。而"县域义务教育均衡发展满意度"则是"教育管理公众满意度"的具体化，是公众对县级政府工作绩效、县域义务教育均衡发展水平的感知以及是否满意的心理状态。满意度测评有助于揭示县域义务教育均衡发展的现状，探寻制约教育均衡发展的主要因素，从而推进相关政策改革。教育部于 2012 年也颁发了《县域义务教育均衡发展督导评估暂行办法》，要求对县域校际办学资源均衡状况、县级人民政府工作、以及公众满意度三个方面进行评估❷。可见，公众满意度测评也已成为高层政府推进义务教育均衡发展的重要策略之一。

但目前多数学者将研究视角聚焦于县域内学校的办学条件、经费保障和师资配置均衡等方面，对公众满意度的实证研究却十分有限。那么，在县域义务教育均衡发展进程中，公众对县域义务教育均衡发展状况有哪些看法？他们对本地区义务教育均衡发展的满意度如何？其满意度反映了哪些新的问题？对推进县域义务教育均衡发展的改革具有怎样的启示？本研究选取西北五县作为调查县域，对其义务教育均衡发展的公众满意度进行实证评估，从公众满意度的视角探析西北县域义务教育均衡发展过程中的现实问题，试图为改进义务教育均衡发展工作提供一定的对策建议。

## 二、县域义务教育均衡发展满意度指标与调查设计

### （一）义务教育均衡发展满意度指标确定

县级政府推进义务教育均衡发展工作的绩效结果主要体现在就近入学、校

---

❶　［美］戴维·奥斯本，特德·盖布勒. 改革政府——企业精神如何改革着公营部门［M］. 上海：上海译版，1996：163－167.

❷　中华人民共和国教育部. 教育部关于印发《县域义务教育均衡发展督导评估暂行办法》的通知（教督［2012］3 号）［EB/OL］. 2012－01－20. http：//www.moe.edu.cn/publicfiles/business/html-files/moe/moe_ 1789/201205/136600.html.

际办学条件、师资均衡、学校布局合理等方面。由此，县域义务教育均衡发展公众满意度指标体系应主要包括：（1）本地区儿童就近入学情况；（2）校际间办学条件差距情况；（3）校际间师资队伍差距情况；（4）义务教育学校择校情况；（5）学校办学行为规范情况；（6）学校布局合理情况；（7）政府推进义务教育均衡发展的努力程度。满意度分为五个等级：非常满意、满意、基本满意、不太满意和不满意（见表1）。每一位调查对象的总体满意度为七项指标满意度水平总和的均值。单项指标和总体满意度的评价标准均为：满意度满分为1分，0.6分及以上为合格，小于0.6分为不合格。

表1 县域义务教育均衡发展公众满意度评价指标体系

| 义务教育均衡发展满意度指标 | 1. 本地区适龄儿童就近入学的情况 | 非常满意 = 1；满意 = 0.8；基本满意 = 0.6；不太满意 = 0.3；不满意 = 0 |
|---|---|---|
| | 2. 本地区校际间办学条件差距的情况 | |
| | 3. 本地区校际间师资队伍差距的情况 | |
| | 4. 本地区义务教育学生择校的情况 | |
| | 5. 本地区学校办学行为规范的情况 | |
| | 6. 本地区学校位置布局规划的情况 | |
| | 7. 本地区政府推进义务教育均衡发展的努力程度 | |

注：评估标准及分值根据国家统计局"全国组织工作满意度民意调查"的统计方法进行设计，http://cpc.people.com.cn/GB/66888/77791/9268091.html。

## （二）调查设计

西北地区义务教育发展的整体水平相对薄弱，教育资源短缺及不均衡问题依然突出。针对该地区进行公众满意度测评，能够更切实地反映当前义务教育均衡发展还存在哪些具体问题，从而促进政策改进。因此，西北省份作为调查县域，具有较强的代表性。依据经济发展水平高、中、低三个层次，本研究分别选取西北S省的N县和M县、G省的Q县和H县、以及Q省的L县共五个县作为样本县，由于L县规模较大，所以Q省仅选取1个县作为调查样本。本研究采用问卷调查和访谈的方法，对学生家长、义务教育学校校长、教师、及其他群众进行实地调查。问卷调查综合运用随机抽样、分层抽样与整群抽样的方法，发放问卷10588份，回收问卷10492份，问卷有效率为97.5%（见表2）。从问卷比例看，家长有效问卷比例为52.4%，教师卷31.0%，其他群体问卷占16.6%；城区、县镇和农村地区问卷发放比例分别为23.6%、32.9%

和 43.5%；进城务工人员和非进城务工人员问卷比例为 24.6% 和 75.4%。结果一致性检验显示，Cronbach α 系数为 0.832，问卷结果具有良好的一致性❶。

表 2　问卷发放和回收情况

|  | 发放数量 | 回收数量 | 回收率% | 有效问卷 | 有效率% | 百分比% |
|---|---|---|---|---|---|---|
| 家长 | 5493 | 5462 | 99.4 | 5356 | 98.1 | 52.4 |
| 教师（校长） | 3298 | 3271 | 99.2 | 3175 | 97.1 | 31.0 |
| 其他群众 | 1797 | 1759 | 97.9 | 1698 | 96.5 | 16.6 |
| 总计 | 10588 | 10492 | 99.1 | 10229 | 97.5 | 100 |

## 三、西北县域义务教育均衡发展的公众满意度及问题透视

### （一）公众满意度总体情况

满意度总体情况能够反映出县域义务教育均衡发展的整体水平，平均值和合格比例越高，表明义务教育均衡发展的水平越高。本研究中，如表 3 所示，所有调查群体对县域义务教育均衡发展的总体满意度平均值为 0.89。在调查群体的评分中，合格比例（≥0.6 分）为 85.6%；不合格比例（<0.6 分）为 14.4%。这表明调查样本对当前县域义务教育均衡发展水平的总体评价合格率较高，西北地区义务教育均衡发展工作取得了一定成效。将评分进一步分为 5 个等级，其中 0.8～1 分的样本群体为 7385 个（占总样本的 72.2%）；0.6～0.79 分的比例为 13.4%；0.4～0.59 分的比例为 6.1%；0.2～0.39 分的比例为 3.3%，最低等级 0～0.19 分的样本群体为 512 个（5.0%）。可见，最高等级（>0.8 分）的样本比例较高，说明总体上样本群体对县域义务教育均衡发展的满意度水平较高。但不能忽视的是，评分低于 0.6 分的样本群体为 1475 个（14.4%），处于不合格水平（见表 3）。其中，学生家长数量 752 人、教师（校长）615 人、其他群众 108 人，占各自群体的比例分别为 14.0%、19.4% 和 6.4%。这说明，三类群体中均有部分群体对义务教育均衡发展的满意度较低，而且教师校长群体满意度不合格比例占自身群体的比例最高、学生家长次

---

❶　Peterson，Rober. Amet－anaalysisofeornbaeh；5eoeffieientalPha ［J］. JounralofConsmuer Researeh，1994，21，2.

之、其他群众最低。

表3 西北五县县域义务教育均衡发展满意度总体情况

| 总体满意度平均值 | | 满意度等级 | 频率 | 百分比% | 有效百分比% | 累积百分比% |
|---|---|---|---|---|---|---|
| 均值 | 0.89 | 0.8~1 | 7385 | 72.2 | 72.2 | 72.2 |
| 标准差 | 0.160 | 0.6~0.79 | 1369 | 13.4 | 13.4 | 85.6 |
| 方差 | 0.026 | 0.4~0.59 | 626 | 6.1 | 6.1 | 91.7 |
| 极小值 | 0 | 0.2~39 | 337 | 3.3 | 3.3 | 95.0 |
| 极大值 | 1.000 | 0~0.19 | 512 | 5.0 | 5.0 | 100 |
| 样本数 | 10229 | 合计 | 10229 | 100.0 | 100.0 | |

另外，从三类群体的总体满意度水平来看，学生家长群体中满意度在合格以上水平的人数为4604人（86.0%），不合格人数为752人（14.0%）；教师校长群体中满意度在合格以上水平的人数为2560人（80.6%），不合格人数为615人（19.4%）；其他群众群体中满意度在合格以上水平的人数为1590人（93.6%），不合格人数为108人（6.4%）。可见，合格率从高到低的群体为其他群众、学生家长和教师校长，这一结果与上述不合格群体比例的结果是一致的。再从具体满意度等级来看，学生家长群体的满意度各等级人数和比例分别为：0.8~1等级人数为3883人（72.5%）、0.60~0.79等级人数为721人（13.6%）、0.40~0.59等级人数为280人（5.2%）、0.20~0.39等级人数为220人（4.1%）、0~0.19等级人数为252人（4.7%）。教师校长群体的满意度各等级人数和比例为：0.8~1等级人数为2278人（71.7%）、0.60~0.79等级人数为282人（8.9%）、0.40~0.59等级人数为268人（8.4%）、0.20~0.39等级人数为115人（3.6%）、0-0.19等级人数为232人（7.4%）。其他群众群体的满意度各等级人数和比例分别为：0.8~1等级人数为1224人（72.1%）、0.60~0.79等级人数为366人（21.5%）、0.40~0.59等级人数为49人（2.9%）、0.20~0.39等级人数为43人（2.5%）、0~0.19等级人数为16人（1.0%）（见表4）。可见，三类群体中满意度评价在0.80~1分最高等级的比例均在70%以上，这说明多数群体的满意度评价较高；但对于0~0.19分等级来说，教师校长群体的比例为7.4%，显著高于学生家长和其他群众群体。而且，从卡方检验来看，不同群体与满意度等级之间呈显著相关关系，满意度水平差异较大。具体来说，满意度由低到高的次序为教师校

长、学生家长和其他群众。

之所以不同群体的满意度呈现差异，其原因在于，首先，教师（校长）是县域义务教育均衡发展相关政策措施的直接执行者，在儿童上学远、学校间办学条件差距、师资队伍差距、学生择校等七个方面，他们能在日常工作中通过教学、会议交流、与学生或家长沟通等方式切身感受并发现更多的实际问题，所以，他们的满意度感知更敏感，更容易产生不满意的态度。其次，学生家长群体一般通过自己的孩子在接受教育过程中的反馈获得相关信息，或通过观察、与他人交流间接了解义务教育均衡发展的状况。而且，目前农村地区相当数量的家长外出务工，将孩子寄宿在学校或托付给亲戚照管，相对于教师群体，他们对义务教育均衡发展的感知比较宏观，满意度相对较高。最后，其他群众并不是义务教育均衡发展的直接相关利益群体，对于相关指标满意度的测评是基于近年来县域内义务教育学校发展的变化情况，如若确实有所改善，他们的满意度水平便会提升，因此，该群体的满意度水平最高。

表4　不同群体满意度等级及合格比例

| | | 是否合格 | | | 满意度等级 | | | | | 总数 |
|---|---|---|---|---|---|---|---|---|---|---|
| | | 是 | 否 | 总数 | 0.80~1 | 0.60~0.79 | 0.40~0.59 | 0.20~0.39 | 0~0.19 | |
| 学生家长 | 计数 | 4604 | 752 | 5356 | 3883 | 721 | 280 | 220 | 252 | 5356 |
| | 比例 | 86.0% | 14.0% | 100.0% | 72.5% | 13.5% | 5.2% | 4.1% | 4.7% | 100.0% |
| 教师校长 | 计数 | 2560 | 615 | 3175 | 2278 | 282 | 268 | 115 | 232 | 3175 |
| | 比例 | 80.6% | 19.4% | 100.0% | 71.7% | 8.9% | 8.4% | 3.6% | 7.4% | 100.0% |
| 其他群众 | 计数 | 1590 | 108 | 1698 | 1224 | 366 | 49 | 43 | 16 | 1698 |
| | 比例 | 93.6% | 6.4% | 100.0% | 72.1% | 21.5% | 2.9% | 2.5% | 1.0% | 100.0% |
| 总数 | 计数 | 8754 | 1475 | 10229 | 7385 | 1369 | 626 | 337 | 512 | 10229 |
| | 比例 | 85.6% | 14.4% | 100.0% | 72.2% | 13.4% | 6.1% | 3.3% | 5.0% | 100.0% |

表5　不同群体与满意度等级卡方检验

| | 值 | df | 渐进 Sig.（双侧） |
|---|---|---|---|
| Pearson 卡方 | 122.363[a] | 8 | .000 |
| 似然比 | 115.496 | 8 | .000 |
| 线性和线性组合 | 1.053 | 1 | .305 |

**（二）教育资源均衡、布局规划和就近入学的满意度较低**

县域义务教育均衡发展指标的公众满意度能够反映出各指标本身的均衡水平，满意度评分越高，表明其均衡程度越高。本研究表明，各指标的满意度平均分值由高到低分别为：择校情况（0.882）、政府努力（0.879）、办学行为（0.871）、布局规划（0.732）、师资队伍（0.724）、办学条件（0.714）、就近入学（0.711）（见表6）。可见，目前西北五县在义务教育均衡发展进程中，全部问题都高于0.6分，达到"基本满意"水平，但后三项得分较低。也就是说，相对而言，学校布局规划、师资和办学条件以及学生就近入学四项指标的评测结果均低于前三个指标（择校情况、政府努力和办学行为）的评测值，这说明，公众对于学校布局规划、师资和办学条件的满意度低于择校情况、政府努力和办学行为的满意度。

表6　县域义务教育均衡发展各指标满意度平均分值

| | 择校情况 | 政府努力 | 办学行为 | 布局规划 | 师资队伍 | 办学条件 | 就近入学 |
|---|---|---|---|---|---|---|---|
| 均值 | 0.882 | 0.879 | 0.871 | 0.732 | 0.724 | 0.714 | 0.711 |
| 标准差 | 0.186 | 0.173 | 0.158 | 0.179 | 0.170 | 0.185 | 0.152 |
| 方差 | 0.035 | 0.030 | 0.025 | 0.032 | 0.029 | 0.034 | 0.023 |

另一方面，具体各指标满意度的合格率也与上述结果一致。在各指标中，合格率从高到低依次为政府努力（98.7%）、择校情况（98.5）、办学行为（98.0%）、办学条件（89.4%）、师资队伍（87.2%）、就近入学（85.4%）、学校布局（83.3%）（见表7）。可见，除个别名次略有差别外，合格率居前三位的依然是政府努力、择校情况和办学行为；而办学条件、师资队伍、就近入学和学校布局的合格率相对前三个指标而言，处于较低水平。这说明，当前西北地区校际办学资源不均衡、学校布局规划及其引发的就近入学问题是公众比较关注的问题。这一结论也得到相关学者支持，如司晓宏等人指出："县城与乡村学校之间、平原与山区学校之间、经济发达乡镇学校与经济落后乡镇学校之间在办学水平等方面仍存在着显著差距"❶；范先佐等指出："学校布局规划

---

❶ 杨令平，司晓宏. 西部县域义务教育均衡发展现状调研报告［J］. 教育研究，2012，387（4）：35－42.

不合理导致大量教学点被撤销，偏远学生上学面临更多困难，暂存的教学点办学条件又极其落后"❶。

**表 7　县域义务教育均衡发展各指标满意度等级比例（%）**

| | 政府努力 | 择校情况 | 办学行为 | 办学条件 | 师资队伍 | 就近入学 | 学校布局 |
|---|---|---|---|---|---|---|---|
| 非常满意（1） | 52.8 | 50.7 | 46.0 | 38.9 | 36.3 | 33.6 | 33.7 |
| 比较满意（0.8） | 36.6 | 37.0 | 37.2 | 30.6 | 30.2 | 34.6 | 29.3 |
| 一般（0.6） | 9.3 | 10.8 | 14.8 | 19.9 | 20.7 | 17.2 | 20.3 |
| 合格 | 98.7 | 98.5 | 98.0 | 89.4 | 87.2 | 85.4 | 83.3 |
| 不太满意（0.3） | 1.0 | 1.0 | 1.1 | 6.8 | 7.3 | 7.5 | 7.9 |
| 非常不满意（0） | 0.3 | 0.5 | 0.9 | 3.8 | 5.5 | 7.1 | 8.8 |
| 不合格 | 1.3 | 1.5 | 2.0 | 10.6 | 12.8 | 14.6 | 16.7 |
| 合计 | 100.0 | 100.0 | 100.0 | 100.0 | 100.0 | 100.0 | 100.0 |

### （三）农村贫困学生家长的满意度较低

教育经济学理论指出："经济地位对儿童入学及受教育满意度都具有重要的影响，尤其是来自经济地位较低或贫困家庭的儿童，对受教育的感知更加敏感"❷。本研究的实证数据验证了这一观点。按照 2011 年西北地区对贫困人口的最新标准（人均纯收入低于 2300 元），我们将调查群体（学生家长）年人均收入分为 5 个等级（见表 8）。结果显示，贫困学生家长的满意度较低，其中有 228 个调查样本的满意度在最低水平（0~0.19 分），占样本数的 80.3%；其中 47 人（16.5%）满意度等级在 0.2~0.39 分；7 人（2.5%）满意度评分为 0.4~0.59 分；而评分在 0.6 分以上的贫困学生家长群体仅有 2 人（0.7%）；满意度为 0.8~1 分的样本数为 0。与此类似，年人均纯收入在 2301~5000 元水平的调查群体，也呈现相同特征，即绝大多数群体（852 人，占 97.1%）的满意度不合格。而与此相反，年人均纯收入在 5000 元以上的三组群体中，绝大多数满意度较高。其中，满意度为 0.8~1 分的人数比例分别为 82.3%、82.2% 和 87.7%；而满意度不合格的人数比例很低。

---

❶ 范先佐，郭清扬，赵丹. 义务教育均衡发展与农村教学点的建设［J］，教育研究，2011，380（9）：38-45.

❷ 曾满超. 教育政策的经济分析［M］. 北京：人民教育出版社，2000：185.

表8 家庭经济水平与满意度等级交叉表

| 经济水平等级（元） | | 满意度等级 | | | | | 合计 |
|---|---|---|---|---|---|---|---|
| | | 0.8~1 | 0.6~0.79 | 0.4~0.59 | 0.2~0.39 | 0~0.19 | |
| 0~2300 | 计数 | 0 | 2 | 7 | 47 | 228 | 284 |
| | % | — | 0.7 | 2.5 | 16.5 | 80.3 | 100.0 |
| 2301~5000 | 计数 | 0 | 25 | 10 | 692 | 150 | 877 |
| | % | — | 2.9 | 1.1 | 78.9 | 17.1 | 100.0 |
| 5001~10000 | 计数 | 1094 | 210 | 16 | 2 | 7 | 1329 |
| | % | 82.3 | 15.8 | 1.2 | 0.2 | 0.5 | 100.0 |
| 10001~20000 | 计数 | 1125 | 204 | 22 | 3 | 14 | 1368 |
| | % | 82.2 | 14.9 | 1.6 | 0.3 | 1.0 | 100.0 |
| >20000 | 计数 | 672 | 76 | 14 | 2 | 2 | 766 |
| | % | 87.7 | 9.9 | 1.8 | 0.3 | 0.3 | 100.0 |
| 合计 | 计数 | 3811 | 517 | 69 | 746 | 401 | 4624 |
| | % | 62.5 | 11.2 | 1.5 | 16.1 | 8.7 | 100.0 |

上述结果表明，贫困与非贫困学生家长相比，其满意度呈现出差异。本研究进一步将调查样本群体的贫困等级与其满意度等级进行卡方检验。其结果显示，Pearson 卡方值为 48.820，Likelyhood 值为 50.065，显著性均为 0.000，即在 0.01 水平上显著（见表9）。这说明，调查样本群体的满意度等级与其贫困等级之间具有极其显著的相关关系。也就是说，调查群体的经济水平越低（越贫困），他们对义务教育均衡发展的满意度水平越低；而如果经济水平越高，其满意度水平则越高。这一结论也得到了相关学者的支持，如金东海、师玉生的研究表明："义务教育均衡发展中，民族贫困县学生上学的个人负担还十分沉重；寄宿制学校学生产生的寄宿费用，更加剧了贫困学生家庭的经济负担"❶。

表9 满意度等级与贫困等级卡方检验

| | 值 | df | 渐进 Sig.（双侧） |
|---|---|---|---|
| Pearson 卡方 | 48.820[a] | 16 | 0.000 |
| 似然比 | 50.065 | 16 | 0.000 |
| 线性和线性组合 | 15.424 | 1 | 0.000 |

❶ 金东海，师玉生. 义务教育均衡发展与贫困地区学生就学资助的关联研究 [J]. 西北师范大学学报，2009，26（6）：132-137.

### （四）农村留守儿童家长的满意度较低

在受教育过程中，留守儿童由于缺少父母、家庭的关爱，在情感、学习等各方面面临诸多问题。基于家长对孩子的教育状况更为了解，本研究主要对学生家长的样本数据进行统计。结果表明，留守儿童家长的满意度相对较低，只有282人次表示其满意度水平为合格及以上（占样本数的16.5%），其中满意度水平在0.8分以上的只有29人次（1.7%）；而满意度低于合格水平（<0.6分）的留守儿童家长却有1425人次，占样本数的83.5%。与此相对比，非留守儿童家长的满意度水平呈现出差异，其中有2583人次的满意度评分在合格及以上水平（>0.6分），而满意度评分在合格以下水平的有583人次（18.4%）。而且，非留守儿童家长满意度评分为0～0.19分的人次远少于留守儿童家长群体（见表10）。可见，留守儿童家长对县域义务教育均衡发展的满意度水平低于非留守儿童家长，而且两者之间的差异显著（sig=0.076）（见表11）。辜胜阻等人也指出："中西部省份农村留守儿童的受教育状况明显较差，其主要问题集中在学习滞后、心理失衡、行为失范以及安全堪忧等方面，影响到义务教育群体均衡。"❶

表10 满意度等级与是否为留守儿童家长交叉表

|  |  | 0.8～1 | 0.6～0.79 | 0.4～0.59 | 0.2～0.39 | 0～0.19 | 总计 |
|---|---|---|---|---|---|---|---|
| 留守儿童家长 | 计数 | 29 | 253 | 1001 | 158 | 266 | 1707 |
|  | % | 1.7 | 14.8 | 58.6 | 9.3 | 15.6 | 100.0 |
|  |  | 282（16.5%） | | 1425（83.5%） | | | |
| 非留守儿童家长 | 计数 | 1894 | 689 | 434 | 126 | 23 | 3166 |
|  | % | 59.8 | 21.8 | 13.7 | 4.0 | 0.7 | 100.0 |
|  |  | 2583（81.6%） | | 583（18.4%） | | | |

表11 满意度等级与是否进城务工卡方检验

|  | 值 | df | 渐进 Sig.（双侧） |
|---|---|---|---|
| Pearson 卡方 | 8.297ᵃ | 4 | 0.081 |
| 似然比 | 8.465 | 4 | 0.076 |
| 线性和线性组合 | 0.774 | 1 | 0.379 |

---

❶ 辜胜阻，易善策，李华. 城镇化进程中农村留守儿童问题及对策 [J]. 教育研究，2011，380（9）：29－33.

## 四、县域义务教育均衡发展存在问题的原因分析

### (一) 教育财政不足与现行教育管理体制导致教育资源配置不均衡

近年来,我国政府不断加大对农村包括义务教育在内的公共服务的财政投入,大大改善了基本公共服务的条件和品质。不过,也应当看到,由于受长期以来重城市轻农村的公共资源配置倾向的影响,我国基本公共服务的投入城乡之间仍有相当的差距。以公共教育为例,2011 年全国普通小学生均公共财政预算教育事业费支出为 4966.04 元,比上年的 4012.51 元增长 23.76%。其中,农村为 4764.65 元,比上年的 3802.91 元增长 25.29%[1]。农村小学生均预算内事业费水平依然低于全国平均水平,更低于城市水平。县域内教育资源的不均衡直接源于公共财政对教育投入的不足和农村义务教育经费总量的短缺。舒尔茨也曾指出,农村教育之所以会出现数不足和质量低劣的情况,最根本的原因是对农村学校的投资不足。[2]

另一方面,农村学校的现行管理体制是导致县域教育资源不均衡的主要原因。2001 年,随着税费改革的实施,我国农村义务教育确立了以县为主的管理体制,这对于提升教育管理重心、减轻农民负担发挥了积极作用。但不可忽视的是,我国大多数县级政府财政依然薄弱,特别是税费改革后群众筹资渠道消失,县级教育投入占地方财政收入比例很高,甚至超过 100%,成为典型的"依赖性财政",难以保证县域内教育资源的充足。在此情况下,农村学校又长期实行乡镇中心学校为核心、完小带村小的管理体制,致使中心学校利用其管理上的优势获得更多的资源。对于下属教学点,中心学校没有能力也没有意愿对其增加投入。调查中也发现,很多偏远教学点甚至几年都不曾得到任何办学经费,造成县域内中心学校、教学点之间的资源配置不均衡问题突出。

### (二) 学校布局规划盲目追求效率优先、导致就近入学成为连带问题

被调查群体对学校布局和就近入学的满意度较低,其原因在于一些地方政

---

[1] 中国教育报. 2011 年全国教育经费执行情况统计公告 [N]. 2012 年 12 月 31 日第 1 版.
[2] 西奥多. 舒尔茨,吴珠华译. 论人力资本投资 [M]. 北京:北京经济学院出版社,1990:120.

府一味追求效率优先和办学的规模效益，盲目撤并大量农村学校，导致学生上学困难。从 2000 年到 2010 年，县域学校数由 2001 年的 464962 所减少到 2010 年的 241010 所，减幅达 48.17%；县域教学点由 2001 年的 113656 个减少到 2010 年的 66736 个，减少 41.28%❶。个别地区如陕西省柞水县自 2001 年到 2010 年共调整撤并中小学校 231 所，学校总数由 365 所减少到 134 所；甘肃省天水市自 2009—2013 年撤并中小学校 1273 所，学校总数由 2249 所减少到 1037 所（减少 54%）。虽然农村学校布局调整一定程度上促进了教育资源的集中配置，但仍然有不少地区过分追逐教育管理效率，试图通过大幅减少学校数量和扩大学校规模来缩减财政支出和管理成本。这种做法严重损害了群体间的义务教育均衡。

同时，学校布局规划不合理的直接后果就是原本就近入学的学生要转到乡镇中心学校，上学距离大大增加。尽管很多地区规定小学生的家校距离最远不超过 2 公里，但事实上，偏远山区学生的上学距离和上学时间都远远超过了规定的标准。如 S 省 N 县和 G 省 Q 县的很多偏远学生要走几十里的崎岖山路上学，有的要过河、过桥、走山涧，有的孩子要 4、5 点钟就起床，上学路途花费的时间长达几个小时；还有很多学生跨区入学；学生上学时间最长达到 10 几个小时，这说明很多地区存在学生上学远不方便的现象。21 世纪教育发展研究院的研究结果也表明，农村小学生学校离家的平均距离为 10.83 里，农村初中生离家的平均距离为 34.93 里，流失辍学及隐性流失辍学率提高❷。可见，学校布局不合理和上学困难已经成为当前农村义务教育均衡发展中的突出问题，是导致公众满意度较低的主要原因。

**（三）忽视弱势学生的教育机会均等和群体均衡**

贫困儿童，留守儿童是在工业化、城镇化过程中与农民工流动相伴生的一个群体，具有一定的特殊性。本研究中留守儿童家长对县域义务教育均衡发展的满意度水平较低，留守儿童面临机会不均等问题。究其原因在于，教育决策

---

❶ 新华网. 十年"中国式撤点并校"，农村教育出路何在 [EB/OL]. 2013 年 01 月 04 日. http：//news. xinhuanet. com/politics/2013 – 01/04/c_ 124179208. htm.

❷ 新华网. 十年"中国式撤点并校"，农村教育出路何在 [EB/OL]. 2013 年 01 月 04 日. http：//news. xinhuanet. com/politics/2013 – 01/04/c_ 124179208. htm.

者仍然将政策调整的重点放在学校间办学条件、师资水平等物质资源的均衡上，而忽视了义务教育群体间的均衡。办学条件和师资水平均衡配置是相对基础性的、更容易指标化的均衡目标，这对于地方教育行政部门是更容易操作的、且更能凸显其管理绩效的工作重点。而群体间的教育均衡是相对隐性的、长期的均衡目标，它的衡量标准比较复杂和模糊，如学习效果、课堂表现、学习适应性、贫困补助等多指标难以短期量化。这对于追求管理绩效的地方教育行政部门来说是易被忽视的。正如雷蒙德．卡拉汉所说："在标准与规范的时代，教育管理者将教育领域的每样东西简化成一小部分并进行效率测量，但却忽视了教育本身的目的和哲学特性。❶"实质上，这更反映出地方教育决策者对教育均衡发展的本质问题的忽略和误解，是不正确的教育价值观导向。

## 五、政策建议

### （一）增加投入、构建教育资源共享模式，推进义务教育均衡发展

第一，增加投入和完善投资体制，支持薄弱学校发展。首先，中央和省级政府应承担更多的责任，加大对西北地区农村义务经费的转移支付力度，逐步建立起"以省为主"的义务教育财政管理体制，为农村义务教育经费提供体制保障。《国家教育中长期规划纲要》里提出，"进一步加大省级政府对县域内各级各类教育的统筹。统筹管理义务教育，推进城乡义务教育均衡发展。"其次，地方基层政府应均衡配置县域教育资源，加强薄弱学校特别是教学点的建设。县财政应成立专门的教学点工作办公室以对县域内的教学点进行统一管理，或者将教学点专项经费划入中心校再投入到教学点。除日常办学经费的保障外，中心学校负责人必须针对教学点的办学条件改善作出更多努力，应充分掌握其下属教学点的情况，对教学点校舍修缮、实验器材、体育器材等方面的资金需求作出及时批复。此外，对于学生规模不足 100 人的村小和教学点按100 人核定公用经费，保证其正常运转。❷

---

❶ 雷蒙德卡拉汉著，马焕灵译. 教育与效率崇拜［M］. 北京：教育科学出版社，2011：114.
❷ 中华人民共和国中央人民政府. 国务院办公厅关于规范农村义务教育学校布局调整的意见（国办发〔2012〕48 号）［EB/OL］，2012 年 09 月 07 日. http：//www. gov. cn/zwgk/2012 - 09/07/content_ 2218779. htm.

第二，构建教育共享模式，推进义务教育均衡发展。教育资源共享是指教育人力、物力资源在几所学校之间流动使用，以促进学校办学水平上的共同进步和发展。在当前农村教育资源依然短缺的情况下，这一理念应成为促进农村教育均衡发展的突破口。具体来说，应促进中心学校成为整个县域教育资源的管理中心和集中地，再根据所拥有的资源数量和教学点的数量情况进行学校分组，使教育资源在各组学校内部进行有序的轮换使用。特别是对农村教学点可以建立"教师储备库"，以保证学校教师在外出培训或休假期间能够照常开展教学活动；同时，为小规模学校短缺学科提供优秀教师进行轮流授课。这样，无论是可移动的物化教育设备，还是不可移动的教育设施，中心学校和教学点都可以享用到优质教育资源。

### （二）重新评估并优化学校布局，保证偏远学生就近入学

为了克服政策执行错位引发的负面影响，重新评估并优化学校布局，保证偏远学生就近入学应成为义务教育均衡发展过程中的重点工作之一。县级政府作为学校布局调整政策实施的主体，应从几个方面进行工作改进：首先，制定科学合理的学校布局调整规划。应改变过去仅凭个人经验而制定布局规划的做法，聘用专门的教育规划人员，引入国际通用的 GIS 技术❶，将县域内的地理信息（地形、交通、海拔、学校位置、办学条件等）综合导入 GIS 系统，通过推算学生的上学距离、成本等数据，协助规划人员调整学校布局。

其次，征求学生及其家长的意见。在学校布局规划制定完成后，县级教育行政部门应做好宣传工作，让群众了解布局调整政策及规划内容。特别是偏远山区，在进行学校布局调整之前，必须征得当地学生及其家长的同意，否则不能强制撤销任何一所学校。同时，要适当保留必要的教学点，为低年级学生提供就近入学的机会。此外，对于已经转入中心学校、上学路途遥远的走读学生，应为其提供免费校车服务，确保其上学安全和便利。对于校车服务供给，中央、省和县各级政府进一步加大配套资金的投入，逐步将农村校车纳入政府责任范围，以缓解学生因上学路远而承担的交通成本压力。早在 20 世纪 80 年代，欧美等发达国家便积极采取立法、监督和财政保障等方式支持校车产业的

---

❶ Hite, S. J., & Hite, J. M. Geographical information systems in education planning and management：A training module created for the IIEP/UNESCO ［M］. Paris, France：IIEP/UNESCO, 2004, 10.

发展❶，其成功经验值得我国借鉴。

### （三）促进全纳教育与机会均等，确保弱势学生享受教育均衡

教育机会均等是义务教育均衡发展的本质要求，它包括"教育起点的平等、过程中机会的均等、最终目标的均等"。近年来，"全纳教育"又作为拓展教育机会均等的新理念，赋予义务教育均衡发展更广阔的含义：（1）全纳性的学习环境，重点支持薄弱学校的发展，保证边缘弱势群体享受同等质量的教育；（2）空间可达性和经济承受能力，确保所有儿童不因地处偏远以及贫困而丧失受教育的机会；（3）受教育权利和机会均等，加强贫困儿童的社会保障和教育权利均等。❷ 总之，无论是教育机会均等、还是全纳教育，都是将教育最核心的问题——教育公平和质量作为教育发展的重点。

那么，针对当前对义务教育均衡发展满意度水平较低的两个群体——留守儿童和贫困儿童，我国各级政府在政策改进过程中应给予更多关注。首先，应加大对贫困学生生活费的补助力度。各地应针对贫困学生的实际情况，将补助额度分为不同的等级，如针对特别贫困的学生，全额资助他们每学年的生活费用；而针对一般贫困的学生，补助额度可以相对减少。这样，将增加的教育经费分配给最需要的人群，能够提高教育资源的利用效率，更重要的，是有助于解决偏远农村贫困学生的实际困难。其次，对于留守儿童的受教育状况、情感关爱等方面，应采取针对性的措施加以改进，具体来说，应优先满足留守儿童教育基础设施建设，确保每名寄宿生有一个标准床位；优先改善留守儿童营养状况，建立留守儿童用餐登记台账和营养状况档案；优先保障留守儿童交通需求，减少上下学交通风险。

（本文原发表于《华中师范大学学报（人文社会科学版）》2014 年第 4 期）

---

❶ Killeen, K. School Consolidation and Transportation Policy [R]. A Rural School and Community Trust Working Paper, 2000, 4.

❷ 联合国教科文组织国际教育局. 教育展望：全纳教育 [M]. 上海：上海教育出版社，2008：141.

# 教育质量优先、兼顾成本缩减

## ——新时期美国印第安纳州学区合并的绩效评估与改进策略

赵 丹[1,2] 吴宏超[3]

**摘 要**：近年来美国地方政府面临财政紧缩的压力，导致公共服务的经费投入大幅缩减，学校教育服务也不例外。美国印第安纳州学区合并政策便是经济水平下降对教育发展产生影响的直接产物。在以"缩减教育成本"为初始目标的政策实施过程中，教育质量下滑引起了社会各界的关注。政府构建了"基于质量提升与成本缩减"的学区合并绩效评估体系，并逐渐将政策目标调整为"教育质量优先，兼顾成本缩减"，成功的实现了提高教育质量与缩减成本的双重目标，有效地促进了学区合并的顺利实施。其卓有成效的政策评估体系和兼容的政策取向对我国农村学校布局调整具有重要的借鉴意义。

**关键词**：学区合并 教育质量 缩减成本 绩效评估 政策策略

学区合并是指"为促进教育资源集中和教育质量提高而进行的学区重新分组和合并"。❶ 世界各国在实施学区合并政策初期，其初始目的和动力基本都源于"县域内适龄人口减少和教育成本缩减"：即工业化进程中大量农村儿童随父母迁移到城市，导致很多学区规模缩小，生均教育经费普遍高于大规模学区，对教育资源供给带来巨大的财政压力。在这种情况下，"教育规模经济"理论为学区合并提供了强有力的支撑。持这种观点的决策者认为小型学区耗费更多教育资源，会导致教育发展的低效率，因此，应通过学区合并建设城乡统一标准的大规模学校，从而降低生均教育成本、减少学区教育经费特别是管理费用的支出。但随着社会经济的发展，基础教育质量的受关注程度日益提高，政策制定者逐渐意识到学区合并政策改革不能简单地以"节省成本"为唯一目的，也应为"提升教育质量"做出更多的努力。然而，二者在现实中的冲突远远大于理论阐释的难度，偏重于缩减成本而忽视教育质量的案例屡

---

❶ Steven J. Hite. School Mapping and GIS in Education Micro – planning, International Institute for Educational Planning［R］, Working document. 2008. 2.

225

见不鲜。

作为发达国家的美国也遇到这一困境，由于经济复苏缓慢而受制于教育经费紧缩的财政压力，各州政府也在积极推进学区合并。那么，美国学区合并政策的目标是什么？如何破解缩减教育成本与提高教育质量之间的矛盾和难题？其具体策略有哪些？针对上述问题，我们以美国印第安纳州为例，分析了学区合并政策绩效评估及策略改进的经验，并探讨了我国农村学校布局调整政策如何进行转型。

## 一、缩减成本是学区合并政策的初始目标

近年来，美国经济复苏迟缓的大气候波及到教育领域，导致各州及地方政府对教育公共服务的供给面临巨大的财政压力。在此情况下，各级政府对于"效率最大化、缩减公共支出成本"的诉求十分迫切。学区合并便是由此而实施的教育领域的一项改革政策：如缅因州计划将 290 个学区减少到 80 个，合并标准为入学人数少于 2500 人；特拉华州将现有学区合并为三个超大规模学区，每年减少支出 4 ~ 5 千万美元；南科达州将低于 130 人的学区全部与邻近学区进行合并。●

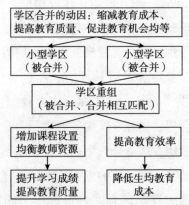

图1 印第安纳州学区合并绩效评估体系

---

● Henry, R. Budget crisis forces R. I. to consider consolidation [EB/OL]. http://www. turnto10. com/jar/news/local/education/article/budget crisis forces r. i. to consider consolidation/9964/. 2009 - 11 - 20/2013 - 12 - 28.

与其他州教育改革发展的背景相似，印第安纳州新一轮学区合并政策以"缩减教育成本"为初始目标，试图缓解财政压力并提高教育效率。该州2010年财政年度税收总额为9.57亿美元，该数字不仅远低于预算，而且比2009年下降了14.3%，财政赤字压力较大。受经济衰退的影响，印第安纳州将原有的900个学区减少为292个，合并标准为撤并"人数少于300人"的学区。同时，该州计划未来几年将1000人以下的学区全部合并❶。

但是，随着印第安纳州学区合并政策的推进，学校教育质量问题日益受到关注。很多研究者、学生、家长和社区居民对此政策提出了质疑和忧虑：学区和学校规模扩大后，会出现学生难以适应新学校环境、教师对学生的关注度降低、学生上学路途遥远、家长学校教育参与率降低等问题，这些问题对学生的出勤率、学业表现和成绩均会产生负面影响。另有调查指出：学区规模的盲目扩大不仅会降低教育质量，而且也导致教育资源的浪费；学区合理规模应控制在2900~3380人，这种适度规模的学区更有利于儿童参与课内外教学活动、能增强儿童的归属感及学校融合，而且也能提高教育效率。❷ 可见，虽然在财政紧缩情况下缩减教育成本具有合理性，但它并不能成为学区合并的唯一和首要目标，其原因在于教育发展的核心应是教育质量的提升，成本缩减必须以提高教育质量为前提。

## 二、"基于质量提升与成本控制"的新评估体系

针对社会各界对学区合并后学校教育质量提出的质疑和争论，印第安纳教育部门开始反思"教育质量提升"与"成本缩减"之间的关系，并着手构建"基于质量提升与成本控制"的学区合并政策评估体系和指标。❸（见图1）

该评估体系主要包括两个部分：其一，教育质量评估，以"州教育进展

❶ Henry, R. Budget crisis forces R.I. to consider consolidation [EB/OL]. http://www.turnto10.com/jar/news/local/education/article/budget crisis forces r.i. to consider consolidation/9964/. 2009-11-20/2013-12-28.

❷ Berry, C. School inflation: Did the 20th century growth in school size improve education? [J]. Education Next. 2004, 4 (4): 56-62.

❸ Terry E. Spradlin, Fatima R. Carson, Sara E. Hess, and Jonathan A. Plucker. Revisiting School Dist-rict Consolidation Issues. Education Policy Brief. 2010, 8 (3): 1-20.

测试"（Statewide Testing for Education Progress – Plus）通过比例为主要指标；其二，教育成本监测，采用"生均教育成本"（per – pupil expenditure）作为指标。该体系试图通过绩效评估来判断学区合并过程中的实际问题，并以此采取改进策略来回应民众的质疑，完善学区合并政策。

## （一）教育质量评估结果

评估结果表明：第一，对于州教育进展测试成绩来说，考试通过比例最高的是 5000~1 万人规模的学区（65.18%），2 万以下学区的通过比例也都高于 60%，与最高水平的差距并不显著；但超过 2 万人的学区考试通过比例最低（45.92%），且远低于平均水平。总体来看，全州所有学区的考试通过率平均值为 60.15%，略低于合并前的平均值 62.25%。可见，学区合并并没有带来教育质量的提升，反而超大规模的学区教学质量水平最低。（见表 1）

**表 1　2010 年印第安纳州教育进展测试成绩及生均教育成本**

| 学区规模 | <500 | 500~1000 | 1000~5000 | 5000~1万 | 1~2万 | >2万 | 合并后均值 | 合并前均值 |
|---|---|---|---|---|---|---|---|---|
| 考试通过比例（%） | 61.03 | 62.87 | 64.37 | 65.18 | 61.58 | 45.92 | 60.15 | 62.25 |
| 生均教育成本（美元） | 12786 | 9569 | 9258 | 11795 | 13072 | 18201 | 12446 | 12801 |

资料来源：Indiana Department of Education. Compare school corporations. 2010. http：//mustang. doe. state. in. us/SEARCH/CORP/criteria. cfm.

## （二）教育成本评估结果

在六个等级规模的学区中，生均教育成本最高的为大于 2 万人的学区（18201 美元），其他等级规模的学区中，生均成本平均值由高到低排序依次为 1~2 万人（13072 美元）、小于 500 人（12786 美元）、5000~1 万人（11795 美元）、500~1000 人（9569 美元）和 1000~5000 人（9258 美元）。可见，生均成本最低的学区规模为 1000~5000 人，而并非是大于 5000 人的超大规模学区。此外，合并后各学区生均教育成本平均值为 12446 美元，与学区合并前的水平（12801 美元）相比，并没有显著差别。也就是说，学区合并后并没有促进学区教育成本的显著降低。

教育当局对评估结果引起高度重视，并着手对学区合并政策进行修正。

在此过程中，不难看出，教育政策应该对社会公众保持开放与包容，尊重外部意见。同时，任何政策需借助一套准确的评估体系来检验政策的达成度，这对于形成一项科学可行的教育政策是必不可少的，其重要性更高于政策文本自身。

## 三、"教育质量优先，兼顾成本缩减"的学区合并改进策略

基于对各学区教育质量和成本评价体系的重新构建及实际评估，印第安纳教育当局认识到学区合并政策的效果并不尽如人意：合并后学区教育质量不容乐观，甚至超大规模学区教育质量出现倒退；而且教育成本也未显著缩减。因此，为克服此问题，州政府将"教育质量优先、兼顾成本缩减"确定为政策重点，并探索有效的策略以改进政策效果。

### （一）以"教育资源共享"提升教育质量

"教育资源共享"是印第安纳新一轮学校合并的关键策略，即通过各学区间教师资源、教育服务和财力资源共享，提升教育质量并节省教育成本。具体来说：

首先，教师资源共享方面，各学区共享优势专业教师（流动授课、远程授课等），共享教育专家如语言病理学家、心理咨询专家等，以及共享行政管理人员。同时，为提高教师水平，各学区联合出资为教师提供多项职业发展培训计划。其次，教育服务共享，主要包括学区间制定统一的教学日历和课程时间表，并由中心学区开设标准化优质课程，以便让其他学区的学生流动听课，享受优质课程资源；各学区联合设立入学开放日、暑期学校等项目，使学生能及时了解并学习其他学校的信息。再次，财力资源共享，包括各学区共同出资购买和维修教学仪器设备、校车等，学生可以共享教育设施和免费校车；此外，学区之间联合招标修建食堂、购买食物原材料等，节省教育公用支出。❶

总之，教育资源共享的核心目的就是确保各学区学生都有机会获得优质教

---

❶ Terry E. Spradlin, Fatima R. Carson, Sara E. Hess, and Jonathan A. Plucker. Revisiting School Dist－rict Consolidation Issues. Education Policy Brief. 2010, 8（3）：1－20.

育资源，从而最大程度地提高各学区特别是薄弱学区的教育质量。同时，这种方式免去了每个学区独立支付教育成本的经济压力，有助于节省教育成本。可见，该项策略是平衡教育质量提升与成本缩减的突破口和关键。

### （二）教育财政支出分类监测

教育财政状况的实时监测是节约教育成本的最直接手段。为提升教育效率，印第安纳教育当局从三个方面约束教育成本支出：

第一，将学区教育成本具体分类为"提升学生学业成就相关支出"、"教学支出"、"经常性支出"和"非经常性支出"四种❶。其中，前两项直接与教育质量密切相关。这种明确具体的分类有助于更微观地监测各项费用的支出情况。

第二，确保教育财政预算计划透明公开，这是监督教育经费使用效率、避免腐败的有力手段。印第安纳州于2010年颁布了191号公共法律，要求学区各项教育经费支出必须更加公开透明，应每年实时公布经费的具体数量和使用明细，以确保经费落到实处❷。

第三，确保"学生学业成就相关支出"和"教学支出"两项与教育质量紧密相关的支出比例占有主导地位。这体现了州政府重视教育质量的价值取向，也就是说，尽管教育成本会由于财政紧缩而减少，但依靠教育资源共享的策略，如果能够保证提升学业成就和教学方面的教育经费比例占主导，也能最大程度地提升教育质量。

如2009年到2011年，印第安纳州州各项教育支出中，学业成就和教学支出比例分别为60.8%、61.0%和60.7%，虽然在2011年略有下降，但其比例连续三年全部超过了60%。这说明，学区真正将大部分经费都带进了"教室"，切实为提高教育质量做出了贡献（见表2）。

---

❶ Summary of State Surveys on Consolidated Purchasing and Shared Service Arrangements among Sc‒hool Corporations, Charter Schools, and Education Service Centers. Focus on Indiana, 2010, 4 (1): 1‒4.

❷ Summary of State Surveys on Consolidated Purchasing and Shared Service Arrangements among Sc‒hool Corporations, Charter Schools, and Education Service Centers. Focus on Indiana, 2010, 4 (1): 1‒4.

表2 2009—2011 印第安纳州各类别教育支出比例情况（%）

| | 学生学业<br>成就相关支出 | 教学<br>支出 | 经常性<br>支出 | 非经常性<br>支出 | 学业成就<br>和教学支出比例 |
|---|---|---|---|---|---|
| 2009 | 54.6 | 6.2 | 21.0 | 18.2 | 60.8 |
| 2010 | 54.7 | 6.3 | 21.4 | 17.6 | 61.0 |
| 2011 | 53.1 | 7.6 | 22.2 | 17.1 | 60.7 |

资料来源：Indiana Office of Management and Budget，Student Instructional Expenditure for 2010—2011 School Year, 2011. http：//www. in. gov/omb/2576. htm.

### （三）以"试点"方式逐步推进政策实施

学区合并是一项涉及人口分布、社会经济发展、地理地形、学生家庭背景、现有学区办学水平等多方面复杂因素的教育政策，任何一个因素考虑不到，很可能导致负面效应。● 基于此，印第安纳州对学区合并进行科学的长远规划，并以"试点"方式逐步推进政策实施。首先，在学区合并规划过程中，州政府每年投入10万美元委托教育部门，采用计量方法对各地区人口变化进行预测，并将所有影响因素引入模型，微观分析学区合并的可行方案。同时，做好政策效果的预测和评估，尤其是学区合并的教育质量影响和教育成本变化评估。其次，资助各地区研究可行方案，选择试点地区先行实施政策。州政府每年资助2.5万美元，鼓励各县区开展学区合并可行性研究。❷ 在研究中，各学区详细分析每所学校的学生学业成就、地理人口特征、交通条件和教育成本等因素，力图寻求各因素之间的平衡。在此基础上，适当选择试点学区实施政策，避免大范围政策实施造成的负面效应。如2010年洛戈蒂学区作为试点进行合并后，总结了相关经验：孤立的偏远学区不能合并；合并计划遭到选民否决的学区不能合并；未来政策不仅仅应该考虑减少学区数量，还要进一步考虑如何将超大规模学区分散布局，改善教育质量低下问题。这种"试点"的方式

---

● ［加］J. P. 法雷利主编，刘复兴译审. 教育政策与规划 ［M］. 重庆：西南师范大学出版社，2011：67，68.

❷ National Conference of State Legislators. State measures to balance FY 2011 budgets ［EB/OL］. http：//www. ncsl. org/default. aspx? tabid = 19650. 2010 – 10 – 12/2013 – 12 – 21. National Conference of State Legislators. State measures to balance FY 2011 budgets ［EB/OL］. http：//www. ncsl. org/default. aspx? tabid = 19650. 2010 – 10 – 12/2013 – 12 – 21.

为其他学区合并提供了实践经验，最大程度地避免负面影响。

### （四）构建民主程序兼顾各群体利益

民主的程序是教育政策顺利实施的保证。[1] 学区合并政策的实施涉及不同利益群体，包括教育决策者、学校教师、学生及其家长、社区居民等。为确保每一类群体的态度和意愿得到关注和尊重，印第安纳州政府在 2010 年颁布学区重组法令，规定各学区合并之前，县级委员会必须组织召开听证会，参会人员包括教育行政人员、教师、学生及家长和社区居民等各类群体（按照相应比例确定参会群体数量）。[2] 听证会应向参会人员详细解释学区合并的具体计划，然后由参会人员进行投票。只有"赞成票"人数比例达到三分之二，学区合并计划才能通过。而如果赞成票低于三分之二，县级委员会可以代表当地居民向州教育部门请愿，要求暂缓学区合并。依照这项法律，同年 2 月，针对新的学区合并计划（1000 人以下学区需要合并），州教育参议院、职业教育发展委员会和地方政府委员会都举办了听证会，但会上有超过三分之一的群体投否决票，特别是学生、家长和社区居民反对的人数很多，因为他们不愿意失去自己社区内的学校，不愿意让孩子到新的学区重新适应环境。[3] 因此，该项合并政策暂缓实施。总之，印第安纳州采用"听证会"的方式，充分听取各方群体的意见，民主程序得到了社会各界的支持，充分尊重了学校合并的直接利益群体——学生和家长的意见，有利于提升公众参与公共政策决策的参与程度，对学区合并政策起到了积极作用。

## 四、我国农村学校合并政策的启示

国家经济发展水平和财政能力是义务教育发展的重要基础，财政经费紧缩会直接影响到学校的发展。美国印第安纳州学区合并政策便是经济水平下降对教育发展产生影响的直接产物。在以"缩减教育成本"为初始目的的政策实

---

[1] ［加］J. P. 法雷利主编，刘复兴译审. 教育政策与规划 [M]. 重庆：西南师范大学出版社，2011：67，68.

[2] National Conference of State Legislators. State measures to balance FY 2011 budgets [EB/OL]. http：//www. ncsl. org/default. aspx? tabid = 19650. 2010 – 10 – 12/2013 – 12 – 21.

[3] National Conference of State Legislators. State measures to balance FY 2011 budgets [EB/OL]. http：//www. ncsl. org/default. aspx? tabid = 19650. 2010 – 10 – 12/2013 – 12 – 21.

施过程中，教育质量下滑引起了社会各界的关注。由此，印第安纳州政府构建了基于"质量提升与成本缩减"的学区合并绩效评估体系，并逐渐将政策目标调整为"教育质量优先，兼顾成本缩减"，努力探索各种提升教育质量的改革措施，有效地促进了学区合并的顺利实施和义务教育的整体发展。

虽然社会经济发展背景存在差异，但现实中，我国农村学校布局调整也面临同样的问题。2001 年，我国农村开始新一轮学校合并政策，为应对"税费改革"和"以县为主"的财政管理体制带来的财政压力，"成本缩减"同样是该政策的初始目的之一。然而，随着大量学校被撤并，学生上学路程普遍变远、学校和班级规模过大导致教育质量下滑、学生难以适应新学校环境、辍学率升高等问题成为学校合并政策的负面效应，引发学生、家长和农村居民的不满。因此，如何破解"成本缩减与质量提升"之间的矛盾，是未来学校合并政策的重要任务，我国教育决策者应从美国印第安纳州的学区合并政策中汲取经验。

## （一）建立科学合理的学校合并绩效评估体系

2001 年，《国务院关于基础教育改革与发展的决定》正式提出"按照小学就近入学、初中相对集中、优化教育资源配置的原则，合理规划和调整学校布局"。十多年间，我国农村小学 2001 年的 464962 所减少到 2010 年的 155008 所，减幅达 66.66%[1]。学校合并在取得一定成效的同时，一些地区也出现学生上学路程变远、学习成绩下降、辍学率增加等新问题。如本课题组对全国九省的调查表明，乡镇小学生的平均上学距离为 8.609 里，初中平均上学距离高达 10.3 里；转学学生成绩下降，特别是留守儿童的学习成绩进一步恶化；37.4% 的初中学生和 16.2% 的小学学生辍学率增加。此外，审计署调查的 52个县 1155 所学校，辍学人数由 2006 年的 3963 人上升到 2011 年的 8352 人，增加了 1.1 倍[2]。针对学校合并对教育质量的负面效应，建立科学合理的政策评估体系，并做好长远规划是关键。

---

[1] 新华网. 十年"中国式撤点并校"，农村教育出路何在 [EB/OL]. http：//news. xinhuanet. com/politics/2013 -01/04/c_ 124179208. htm. 2013 - 01 -04/2014 - 02 -10.

[2] 中央人民政府. 1185 个县农村中小学布局调整情况专项审计调查结果 [EB/OL]. http：// www. gov. cn/zwgk/2013 -05/03/content_ 2395337. htm. 2013 - 5 - 3/2014 -02 -18.

具体来说，首先，应建立一套科学合理的宏观－微观评估指标体系，宏观指标方面，应将城乡人口流动、学龄人口变化、地理环境及交通情况、教育条件保障能力、学生家庭经济负担等因素纳入评估体系，并对每一指标设定分值和具体要求，以此评价各县域学校合并的可行性。微观指标方面，应建立"教育质量与成本"监测指标。在学校合并过程中以及结束之后，县域教育行政部门应进行"质量与成本"的监测评估，其中，教育质量的监测包括各学校学业成绩、课堂保持率、学校适应性、入学率、辍学率等；成本监测主要以生均教育成本为指标，并将其进一步细分为管理类生均成本和教学类生均成本，对于管理生均成本应严格监测并控制其预算；对于教学类成本，应将其与生均公用经费结合起来，根据各地区实际情况确保预算支出逐年增长，提高教育质量。其次，实行听证制度。在学校合并前，应召开听证会，参会人员应涵盖各类群体包括县乡级教育行政人员、学校校长及行政人员、任课教师、教辅人员、学生、家长以及当地村民。听证会过程中，应告知参会人员未来学校合并的详细计划以及提前预测的政策影响，充分听取各方群体的意见，确保每一所学校"撤留"的合理性。

### （二）以教育质量提升为优先准则

我国学校布局调整政策的动力包括"追求学校规模效益、促进教育均衡发展、方便教育管理和提高教育质量"[1]。其中，追求效益和方便管理实质上都是节省教育成本的体现，而另外两个目的是对"教育质量提升"的追求。那么，从更本质的意义上讲，教育成本和质量问题涉及教育经济学领域中的"教育效益"理论，该理论的基本假设是"不同的资源配置方案与不同的成本和不同的教育结果相联系，教育决策者如果选择那些使用最少成本实现教育质量提升的资源配置方式，就提升了教育效益"[2]。也就是说，教育效益提升的关键和前提是"教育质量的提升"，而能够节省教育成本的教育资源配置方式是方法和手段。同样，学校合并作为一种教育资源重新配置的方式，虽然缩减教育成本是该政策的动因之一，但从"教育效益"理论出发，教育质量提升

---

[1] 范先佐等. 中国中西部地区农村中小学合理布局结构研究［M］. 中国社会科学出版社，2009：196.

[2] ［美］Martin Carnoy 著，杜育红等译. 国家教育经济学百科全书［M］. 重庆：西南大学出版社，2011：246.

应始终作为学校合并的首要目的，而"成本缩减"是与"资源配置方式"共同为提升教育质量服务的。因此，我国教育决策者应进一步反思"教育质量与成本"的政策目标，理顺二者的理论关系，将教育质量提升作为优先准则，推进学校合并政策的实施。

### （三）探索提升薄弱学校教育质量的途径

教育质量提升与均衡是学校合并政策的首要目标，这也是义务教育均衡发展的核心目标之一，即"改善农村学校和城镇薄弱学校的办学条件，推进义务教育学校标准化建设，均衡配置教育经费、教师资源以及教学设施等，切实缩小校际差距，保障每一个适龄儿童享受同等质量教育的权利"。我国农村学校合并过程中，由于教育资源在整合过程中的不均衡配置以及客观地理位置、办学条件基础的差异，合并后的县镇中心学校与而乡镇薄弱学校特别是小规模学校之间仍然存在较大的差距，偏远村小/小规模学校在硬件设施、教师配备等方面远落后于县镇学校，这类学校在政策上长期得不到支持，教育质量愈加落后。

针对上述问题，第一，应均衡县域内各学校间的办学条件和师资水平。办学条件方面，应深化农村学校标准化建设，加大财政投入完善薄弱学校、村小的硬件设施，包括危房改造、教育设施购置、宿舍、食堂、厕所等生活用房建设等。师资均衡方面，应完善偏远地区教师的津贴补助等级，形成全省统一分类标准的农村教师补贴制度，确保农村教师待遇的公平公正；另外，应全面实施农村教师养老、医保、住房公积金制度，以及农村教师安居工程等，为教师扎根农村学校免除后顾之忧。第二，在教育资源短缺的中西部农村，应充分利用教育资源共享的优势，改善薄弱学校教育质量特别是教师质量。如由县镇中心校协调管理，选派优秀教师在不同学校跨校或帮扶教学。课题组 2013 年调查的陕西省宁强县，近年来实施县镇优秀教师到村小帮扶政策，如县城南街小学选派 4 名老师每周到偏远教学点巴山小学讲授示范课、培训课等；燕子砭镇选派中学、中心小学教师到村小支教一年，并给予这些教师 1000～2000 元的补贴以及评优考核方面的优先权；同时，针对村小音体美教师匮乏问题，多数乡镇采取教师走教方式，缓解师资压力。另外，在交通条件允许的乡镇，尝试学生定时走读。村小或教学点的学生平时在本校上课，而在师资力量较为薄弱的科目上，则按统一课表到中心学校或教育资源较好的学校上课，保证优质教育资源的共享。可见，该县在均衡教师资源配置方面充分利用了本土资源，努力克服教育资源短缺的困境，促进教育质量均衡。

（本文原发表于《教育与经济》2015 年第 3 期）

# 以学校合并促进教育质量均衡：坦桑尼亚基础教育发展改革

## ——兼论我国后撤点并校时期义务教育均衡发展对策

赵　丹　王怀秀

**摘　要**：学校合并是均衡配置学区内教育资源的重要手段。其核心目标与义务教育均衡发展相一致，即不仅包括学校间教育人力、物力、财力资源的均衡配置，也包括基于结果公平的教育质量均衡。在教育发展改革中，教育质量均衡成为 20 世纪末坦桑尼亚学校合并政策的新方向。该国政府重新审视了学校合并的目标取向和政策背景，通过全面提高入学率和学业成绩、均衡各学校办学资源、提升地方管理人员的教育规划能力、鼓励公众参与等多项措施，促进教育质量均衡。在此基础上，教育当局构建基于教育质量均衡的学校合并政策分析框架，推进政策实施。这对我国后撤点并校时期义务教育均衡发展改革具有重要的借鉴意义。

**关键词**：教育质量均衡　学校合并　政策改革　坦桑尼亚

学校合并是依照地区教育需求，对学校布局及未来教育发展进行规划的政策过程[1]，该项政策并不是政府的短期行为，它关系到教育的长期规划和动态发展、与区域内教育资源配置、教育均衡发展有着必然的联系。从教育资源配置的视角看，学校合并的目的聚焦于优化学校布局，促进教育人力、物力和财力资源的最优配置，进而实现教育质量的提升和均衡，这亦是后撤点并校时期我国义务教育高位均衡发展的本质要求[2]。作为发展中国家的坦桑尼亚，其教

---

[1] ［加］J. P. 法雷利主编，刘复兴译审. 教育政策与规划［M］. 重庆：西南师范大学出版社，2011：66.

[2] 冯建军. 义务教育质量均衡内涵、特征及指标体系的建构［J］. 教育发展研究，2011（18）：11－15.

育资源基础相对薄弱，义务教育发展一直面临教育效率低下、学校间办学条件参差不齐、教育质量不均衡等多重困境。由此，该国于 20 世纪末在 29 个学区实施学校合并政策，并有效地推进了区域内教育均衡发展。那么，坦桑尼亚学校合并的背景是怎样的？教育当局是如何界定教育质量均衡这一核心目标的？都采取了哪些有效策略促进教育质量均衡的目标实现？这些策略对我国后撤点并校时期义务教育均衡发展改革具有哪些启示？本文结合坦桑尼亚学校合并的经验，针对上述问题进行解答。

## 一、以教育资源整合促进质量均衡：坦桑尼亚学校合并的改革方向

坦桑尼亚政府于 1960 年代末提出在全国范围内普及小学教育，1995 年又提出实行"向 14 岁以下适龄儿童提供免费的高质量义务教育"的政策[1]。但长期以来，由于教育财政投入不足、教育资源在区域、城乡、学校间的配置不均衡等问题，导致义务教育资源利用效率较低，进而导致义务教育办学质量不高及不均衡问题十分突出。如坦桑尼亚全国毛入学率由 1980 年的 98% 下降到 1997 年的 78%，净入学率只有 55% 左右，也即大约有 250 万适龄儿童没有进入义务教育学校学习；文盲人口数量由 1986 的 140 万上升到 1997 年的 320 万，其中入学率较低和文盲率较高的地区均集中在农村[2]。更值得关注的是，城乡间、区域间学校的教育质量差距较大。如城市地区学校的入学率明显高于农村学校、办学条件和教师资源相对充足且水平较高；而农村学校特别是一师一校小规模学校，平均班级规模仅有 10 人，教师资源匮乏，教育质量十分落后。从深层次意义上讲，导致义务教育质量不均衡的原因在于：教室、教学设备、教师用房等基本办学资源不能满足所有学校的需求；农村地区教师培训机会短缺、工作动力不足；贫困家庭无力承担子女的教育成本特别是机会成本，进而对义务教育的价值失去认同感[3]。

基于义务教育质量不均衡的问题以及教育、社会及经济等方面的复杂因素

---

[1]　The United Republic of Tanzania. Basic Education Statistic's in Tanzania, Regional Data. 1998：221.

[2]　The United Republic of Tanzania. Basic Education Statistic's in Tanzania, Regional Data. 1998：221.

[3]　Carron, G., & Chau, T. N. The quality of primary schools in different development context ［R］. Paris, UNESCO Publishing IIEP, 1996：48.

影响，坦桑尼亚教育当局从教育资源配置的视角出发，力图通过"学校合并"，将不同地区、不同规模、不同办学条件的学校进行重组或合并，整合城乡学校间的人力、物力和财力资源，推进教育质量均衡❶。由此，该国政府于1997年开始在29个学区实行学校合并政策，其核心目标被定为"促进学校间教育质量均衡"，具体目标包括：为所有适龄儿童提供免费义务教育；让所有儿童享受到高质量教育；为所有学校配备均衡的师资、教育设施以及财政资源；改革教育管理模式、教学方式及课程设置；努力提升学生入学率、学业成绩❷。可见，教育质量均衡的具体目标涉及受教育机会均等、教育资源均衡配置、教育结果公平等各个方面。

## 二、改革学校合并政策，多项措施提升教育质量均衡

根据教育质量均衡的核心目标及具体目标，坦桑尼亚学校合并主要从提高入学率和学业成绩、均衡城乡学校教育质量、完善教育资源的供给和配置方式、提升地方管理人员的教育规划能力、促进公众参与决策等多个方面作出努力，促进决策目标的实现。

### （一）全面提高入学率和学业成绩、均衡城乡学校教育质量

教育质量均衡重点指向教育结果的均衡，即受教育人数、入学率为代表的教育普及情况、以及体现学业成就的学习成绩或合格率。由此，如何扩大受教育机会、并改善学生的学业成就水平是坦桑尼亚学校合并的关键：首先，地方教育当局对每一个学区/村庄的适龄人口数量进行统计，诊断并评估各学区的教育服务水平、学校教育设施条件以及学校网络情况，以此设定学校布局规划；同时，对每一位适龄儿童进行编号确认，确保不同年龄的儿童进入相应的年级学习，并严格督导学生的出勤率和保持率。另外，教育当局进一步增强与社区家长的联系，特别是帮助农村学生家长认识教育投资的重要价值、鼓励家

---

❶ The United Republic of Tanzania. Basic Education Master Plan [R]，Medium Team Strategic and Program Framework. 1997：55.

❷ The United Republic of Tanzania. Basic Education Master Plan [R]，Medium Team Strategic and Program Framework. 1997：55.

长参与合并后学校的建设、提升贫困家庭对义务教育的信心，从而提高入学率❶。

　　其次，增加教师培训并改革课程设置。学校合并后，教育当局核定各学校教师数量，为每位教师设定教师发展计划，特别是增加落后地区小型学校教师的免费培训机会，改善教学质量。同时，各学区将各学校课程内容和时间表统一设置，以便所有学生能享受同样的课程资源，特别是大规模学校的优质教学资源可以通过远程媒介、教师共享等方式传递给偏远小型学校。通过上述措施，坦桑尼亚教育质量均衡程度大幅提升。以基萨拉韦等六个地区为例，其区域内入学人数总量均在学校合并后有所增加，且毛入学率、平均学业成绩合格率均有不同程度的提高；另外，六个区域内学校间学业成绩差异系数（CV）值除莫罗戈罗地区变化不大外，其他五个地区均呈现下降趋势（见表1）。

表1　学校合并前后入学人数、入学率等指标的变化（基萨拉韦等六学区）

| 学区 | 适龄人口数量 | 入学人数 | 毛入学率 | 学业成绩合格率 | 区域内差异系数 |
|---|---|---|---|---|---|
| 基萨拉韦 | 22595（20757） | 17151（19151） | 88（89） | 71.5（82.3） | 0.45（0.36） |
| 穆索马 | 76353（77313） | 49712（53906） | 69（75） | 80.4（86.1） | 0.52（0.43） |
| 塞伦盖蒂 | 29831（34341） | 24667（24933） | 86（89） | 77.2（82.9） | 0.48（0.40） |
| 巴加莫约 | 41191（37755） | 28928（36495） | 70（73） | 82.0（87.5） | 0.38（0.31） |
| 莫罗戈罗 | 29831（26541） | 24599（25223） | 84.6（86） | 85.1（89.3） | 0.41（0.29） |
| 马古 | 90783（95561） | 53085（56041） | 61（62） | 72.4（80.6） | 0.35（0.20） |

资料来源：The United Republic of Tanzania. Basic Education Statistic's in Tanzania, Regional Data. 1998.

注：括号内数据为学校合并后的情况，表2同。

**（二）促进教育资源均衡配置，为教育质量均衡提供基础和条件**

　　教育资源主要包括物力、财力和人力资源，这三类教育资源的均衡配置是确保学校间教育质量均衡的前提和基础。为此，坦桑尼亚教育当局在学校合并过程中进一步完善资源供给和配置方式：首先，均衡学校办学条件，教育当局采用具体指标作为监测标准，包括教室/教师比（CTR）、教室/学生比（CPR）、厕所/学生比（TPR）、住房/教师比（HTR）、办公室/教师比

---

❶　The United Republic of Tanzania. Basic Education Master Plan［R］, Medium Team Strategic and Program Framework. 1997：55.

（STR）、学生/教师比（PTR）等。学校合并后，区域内大规模学校与偏远农村小规模学校并存，这两类学校都要求依照上述指标改善办学条件，并达到相应标准❶。特别是对于薄弱学校，教育当局设立了专项资金加强学校建设。以教室/学生比（CPR）和厕所/学生比（TPR）两项指标为例，基萨拉韦等六个地区的指标值均有所提高，整体办学条件得到改善；而且，各地区内的均衡程度平均值也都有所提升（见表2）。

**表 2　学校合并前后教育资源配置情况**

| | 基萨拉韦 | 穆索马 | 塞伦盖蒂 | 巴加莫约 | 莫罗戈罗 | 马古 | 区域内均衡程度（CV 均值） |
|---|---|---|---|---|---|---|---|
| CPR | 1：75 (1：70) | 1：27 (1：25) | 1：40 (1：31) | 1：45 (1：42) | 1：66 (1：55) | 1：23 (1：15) | 0.68 (0.59) |
| TPR | 1：48 (1：40) | 1：80 (1：62) | 1：33 (1：29) | 1：25 (1：23) | 1：15 (1：14) | 1：75 (1：70) | 0.71 (0.62) |

资料来源：The United Republic of Tanzania. Basic Education Statistic's in Tanzania, Regional Data. 1998.

其次，拓展教育资源渠道。中央政府教育财政能力不足、以及贫困地区家庭私人贡献率低一直是义务教育发展的瓶颈，为此，除政府对义务教育承担主要责任外、坦桑尼亚倡导私人企业、个人家庭为学校发展进行投资，包括政府项目拨款、市场税捐、财产税、以及社区捐赠等，多渠道筹资为保证教育经费的充足与均衡提供了保证。再次，加强区域内教师交流、创新教师资源配置方式。学校合并后随着学校数量的减少，虽然优质教师资源的利用效率得到提高，但针对薄弱学校教师问题，坦桑尼亚实施区域内教师定期、定向交流政策，让短缺科目教师到小规模学校轮流教学，改善其教育质量。

**（三）提升地方教育部门的规划能力，为教育质量均衡提供管理保障**

地方教育部门是实施学校合并政策的主体，其规划能力直接影响教育资源的配置水平和教育质量均衡的程度。事实上，从利益驱动角度讲，地方政府实施学校合并的首要动力是节省教育成本、提高管理效率，但这势必会对教育质

---

❶ The United Republic of Tanzania. School Mapping Report [R]. Dares Salaam, Ministry of Education and Culture. 1997：34－39.

量均衡与公平带来负面效应。由此，坦桑尼亚政府采取对地方教育管理人员进行专门培训的措施，从理论与实践角度加强他们的教育规划能力。具体来说，培训对象包括村镇级教育专员、学区/行政区教育管理人员以及地方委员会行政人员，培训的具体形式和内容包括：（1）对所有行政人员培训有关学校合并的理论知识（概念、历史背景、目的、规划、实施程序、国际经验借鉴等），特别是学校合并与教育质量提升和均衡的理论关系及价值。（2）对学区/行政区教育管理人员进行为期三天的专业培训，学习学校合并的政策实施程序，特别是如何从教育质量均衡的目标出发，合理设计学校合并规划以及重新配置教育资源；（3）由已经接受过培训的学区管理人员负责对村镇教育管理人员、学校校长和行政人员进行两天的学校合并实践培训、小组讨论等❶。

值得关注的是，在培训过程中，地方政府和村级/学校教育管理人员的重点学习目标是在理论指导下，客观分析本地区的学校发展背景及问题，通过学习到的教育规划技能对实际问题加以解决。通过培训和实践，地方教育管理人员反馈了学习收获：获得了分析本地区学校教育发展问题的能力，并能从政策执行上设计学校布局规划，将政策重点放在改善教育质量上；能够运用学校发展相关数据制定数据库和指标，为政策执行提供客观依据；能够采用参与式评价技术、按照优先次序确定学校合并中的实际问题；能够采用效益和效率指标评估学校合并成效，并以教育质量均衡指标为优先。

### （四）鼓励公众参与、为促进教育质量均衡提供建议

除地方政府及教育管理人员的努力外，坦桑尼亚十分重视扩大公众的公平参与，为促进教育质量均衡提供建议：首先，广泛宣传，促使更多公众了解并认同学校合并的政策目的。在合并之前，地方教育部门以社区为单位，向公众介绍并宣传学校合并的目的和价值，以争取公众的认可和支持。如若出现异议或反对意见，地方政府会根据具体建议对政策目标加以调整，最大程度满足多数群体的要求。抽样调查显示，有88.7%的公众了解并认同学校合并的目的、价值和实施程序；有70.2%的公众切实参与到政策设计过程中，为政策执行

---

❶ Ministry of Education and Culture of The United Republic of Tanzania, Basic Education Master Plan Medium Term Strategic and Programme Framework ［R］. Education and training policy, 1995. 102.

提供建议❶。通过宣传和沟通，政府提出的学校合并目的与公众理解的内容基本一致，为政策实施提供了良好的群众基础（见表3）。

表3 学校合并的政策目的与动力（政策层面与公众视角）

| 政策层面的学校合并的政策目的和动力 | 公众理解的学校合并目的 |
| --- | --- |
| 理解、明晰地区学校教育发展的真实情况（教育投入、办学效益、教育质量等） | 提高学校的教育质量，改善学校办学条件和环境 |
| 有能力规划、解决教育发展的现实问题 | 使家长和社区居民有更多机会参与到教育发展中 |
| 让学生家长认识到自己亦是学校的主人 | 客观分析统计数据，提升教育发展规划的科学性 |
| 了解、评估社区教育需求，收集社区居民对学校发展、提升教育质量均衡的对策建议 | 形成政府-学校-学生-家长-公众合作网络，为教育质量均衡提供建议，包括扩大受教育机会、提升每所学校教育质量、教育资源向薄弱学校倾斜、改革课程设置、远程媒介传递优质课程、教师资源共享等。 |

资料来源：The United Republic of Tanzania. Basic Education Statistic's in Tanzania, Regional Data. 1998.

其次，鼓励公众为教育质量均衡提供建议。在征求意见过程中，公众普遍反映：每所学校具有同等水平的教育质量是教育公平的必要条件，学校合并后不仅要促进各学校整体教育质量提升，更要重视偏远薄弱学校的办学条件和教师资源配置，特别是加强小规模学校的教育质量，应给予这类学校更多的资金支持、增加教师供给、特别是有限调配短缺学科教师；另外，由于教育资源短缺引起的资源不均衡在短期内无法彻底克服，应加强区域内优质教育资源的共享，包括统一设置学区内的课程、作息时间表，以便应用远程媒介传递优质课程、以及优秀教师到小规模学校轮流教学。可见，公众对教育质量均衡的建议与政府采取的主要策略也是一致的，这说明政府-学校-社区公众的合作网络对教育政策改革具有重要意义。

## 三、构建基于教育质量均衡的学校合并分析框架，推进政策实施

教育质量均衡的推进是循序渐进的长期过程，坦桑尼亚政府结合学校合并与教育质量均衡的理论与实践基础，构建了政策分析框架，主要包括四个模

---

❶ The United Republic of Tanzania. School Mapping Report ［R］, Dares Salaam, Ministry of Education and Culture. 1997. 34－39.

块：政策背景、规划制定、政策实施与绩效、教育质量均衡的结果评价（见图1）。首先，政策背景模块，主要包括确认教育发展不均衡的现实问题、利益群体范围、政策重点、行政人员培训、公众参与等。其次，政策规划模块包括评估社区教育需求、制定监管制度、核定经费、确定评价体系、拟定政策规划、教育质量差异评估等。再次，政策实施与绩效模块包括政府－学校－社区合作网络构建、学校布局变化、政策咨询与改进、学校发展信息收集、有效学校建设、均衡各学校教育资源并促进教育资源共享。最后，教育质量均衡的结果评价，包括学校合并的影响评价、合并后各学校的办学条件、教师资源以及学生学业成就评价、有效学校可持续发展、以及学校合并规划改进等。从整体上看，学校合并分析框架内容非常广泛，涉及政策实施前后的各个程序，而且重点突出了教育质量均衡的核心目标及实现，具有重要的保障和督导作用。

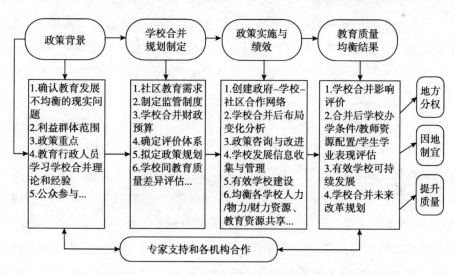

**图1　基于教育质量均衡的学校合并政策分析框架**

## 四、后撤点并校时代我国农村学校布局调整的启示

基于坦桑尼亚以教育质量均衡为核心目标的学校合并政策实践经验，可以发现，坦桑尼亚针对义务教育质量不均衡的突出问题，采取学校合并政策促进教育资源的重新均衡配置，具体改革措施既包括集中于教育质量提升和均衡的关键策略、也包括教育资源保障、管理人员规划能力提升、促进公众参与政策

制定、以及评价体系构建等。

与之相类似，我国农村义务教育也同样长期面临学校布点分散、教育质量不均衡的困境。特别是本世纪初随着城镇化进程的加快，大量农村人口和学龄儿童转移到城镇，一方面城镇学校生源不断膨胀、班级规模不断扩大；另一方面农村学龄儿童不断减少，农村小规模学校、微型班级大量出现，由此引发县域内城乡学校办学规模两极分化、城镇与边远贫困地区义务教育不均衡等问题，成为我国后撤点并校时期县域义务教育发展面临的棘手问题。而2001年我国各地实施的新一轮农村学校布局调整政策也试图通过整合教育资源，提高教育效益和质量。十多年来，我国农村普通小学数量从2001年的416198所减少至2012年的155008所；农村普通初中数量从41038所减少到19408所[1]。这一政策虽然取得了成效，但由于地方政府没有妥善处理好公平与效率的关系，导致城乡学校间的教育资源配置、教育发展不均衡问题仍然突出，这违背了新时期义务教育均衡发展的高位目标——教育质量公平与均衡[2]。因此，如何完善学校布局调整政策，促进教育质量均衡应成为后撤点并校时期我国学校布局调整的重点。

（1）转变学校布局调整的目标取向，探索提升教育质量均衡的各种途径

农村学校布局调整的目的包括提高教育资源利用效率、学校规模效益，促进教育均衡发展和教育质量的提高。从本质上讲，前两项目标指向"效率"，后两项指标指向"公平和均衡"，而公平和均衡的终极目标又指向"质量均衡"。正如卡约迪斯所言："学校布局的关键目标在于使不同地区的学生获得平等的教育机会和条件，享受教育结果公平"[3]。但是，学校合并的政策执行主体在地方政府，其直接驱动力在于追求"效率"，这导致大量小规模学校被撤并，有限的教育资源集中于大规模学校，学校间教育质量差距越拉越大。本课题组于对中西部三省六县调研个案发现[1]，学校合并后，河南省蔡沟教学点

---

[1] 中华人民共和国教育部发展规划司，中国教育统计年鉴 [M]. 人民教育出版社，2001：90；2012：526.

[2] 王海英. 质量公平：当下教育公平研究与实践的新追求 [J]. 湖南师范大学教育科学学报，2013（6）：32-39.

[3] ［加］J. P. 法雷利主编，刘复兴译审. 教育政策与规划 [M]. 重庆：西南师范大学出版社，2011：66.

和县直中心小学 2013 年全县统考成绩差异较大，蔡沟教学点学生的语文和数学优秀率分别为 42.39% 和 30.46%，而县直中心小学学生分别为 88.3% 和 60.03%，比小规模学校高出一倍；而且，蔡沟教学点学生的语文和数学成绩良好率、及格率以及平均分都落后于县直中心小学（见表4）。

表4　河南省 H 县蔡沟教学点与县直中心小学各科成绩对比（六年级）

| | 语文（%） | | | | 数学（%） | | | | 英语（%） | | | |
|---|---|---|---|---|---|---|---|---|---|---|---|---|
| | 优秀 | 良好 | 及格 | 平均 | 优秀 | 良好 | 及格 | 均分 | 优秀 | 良好 | 及格 | 平均 |
| 蔡沟教学点 | 42.39 | 85.47 | 96.56 | 77.77 | 30.46 | 52.42 | 72 | 68.21 | 55.2 | 81.86 | 92.46 | 78.91 |
| 中心小学 | 88.3 | 98.61 | 99.53 | 85.73 | 60.03 | 81.81 | 90.92 | 79.66 | 42.49 | 58.12 | 81.91 | 73.74 |

注：表中数据根据 H 县学生成绩原始数据进行计算得来

对于学校布局调整后教育质量不均衡的问题，各级政府特别是地方教育行政部门应将政策目标由效率转向公平，将核心目标定位在教育质量均衡：包括扩大受教育机会；为所有学校配备均衡的师资、教育设施以及财政资源；改革教育管理模式、教学方式及课程设置，努力提升学生入学率和学业成绩。具体来讲，首先，依据县域内人口分布和教育需求设定合理的学校服务范围以及学生上学距离的上限，确保学生不因上学路远不安全而辍学、保证学生的入学率和保持率，扩大受教育机会。其次，由乡镇中心校协调管理，让本县域优秀教师在不同学校任课，实现跨校教学。在绩效考核时，给予走教教师政策倾斜❶。再次，尝试学生定时走读。村小或教学点的学生平时在本校上课，而在师资力量较为薄弱的科目上，在路程允许的情况下，可以按统一课表到中心学校或优质学校上课，保证优质教育资源共享。

**（二）提供充足且均衡的教育资源，为教育质量均衡提供保障**

我国农村学校合并过程中，县域内教育资源短缺和不均衡问题对教育质量均衡产生了很大的负面影响。尤其在中西部地区，教育资源不足问题严重，再加上教育行政部门追求效率，把有限的教育资源集中于大规模学校，而小规模学校在师资、办学条件常年得不到改善，教育质量更加落后。如课题组调查的陕西省 Y 县数据显示：从不同类型学校的办学条件来看，小规模学校学生中

---

❶ 范先佐. 义务教育均衡发展与农村中小学教师队伍建设 ［C］. 北京论坛，2012：423 - 441.

反馈"已经配备电脑"的比例为 50.5%，而完全小学和中心学校的比例为 83.21% 和 95.3%，远高于小规模学校。同样，每周上机率、采用网络视频学习公开课、使用音体美学习辅助器材等指标的反馈情况也呈现出类似的特征。另外，从师资水平来看，小规模学校的教师学历水平仅有 24% 为大专及以上，而完全小学和中心学校的比例为 65.3% 和 82.25%，50 岁以上教师比例也存在较大差距（见表 5）。这从实证层面验证了县域内学校间办学条件和教师资源不均衡的问题，将成为教育质量均衡的巨大障碍❶。

表 5　陕西省 Y 县不同类型学校办学条件及师资情况（%）（学生卷，有效样本 337 份）

| 学校类型 | 办学条件 | | | | 师资水平 | |
|---|---|---|---|---|---|---|
| | 学校配有电脑 | 每周会上微机课 | 每学期会通过网络视频学习公开课 | 音体美学习会使用辅助器材 | 大专及以上学历教师比例 | 50 岁以上教师比例 |
| 小规模学校 | 50.50 | 18.34 | 0.00 | 31.00 | 24.00 | 79.10 |
| 完全小学 | 83.21 | 74.50 | 31.50 | 76.00 | 65.30 | 21.60 |
| 中心学校 | 96.35 | 85.20 | 41.00 | 84.20 | 82.25 | 5.63 |

因此，为克服教育资源短缺和不均衡的现实困境，必须首先满足合并后所有学校的办学资源需求，一方面大规模学校应在原有基础上提升办学质量标准；另一方面应加强小规模学校建设，对于人数过少的教学点应按照 100 人规模的标准给予经费投入，确保办学经费充足。其次，均衡县域内各学校间的师资水平，特别是针对小规模学校教师资源短缺困境，应通过适当放宽编制、县域内定向招聘、提高津贴待遇等方式吸引青年优秀教师到偏远山区任教，确保小规模学校教学质量。同时，应有效利用远程教育、信息化手段促进薄弱学校享受优质教学资源。对于这一问题，《中共中央关于全面深化改革若干重大问题的决定》也特别强调："构建利用信息化手段扩大优质教育资源覆盖面的有效机制，逐步缩小县域、城乡、校际差距；统筹城乡义务教育资源均衡配置，实行公办学校标准化建设和校长教师交流轮岗。❷"

---

❶ 曾新. 学校布局调整后县域义务教育非均衡发展状况研究［J］. 华中师范大学学报人文社会科学版，2014（2）：159-166.

❷ 新华网. 中共中央关于全面深化改革若干重大问题的决定［EB/OL］. http：//news. xinhuanet. com/politics/2013-11/15/c_118164235. htm. 2014-11-15

### （三）优化学校布局调整的政策与评价程序，推进教育质量均衡

政策与评价程序的优化是推进教育质量均衡的保障。首先，最重要的，应建立"基于教育质量均衡"的学校合并监测指标。在学校合并过程中以及学校合并计划结束之后，县域教育行政部门应进行"教育质量均衡"的监测评估，评价指标主要包括各学校学业成绩、学生适应性、入学率、辍学率、学校教育设施配置、师资水平等，以此检验布局调整是否合理，并调整未来学校合并的政策方向。其次，应建立一套科学合理的评估指标体系，将城乡人口流动、学龄人口变化、地理环境及交通情况、教育条件保障能力、学生家庭经济负担等因素纳入评估体系，并对每一指标设定分值，以此评价各县域学校合并的可行性。再次，实行听证制度❶。在学校合并前，应召开听证会，参会人员应涵盖各类群体包括县乡级教育行政人员、学校校长及行政人员、任课教师、教辅人员、学生、家长以及当地村民。听证会过程中，应告知参会人员未来学校合并的详细计划以及提前预测的政策影响，充分听取各方群体的意见，确保每一所学校"撤留"的合理性。

注①文中表 4 和表 5 数据均来自于本课题组于 2013 年对中西部三省六县调研的一手数据。

（本文原发表于《外国中小学教育》2015 年第 9 期）

---

❶ 中华人民共和国中央人民政府. 国务院办公厅关于规范农村义务教育学校布局调整的意见国办发〔2012〕48 号［EB/OL］. http://www.gov.cn/zwgk/2012 –09/07/content_ 2218779. htm. 2014 –09 –08.

# 参考文献

## 一、中文文献

[1] 中华人民共和国教育部. 国家中长期教育改革和发展规划纲要（2010—2020 年）[N]. 2010 – 07 – 29，http：//www. moe. edu. cn/publicfiles/business/htmlfiles/moe/moe_838/201008/93704. html.

[2] 国务院. 国务院关于深入推进义务教育均衡发展的意见 [N]. 2012 – 09 – 05，http：//www. moe. edu. cn/publicfiles/business/htmlfiles/moe/moe_ 1778/201209/141773. html.

[3] 人民网. 全国各地义务教育均衡发展进入新阶段 [N]. 2011 – 07 – 21，http：//edu. people. com. cn/GB/15211864. html.

[4] 中华人民共和国教育部. 陕西省推进义务教育均衡发展的基本做法 [N]. 2011 – 08 – 15，http：//www. moe. edu. cn/publicfiles/business/htmlfiles/moe/s5203/201108/123254. html.

[5] 甘肃省教育厅. 甘肃省人民政府办公厅关于转发省教育厅《甘肃省推进县域义务教育均衡发展规划（2012—2020 年）》的通知 [N]. 2013 – 02 – 21，http：//www. gsedu. gov. cn/Article/Article_ 15474. aspx.

[6] 罗明东，潘玉君，华红莲，陈瑶等. 县域教育发展及其差距实证研究 [M]. 北京：北京大学出版社，2007.

[7] 顾佳峰. 中国教育资源非均衡配置研究——空间计量分析 [M]. 北京：光明日报出版社，2010.

[8] 尹杰. GIS 在教育资源布局规划中的应用 [J]. 测绘通报，2006，02：56 – 58.

[9] 李伟，赵庆展，曹传东. 基于 GIS 与 P2P 的县域教育资源共建模式 [J]. 实验室研究与探索，2013，05：201 – 204.

[10] 郭全. 基于 GIS 的城市基础教育资源布局均衡性研究 [D]. 兰州大学，2011.

[11] 侯明辉. 基于 GIS 的基础教育均衡性评估方法研究 [D]. 首都师范大学，2008.

[12] 陈莹. 基于 GIS 的基础教育资源空间布局研究 [D]. 首都师范大学，2008.

[13] 孔云峰，李小建，张雪峰. 农村中小学布局调整之空间可达性分析——以河南省巩义

市初级中学为例 [J]. 遥感学报，2008，05：800－809.

[14] 吉云松. 地理信息系统技术在中小学布局调整中的作用 [J]. 地理空间信息，2006，06：62－64.

[15] 张霄兵. 基于 GIS 的中小学布局选址规划研究 [D]. 同济大学，2008.

[16] 卢晓旭. 基于空间视角的县域义务教育发展均衡性测评研究 [D]. 南京师范大学，2011.

[17] 余双燕. 基于可达性角度的基础教育资源空间优化研究——以南昌市为例 [D]. 江西师范大学，2011.

[18] 孔云峰. 利用 GIS 与线性规划学校最优学区划分 [J]. 武汉大学学报（信息科学版），2012，05：513－515.

[19] 彭永明，王铮. 农村中小学选址的空间运筹 [J]. 地理学报，2013，10：1411－1417.

[20] 钟业喜，余双燕. 南昌市基础教育资源空间可达性研究 [J]. 江西师范大学学报（自然科学版），2011，06：657－661.

[21] 彭展. 农村中小学可达性与空间布局优化研究 [D]. 华中师范大学，2012.

[22] 范先佐. 城镇化背景下县域义务教育发展问题与策略——基于 4 个省（自治区）部分县市的调研 [J]. 华中师范大学学报（人文社会科学版），2014，04：139－146.

[23] 吕国光. 中西部农村小学布局调整及教学点师资调查 [J]. 教育与经济，2008，03：19－22.

[24] 王丽华. 薄弱学校改进的个案研究 [J]. 教育发展研究，2007，20：33－37.

[25] 潘军昌，陈东平. 义务教育均衡发展模式研究 [J]. 广西教育学院学报，2010，05：229－232.

[26] 万华. 教育组团：促进县域义务教育均衡发展的新思路 [J]. 教育研究与实验，2007，05：19－24.

[27] 曾满超. 效率、公平与充足 [M]. 北京大学出版社，2010.

[28] 杨银付，韩民，王蕊，等. 以教师资源的均衡配置促进义务教育均衡发展——城乡义务教育教师资源均衡配置的政策与制度创新 [J]. 中小学管理，2008（02）：4－7.

[29] 尹睿，谢幼如. 网络课程建设与实施问题的调查研究 [J]. 中国远程教育，2004（17）：40－43.

[30] 胡小勇. 教育信息化进程中县域性优质资源共建共享：理论框架与个案研究 [J]. 电化教育研究，2010（03）：48－53.

[31] 杨玲丽，周莲英. 网格环境中基础教育资源共享模型研究 [J]. 网络新媒体技术，2008，29（08）：29－34.

[32] 徐晓丽. 探析基础教育资源共享 [J]. 新课程学习：学术教育, 2010 (07)：136-137.

[33] 杨俊志. 太原市优质基础教育资源共享探讨 [D]. 山西财经大学, 2011.

[34] 宋乃庆, 杨欣, 李玲. 以教育信息化保障城乡教育一体化 [J]. 电化教育研究, 2013 (02)：161-162.

[35] 叶澜. 教育概论 [M]. 人民教育出版社, 1991：66.

[36] 范先佐. 教育经济学 [M]. 中国人民大学出版社, 2014：212.

[37] 王道俊, 王汉澜. 教育学（新编本）（高等学校文科教材）[M]. 人民教育出版社, 2008：148.

[38] 中华人民共和国义务教育法 [J]. 1986.

[39] 中华人民共和国义务教育法 [J]. 中华人民共和国全国人民代表大会常务委员会公报, 2006, 06：435-440.

[40] 国务院关于基础教育改革与发展的决定 [J]. 人民教育出版社, 2001, 07：4-9.

[41] 中华人民共和国义务教育法 [J]. 中华人民共和国全国人民代表大会常务委员会公报, 2006, 06：435-440.

[42] 夏征农, 陈至立. 辞海 [M]. 上海辞书出版社, 2009, 09.

[43] 翟博. 教育均衡论——中国基础教育均衡发展实证分析 [M]. 人民教育出版社, 2008：45.

[44] 杨令平. 西北地区县域义务教育均衡发展进程中的政府行为研究 [D]. 陕西师范大学, 2012.

[45] 沈华嵩. 一般均衡理论及其历史地位的衰落 [J]. 财经科学, 1988 (11)：41-45.

[46] 翟博. 教育均衡论——中国基础教育均衡发展实证分析 [M]. 人民教育出版社, 2008：50.

[47] 翟博. 树立科学的教育均衡发展观 [J]. 教育研究, 2008 (1)：3-9.

[48] 丁金泉. 我国义务教育均衡发展问题研究 [D]. 华东师范大学, 2004：10-11.

[49] 鲍传友. 义务教育均衡发展：内涵和原则 [J]. 国家教育行政学院学报, 2007 (1)：62-65.

[50] 柳海民, 周霖. 义务教育均衡发展的理论与对策研究 [M]. 长春：东北师范大学出版社, 2007：20.

[51] 阮成武. 我国义务教育均衡发展政策的演进逻辑与未来走向 [J]. 教育研究, 2013 (7)：37-45.

[52] 师玉生. 县域义务教育均衡发展的现状与对策研究 [D]. 西北师范大学, 2011.

[53] 李宜江, 朱家存. 均衡发展义务教育的理论内涵及实践意蕴 [J]. 教育研究与评论：

中学教育教学, 2013 (06): 59 – 64.

[54] 于建福. 教育均衡发展: 一种有待普遍确立的教育理念 [J]. 教育研究, 2002 (2): 10 – 13.

[55] 袁振国. 缩小教育差距 促进教育和谐发展 [J]. 教育研究, 2005 (7): 3 – 11.

[56] 翟博. 基础教育均衡发展理论与实践 [M]. 教育科学出版社, 2013: 8.

[57] 李生滨, 傅维利, 刘伟. 从 "追求均衡" 到 "鼓励差异" 对后均衡化时代义务教育发展的思考 [J]. 教育科学, 2012 (1): 1 – 5.

[58] 韩清林. 基础教育均衡发展方略的政策分析 [J]. 国家教育行政学院学报, 2003 (4): 21 – 25.

[59] 褚宏启, 高莉. 义务教育均衡发展评估指标与标准的制订 [J]. 教育发展研究, 2010 (06): 25 – 29.

[60] 刘志军, 王振存. 走向高位均衡: 基础教育改革与发展的应然追求 [J]. 教育研究, 2012 (03): 35 – 40.

[61] 姚永强, 范先佐. 论义务教育均衡发展方式的转变 [J]. 教育研究, 2013 (2): 70 – 76.

[62] 冯建军. 义务教育质量均衡内涵、特征及指标体系的建构 [J]. 教育发展研究, 2011 (18): 11 – 15.

[63] 冯建军. 义务教育优质均衡发展的理论研究 [J]. 全球教育展望, 2013, 42 (1): 84 – 94.

[64] 中央教育科学研究所. 义务教育均衡发展报告 [M]. 教育科学出版社, 2010.

[65] 曾天山, 邓友超, 杨润勇, 等. 义务教育均衡发展是实现教育公平的基石 [J]. 当代教育论坛: 学科教育研究, 2007 (1): 5 – 16.

[66] 范先佐. 教育经济学 [M]. 中国人民大学出版社, 2014: 141.

[67] 国家教育督导团. 国家教育督导报告 2005——义务教育均衡发展: 公共教育资源配置状况 [J]. 教育发展研究, 2006 (09): 1 – 8.

[68] 林毅夫. 以共享式增长促进社会和谐 [M]. 中国计划出版社, 2008: 33.

[69] 汤敏. 共享式增长与中国新阶段扶贫 [C]. 中国发展研究基金会, 2008.

[70] 林毅夫. 以共享式增长促进社会和谐 [M]. 中国计划出版社, 2008: 34.

[71] 翟博. 教育均衡论——中国基础教育均衡发展实证分析 [M]. 人民教育出版社, 2008: 328 – 335.

[72] 翟博. 教育均衡论——中国基础教育均衡发展实证分析 [M]. 人民教育出版社, 2008: 339.

[73] 国家中长期教育改革和发展规划纲要工作小组办公室. 国家中长期教育改革和发展规划纲要 [N]. 人民日报, 2010 – 03 – 01005.

[74] 浙江教育报记者周峰，武怡晗，本报记者严红枫．办好每一所学校 教好每一个学生 [N]．光明日报，2015－06－10001．

[75] 中国教育新闻网．江西逐步推行校长教师交流轮岗促进义务教育均衡发展 [N]．2015－6－3，http：//www．jyb．cn/basc/xw/201506/t20150603_ 624713．html．

[76] 吴玲，刘玉安．我国基础教育资源配置问题研究 [J]．中国行政管理，2012（02）：64－67．

[77] 中央教育科学研究所教育督导评估研究中心．义务教育均衡发展报告2010 [R]．北京：教育科学出版社，2010－12：44－45．

[78] 傅禄建，汤林春等．义务教育均衡发展程度测评 [M]．华东师范大学出版社，2013．1：60．

[79] 中央教育科学研究所．义务教育均衡发展报告 [M]．教育科学出版社，2010：55．

[80] 中华人民共和国教育部．中央财政2014年再次提高农村义务教育学校公用经费标准 [N]．2014－6－10，http：//www．moe．edu．cn/publicfiles/business/htmlfiles/moe/s5987/201406/170025．html．

[81] 人民网．乡村教育的喜与忧 [N]．2013－12－19，http：//edu．people．com．cn/n/2013/1219/c1053－23881888－2．html．

[82] 21世纪教育研究院．农村教育向何处去——对农村撤点并校政策的评价与反思 [M]．北京：北京理工大学出版社，2013－12．

[83] 胡永举．城市居民出行成本的量化方法研究 [J]．交通运输工程与信息学报，2009（1）：5－10．

[84] 陕西传媒网．陕西生均财政拨款和学生资助标准实现两个"全覆盖" [N]．2015－3－19，http：//www．sxdaily．com．cn/n/2015/0319/c145－5649146．html．

[85] 中华人民共和国教育部网站．中华人民共和国义务教育法 [N]．2006－6－29，http：//www．moe．edu．cn/publicfiles/business/htmlfiles/moe/moe_619/200606/15687．html．

[86] 中国教育新闻网．国家教育督导组对陕西义务教育均衡发展反馈意见 [N]．2013－10－21，http：//www．jyb．cn/basc/zl/201310/t20131021_556470．html．

[87] 中国教育新闻网．国家教育督导组对宁夏回族自治区义务教育均衡发展反馈意见 [N]．2013－11－13，http：//www．jyb．cn/basc/xw/201311/t20131113_559547．html．

[88] 贾玉超．罗尔斯与作为公平的教育正义理论 [J]．教育理论与实践，2013（7）：3－7．

[89] 张人杰．国外教育社会学基本文选 [M]．华东师范大学出版社，2009．

[90] 新华网．国务院关于进一步完善城乡义务教育经费保障机制的通知 [N]．2015－11－28，http：//news．xinhuanet．com/politics/2015－11/28/c_128478201．htm．

[91] 曾满超，丁小浩．效率、公平与充足：中国义务教育财政政策［M］．北京：北京大学出版社，2010：11.

[92] 范先佐，郭清扬，付卫东．义务教育均衡发展与省级统筹［J］．教育研究，2015（2）：67－74.

[93] 中国教育新闻网．财政部教育部就进一步完善城乡义务教育经费保障机制答记者问［N］．2015－12－7，http：//www. jyb. cn/basc/jd/201512/t20151207_ 645779. html.

[94] 张侃．制度视角下的我国义务教育均衡发展［J］．教育科学，2011，27（03）：1－5.

[95] 中央政府门户网站．财政部、教育部关于切实加强义务教育经费管理的紧急通知［财教〔2012〕425号］［N］．2012－11－26，http：//www. gov. cn/zwgk/2012－12/07/content_ 2285019. htm.

[96] 雷晓云．政府的责任及其实现：关于义务教育阶段教育资源合理配置的探讨［J］．教育研究与实验，2013（1）：54－58.

[97] 翟晓磊，姚松．义务教育均衡化发展的制度保障与创新［J］．教育科学，2014.

[98] 中华人民共和国教育部．国务院关于深入推进义务教育均衡发展的意见（国发〔2012〕48号）2012.09.05，http：//www. moe. edu. cn/publicfiles/business/htmlfiles/moe/moe_ 1778/201209/141773. html.

[99] 程楠．甘肃：中小学校长教师交流轮岗将实现制度化［N］．中国教育新闻网，2015－11－30，http：//www. jyb. cn/basc/xw/201511/t20151130_ 644968. html.

[100] 陈晓东．宁夏推进县域义务教育校长教师交流轮岗常态化［N］．中国教育报，2015－12－15（1），http：//www. jyb. cn/basc/xw/201512/t20151215_ 646582. html.

[101] 筑波大学教育学研究会．现代教育学基础［M］．钟启泉译．上海：上海教育出版.

[102] 米尔顿．弗里德曼［美］．资本主义与自由［M］．商务印书馆，1988：84.

[103]［美］萨缪尔森，［美］诺德豪斯．经济学［M］．商务印书馆，2013，01：46.

[104] 亚当·斯密．国富论［M］．陕西人民出版社，2006.

[105] 贝罗赫．1900年以来第三世界的经济发展［M］．上海译文出版社，1979：398.

[106]［瑞典］T. 胡森，［德］T. N. 波斯尔斯韦特主编．教育大百科全书·教育经济学［M］．杜育红，曹淑江，孙志军译．重庆：西南大学出版社，2011：290.

## 二、外文文献

[1] Mark Bray. Shool Clusters in the Third World：MakingthemWork，esco－unicef Cooperative programme，paris. Community Involvement［J］. 1987，（100）：150.

[2] Julie M. Hite，Bart Reynolds，Steven J. Hite. Who Ya Gonna Call? Networks of Rural School

Administrators, Rural Educator [J]. 2010, 32 (2): 176 - 179.

[3] Steven J. Hite (2008). School Mapping and GIS in Education Micro - planning, Directions in Educational Planning: A Symposium to Honour the Work of Fran? oise Caillods Thursday 3 - Friday 4 July 2008 Paris, France, www. iiep. unesco. org/fileadmin/user⋯and⋯/Steven-Hite. pdf? .

[4] Hite, J. M. , Hite, S. J. , Jacob, W. J. , Rew, W. J. , Mugimu, C. B. , & Nsubuga, Y. K. . Building bridges for resource acquisition: Network relationships among headteachers in Ugandan private secondary schools. International Journal of Education Development, 2006, 26 (5): 495 - 512.

[5] Nienke M. Moolenaar (2011). The SocialFabric of Elementary School Teams: A Typology of Social Networks among Teachers, http: //swmcdn. com/site_ 0439/NREAVolume32Number1 Fall2010. pdf.

[6] James McCabe. , & N. R. Padhye (1975) Planning the location of schools: The District of Kaski, Nepal, Published in 1975 by the Unesco Press, I, place de Fontenoy, 75700 Paris.

[7] Jacques Hallak (1977). Planning the location of schools An instrument of educational policy, ris1977 Unesco: International Institute of Educational Planning, Publishedi n1977by the United Nations Educational, Scientific and Cultural Organization, 7, placedeFontenoy, 75700 Paris.

[8] John M . Mendelsohn (1996) Education planning and management, and the use of geographical information systems, U N E S C O Publishing International Institute for Educational Planning, Printed in France by Imprimerie Gauthier - Villars, 75018 Paris.

[9] Ian Attfield, Mathewos Tamiru, Bruno Parolin, Anton De Grauwe (2001). Improving micro - planning in education through a Geographical Information System Studies on Ethiopia and Palestine.

[10] Ian Attfield, Mathewos Tamiru, Bruno Parolin, Anton De Grauwe (2001). Improving micro - planning in education through a Geographical Information System Studies on Ethiopia and Palestine.

[11] Isabel da Costa (2008). Macro0Micro planning: New chanllenges to education? iiep. unesco. org.

[12] Idowu Innocent Abbas Database Management and Mapping of Secondary Education Infrastructure in Sabon - Gari and Zaria Local Governments, Kaduna State, NigERIA, Science and Technology, 2012, 2 (2): 1 - 7.

O. Olubadewo, I. A. Abdulkarim, M. Ahmed, (2013). The use of GIS as educational decision support system for primary schools in Fagge local government area of Kano State, Nigeria, Academic Research International Vol. 4 No. 6 November.

[13] James E. Bruno (1996). Use of geographical information systems mapping procedures to support educational policy analysis and school site management, International Journal of Educational Management 10/624 – 31.

[14] D. Lehman (2003). Bringing the School to the Children: Shortening the Path to EFA, http: //siteresources. worldbank. org/EDUCATION/Resources/Education – Notes/EdNotes-RuralAccessInitiative. pdf.

[15] Kieran Killeen and John Sipple. School consolidation and transportation policy: An empirical and institutional analysis [M]. A working paper for the rural school and community trust policy program. New York: Cornell University Press, 2000: 46.

[16] Yoko Makino, Seisuke Watanabe (2002). The application of GIS to the school mapping in Bangkok, https: //www. researchgate. net/publication/237363269.

[17] Khalid Al – Rasheed, Hamdy I. El – Gamily. (2013) GIS as an Efficient Tool to Manage Educational Services and Infrastructure in Kuwait.

[18] Shaun E. Williams (2012). Disparities in Accessibility and Performance of Public High Schools in Metropolitan Baton Rouge, Louisiana 1990 – 2010.

[19] Marc Blecher, Vivienne, Tethered Deer. Government and Economy in a Chinese County. Stanford UniversityPress, 1996: 204.